Letteratura universale Marsilio

VARIAZIONI SUL MITO

Apuleio, La Fontaine,
Keats, Heine, Leopardi,
Pascoli, Cvetaeva

Amore e Psiche

L'enigma dell'amore

a cura di Barbara Castiglioni

Marsilio

Variazioni sul mito
Editor Maria Grazia Ciani

La traduzione dal latino di Apuleio è di Stella Sacchini

La traduzione dal francese di La Fontaine è di Susanna Spero

La traduzione dall'inglese di Keats è di Barbara Castiglioni

La traduzione dal tedesco di Heine è di Maria Grazia Ciani

La traduzione dal russo di Cvetaeva è di Luisa De Nardis

Prima edizione: 2024

www.marsilioeditori.it

INDICE

Ringrazio Maria Grazia Ciani, per avere voluto con me questa Variazione, e per essere la maestra che avrei sempre voluto avere.

INTRODUZIONE

a Carlo
a Pietro

È bello solo quello che non è.
(J.J. ROUSSEAU)

«Psiche, l'invisibile, noi l'amiamo in eterno perché è l'assente». Queste parole di Marina Cvetaeva condensano il fascino di Amore e Psiche, «la più bella favola dell'antichità» secondo Voltaire.

La fiaba compare per la prima volta in Occidente nel secondo secolo d.C., nelle *Metamorfosi* di Apuleio, e racconta le disavventure di Psiche, così bella da essere adorata come e più di Venere, che per vendicarsi costringe il figlio, Amore, a farla innamorare del «più abietto tra gli uomini». La sua, però, diventa la più dolce delle punizioni, dato che viene condotta dal soffio di Zefiro in un palazzo incantato, dove, tra magiche voci che la consolano della sua solitudine e meraviglie di ogni tipo, ogni notte un misterioso marito la fa sua: il dio che può essere tremendo e meraviglioso, cacciatore, mago ingegnoso, incantatore sofista – come lo definiva il Socrate platonico nel *Simposio* – si maschera, si nasconde, facendosi promettere dall'amata di non tentare mai di vederlo. Istigata dalle sue perfide sorelle, Psiche, però, si arrende alla *curiositas* ed entra nella stanza con un coltello e una lampada, da cui cade una goccia d'olio bollente che punge la spalla di Amore, mentre l'«infelicissima sposa» si ferisce con una delle sue frecce, innamorandosi della «bestia più dolce». Il dio si dilegua e Psiche è costretta a quattro prove imposte da Venere per purificarsi e ottenere il perdono: prima le formichine, poi una canna che cresce sulla riva del fiume, poi un'aquila la aiuteranno a superarle. Fino all'ultima prova, quando la disperata Psiche, costretta alla discesa agli Inferi, si lascia ingannare per la seconda volta dalla *curiositas* e apre il vasetto che dovrebbe contenere la bellezza divina, per poi cadere priva di sensi. L'*amator levis* Cupido, però, non è più «quel bambino viziato che non sa tenere a posto le mani», ma, «bruciato da immenso amore», vola da lei e la salva. Perdonata da Venere, Psiche è accolta tra gli dèi, sposa Cupido e dalle loro «nozze eterne» nasce Voluttà.

La favola è stata interpretata in tutti i modi possibili, ma il suo significato resta misterioso come la sua origine: una metafora del viaggio dell'anima che Apuleio, *philosophus platonicus*, avrebbe scritto alla maniera di Platone e dei suoi «miti» o un simbolo della rinascita nella morte mistica dei Misteri di Iside? La prova dello strapotere della Fortuna, o quella dei danni della *curiositas*?[1] L'idea che amore e conoscenza coincidano, o «solo» incantevole intrattenimento? Il viaggio di Psiche-anima, o la crescita di Cupido, che scopre sé stesso e la necessità dell'unione tra desiderio fisico e spirito, tra corpo e anima? O forse un eccentrico, ironico modo per descrivere l'incontro impossibile con il divino, raccontato nei termini di una sensualità esaltata, di un'unione fisica insaziabile, che simboleggiano l'estasi mistica?

Prima di Apuleio, Amore con una psiche appare in alcuni epigrammi di Posidippo, Polistrato e, soprattutto, di Meleagro[2], dove l'anima-farfalla è descritta con le ali, immagine «platonica» che trionferà nell'iconografia[3]. Nelle *Metamorfosi*, l'autore definisce la *fabella* una Milesia[4] di sua invenzione. Alcuni ne hanno ricercato l'origine nel platonismo, altri nell'ellenismo orientale, moltissimi nel patrimonio folklorico[5]; e il modello di Amore e Psiche, di un «amore precario che ha la sua prova nell'assenza» ritorna, come ricordava Italo Calvino, in tutte le storie «di abbracci, sposi misteriosi e sotterranei» delle fiabe di una vastissima area geografica: la più famosa, probabilmente, è la *Bella e la Bestia*.

La *bella fabella*, raccontata da una vecchia ubriaca in una grotta[6], ha, in effetti, tutti questi elementi: un inizio e dei caratteri da fiaba, molta sontuosa magia, uno sfondo indubbiamente platonizzante, innumerevoli allusioni rituali e misteriche, e, collocata alla metà del romanzo[7], sembra anticipare la salvezza di Lucio, il protagonista delle *Metamorfosi*. Come Lucio verrà salvato dalla Provvidenza di Iside, anche Psiche, che si era arresa ancora una volta alla sua «démoniaque curiosité», come la definiva Baudelaire, viene infatti salvata da una forza superiore, cioè Cupido, l'Amore. Le prove, dunque, non sarebbero state sufficienti, anche perché Psiche fallisce l'ultima, la più importante. Apuleio, quindi, sembra raccontare, simbolicamente, la storia dell'elevazione dell'anima, sembra rivelare nascondendo, com'è tipico dei misteri, sembra arrendersi allo strapotere della sorte e all'idea che l'essere umano non possa illudersi di salvarsi da solo, ma lo fa con molta ironia: quasi fosse una parodia, o un gioco. Come dimostra l'epilogo: Cupido e Psiche si sposeranno, Psiche sarà immortale e la loro figlia, *Voluptas*, simbolo dell'unione tra la tensione spirituale e quella fisica; l'allegoria, quindi, dovrebbe terminare sottolineando la forza nobilitante dell'amore. Ma a Cupido che lo implora, il sommo Giove fa una richiesta: «se sulla terra trovi una qualche fanciulla di impareggiabile bellezza, sappi che me la devi in cambio di questo favore».

E proprio la voluttà, l'erotismo, il desiderio dominano la favola di Apuleio e ne sono forse, per certi versi, il tratto più affascinante. In *Amore e Psiche*, tutto è sensuale ed erotico: gli avidi baci – per nulla materni – con cui Venere prega Cupido di punire Psiche della sua bellezza; le dolci, invisibili melodie che accarezzano l'animo delle sorelle, senza peraltro riuscire a piegare o ad attenuare la loro crudeltà; i sette dolci baci, «e uno ancor più delizioso con la lingua», che Venere promette a chi riuscirà a trovare la sua «schiava» Psiche. L'erotismo e il desiderio trionfano, soprattutto, tra i due innamorati, perché l'uomo senza volto è un amante sfrenato, un corpo senza pudore, è totalmente libero, è erotismo puro proprio perché nasconde il suo volto come indossasse una maschera: Psiche non lo può vedere, ma lo tocca e ne sente la voce; lo seduce con i baci; lo vince con mormorii d'amore; gli si stringe addosso con tutto il suo corpo finché lui non esaudisce ogni suo desiderio; gli sussurra dolci parole; lo incanta con i suoi morbidi abbracci mentre lo sposo le asciuga il pianto con i capelli. Sfinita dalla bellezza di Cupido, consuma i suoi occhi guardandolo avidamente e si rianima vedendo il suo volto e i suoi riccioli dorati, il collo bianco come il latte e le guance purpuree: la «scena» della lampada, la visione del dio dell'Amore, con Psiche che, «cupida di Cupido», arde e lo copre di baci, è una delle più straordinarie descrizioni dell'*eros* di ogni tempo, in cui persino le fulgide ali del dio vibrano eroticamente increspate da un fremito capriccioso e da un tremore senza fine. Il desiderio, seppur venato di molta ironia, non viene meno neanche quando il dio Pan tenta teneramente di consolare Psiche, suggerendole di provare a propiziarsi con dolci voti «il più potente tra gli dèi, il giovinetto lascivo e lussurioso», né quando la stessa Psiche si vendica delle sorelle e non rinuncia a indugiare sul suo turbamento e sulla sua immensa *voluptas* raccontando loro la vista del dio dell'Amore. La *voluptas*, poi, è quello che manca nel mondo a causa dell'assenza di Venere e di Cupido, costretto dalla sua ferita nel letto della madre mentre Psiche si affanna a ricercarlo, sperando di poter placare il suo sdegno, se non con tenerezze da sposa, almeno con suppliche da schiava: anche l'angoscia, quindi, nella scintillante prosa di Apuleio, sa essere erotica.

La favola ha avuto un numero infinito di riprese, in tutte le arti: da Raffaello a Canova, da Füssli a Klinger, dal *Flauto Magico* di Mozart e Schikaneder – che di Apuleio riprendono senza dubbio i temi – fino a César Franck e a Debussy, ogni arte ha avuto il suo Amore e la sua Psiche. C'è chi, come Fulgenzio, esaspera il dualismo tra corpo e anima; chi fonde cristianesimo e platonismo, come farà Boccaccio e chi, come Heine, vedrà nella punizione di Psiche i mali del cristianesimo. Alcuni, invece, si concentrano proprio sull'amore, o meglio, sull'elogio della voluttà, come Molière e Fontenelle; altri, come La Fontaine con la sua ironica malinconia, intravedono nella fiaba l'idea che il desiderio sia superiore al possesso, l'illusione alla realtà. C'è chi, come Leopardi, ha visto nella *curiositas* le prove dei danni della conoscenza; chi, come Pascoli, descrive attraverso Psiche il viaggio dell'anima verso la morte e quello che forse c'è oltre, e chi, invece, celebra il trionfo dell'amore e della poesia più puri, come Keats. C'è chi, infine, come Marina Cvetaeva, supera ogni dicotomia, ogni dualismo e trasforma Amore e Psiche in pura essenza: perché «l'anima, che per l'uomo comune è il vertice della spiritualità, per l'uomo spirituale è quasi carne»[8].

Una Psiche cristiana?

Nel VI secolo, un oscuro autore di origine africana, Fulgenzio, scrive i *Mythologiarum libri tres*, in cui ripercorre molti miti alla ricerca del loro significato «mistico» e dà un'interpretazione allegorica della favola di Amore e Psiche, che attribuisce ad Apuleio e a un altro «narratore di menzogne», Aristofonte di Atene[9]. Secondo Fulgenzio, le due sorelle rappresentano la carne e il libero arbitrio, mentre Psiche è, naturalmente, l'anima. In questa esegesi tipicamente cristiana e dominata dal peccato, Venere è l'immagine della concupiscenza, che manda Cupido, il desiderio, a distruggere Psiche: il desiderio, però, può volgersi al bene come al male, e Cupido si unisce all'anima, tentando poi di convincere Psiche a non cedere alla tentazione di ammirare il suo aspetto, cioè a non voler conoscere – e imparare – i «diletti del piacere». Istigata dalle sorelle, Psiche prende la lampada, svelando così la fiamma del desiderio nascosta nel suo petto, e viene perciò cacciata dal palazzo incantato. L'interpretazione di Fulgenzio è senza dubbio una fonte di ispirazione per un'altra celeberrima lettura allegorica: quella della *Genealogia deorum gentilium*, immenso repertorio di notizie sui miti pagani scritto dal Boccaccio tra il 1350 e il 1374. Anche per il Boccaccio, infatti, Psiche è l'anima razionale, che l'uomo ha in comune con gli angeli e con Dio, mentre le sorelle rappresentano quella vegetativa e quella sensitiva, che l'uomo condivide, rispettivamente, con le piante e gli animali. Il Boccaccio, poi, fonde l'allegoria cristiana di Fulgenzio con quella neoplatonica di Marziano Capella, che nelle *Nozze di Mercurio e Filologia* aveva considerato Psiche figlia di Apollo e di Entelechia: e non a caso, nella *Genealogia*, la favola di Amore e Psiche diventa la storia dell'ascesa dell'anima a Dio, con le conclusive nozze mistiche che ricongiungono al Creatore, dopo molti travagli, la sua creatura prediletta.

Echi di *Amore e Psiche*, seppur rovesciati, si ritrovano anche in un affascinante poema cavalleresco della fine del XII secolo[10] di autore anonimo, *Partenopeo di Blois*, che racconta le avventure di Partenopeo, nobile nipote del re di Francia, Clovis. Smarritosi nella foresta delle Ardenne durante una battuta di caccia, Partenopeo sale su una barca magica, che lo trasporta in volo a Chef d'Oire, regno della signora di Bisanzio, Melior; giunto in uno splendido castello, il giovane cavaliere è accolto da servitori invisibili ed è raggiunto ogni notte da un'invisibile amante, che gli dice di averlo scelto come marito e gli promette di sposarlo dopo due anni e mezzo, a patto che lui non cerchi, nel frattempo, di vederla. Costretto a tornare in Francia per aiutare il re contro i Saraceni, Partenopeo è persuaso dalla madre – che, come le sorelle di Psiche, lo convince di avere a che fare con una presenza diabolica – a vedere la misteriosa amante. E così, una notte, dopo aver atteso che si sia spogliata, Partenopeo punta la lanterna per vedere, finalmente, Melior («la guarda alla luce della lampada, ammira quel corpo [...] e sa di non aver mai visto nulla di così bello»), che, svelata nella sua straordinaria bellezza e privata dei suoi poteri magici, scompare e bandisce l'amato. Dopo molte avversità e svariate prove, però, Partenopeo riuscirà a ricongiungersi con la sua Melior e a diventarne lo sposo.

In questo caso, quindi, in un fascinoso scambio di ruoli, è Melior, la magica amante invisibile, a fare la parte di Cupido, mentre Partenopeo, l'amato destinato alle prove, è Psiche. Per quanto il motivo dell'amore in una condizione magica e misteriosa fosse già largamente penetrato nei *lais* e non sia certo estraneo ai repertori folklorici, è difficile non pensare che l'autore del *Partenopeo* non abbia avuto alcun contatto con la *fabula* di Apuleio (anche solo attraverso la mediazione di Fulgenzio)[11]. Alcuni passi del Partenopeo sembrano effettivamente rievocare il racconto delle *Metamorfosi*: il volo del protagonista, simile al dolce zefiro che conduceva Psiche nel giardino di Cupido; la sontuosa cena con i servitori invisibili; la descrizione del palazzo incantato di Melior; la madre che, eccitando la sua *curiositas*, convince il giovane a scoprire l'identità dell'amata; l'enfasi sulla sfolgorante bellezza di Melior nel momento della *découverte* che avviene attraverso la lampada; la perdita dei poteri magici della stessa Melior; l'esilio e la disperazione del protagonista. La prima magica notte d'amore, inoltre, provocherebbe una ulteriore incantevole eco con il testo di Apuleio: pur essendo lei a entrare nel letto di Partenopeo, Melior-Cupido sembra anche rievocare ironicamente, almeno per un istante, Psiche e il timore di perdere la sua verginità: in un contesto per il resto sorprendentemente molto esplicito, tra «gambe ben serrate», «dolci carezze» ed «entrate vigorose», l'autore non rinuncia a tingere la scena di una delicata ma irresistibile ironia, descrivendo una spaventatissima Melior che, «prima di scoprire per la prima volta i piaceri dell'amore», si appella anche alla Vergine Maria.

Il Rinascimento della Voluptas

Il mondo rinascimentale sembra fondere l'idea della crescita dell'anima con la *voluptas* che trionferà, invece, nel Seicento. Matteo Maria Boiardo, autore di un volgarizzamento delle *Metamorfosi* di Apuleio, allude ad esempio ad Amore e Psiche nel *Capitolo del giuoco dei tarocchi* e paragona le «grandissime fatiche» di Psiche a quelle «dell'anima nostra». È la Spagna, però, a offrire l'esempio forse più singolare e stravagante di questo genere di interpretazione: *La hermosa Psyche* di Juan de Mal-Lara[12], infatti, è la storia di una vera e propria purificazione dell'anima, di elevazione e riscatto spirituali. L'autore fonde la *fabula* di Apuleio con la tradizione greca e la poesia cavalleresca, la mitologia con il pensiero cristiano, l'antichità con il Medioevo, e dà vita a un'opera pittoresca ed eccentrica, tra nani che accompagnano la protagonista all'inferno, cavalieri innamorati che costringono Giunone a creare quattro fantasmi di Psiche per preservare la virtù di quella originale e placare i desideri lubrici degli spasimanti, lettere di Cupido all'amata, ribellioni del popolo di Cipro contro la perfida Venere, fughe da coccodrilli, danze con Bacco e i Coribanti, apparizioni di ninfe dal mare, innumerevoli viaggi e altrettanto numerosi svenimenti. Nonostante le molte bizzarrie, però, l'idea dell'*elevatio animae* non viene mai meno: non a caso, prima del lieto fine, dopo un bagno nelle acque freddissime e allo stesso tempo bollenti di Arete, Psiche riceve la purificazione e l'abbraccio delle virtù (Sofronia, Charitas e Pistis). L'ultima prova del suo viaggio verso la perfezione dell'anima, poi, è anche la più crudele: accolta da Venere come governante della sua casa, è costretta a partecipare alle false nozze di Cupido con una presunta dea; madre e figlio scendono da una nube, Psiche sviene dal dolore, ma si sveglia, infine, tra le braccia dell'amante, a cui, dopo altre avventure, darà la figlia Idonea.

Molto fantasiosa e originale è anche la versione del secolo successivo (1662) di Calderón de la Barca, *Ni Amor se libra de Amor*, dove Cupido vuole vendicare l'oltraggio subito da Venere e uccidere Psiche, ma, entrato nella sua stanza, se ne innamora. Condotta su un'isola deserta, tra una corte di ninfe, satiri e fauni, Psiche è raggiunta ogni notte dall'amato in un palazzo incantato: il loro amore, però, non si fonda solo sul buio e, quindi, sulla mancanza della vista, ma – soprattutto – sulla voce e sul canto. Nelle intenzioni di Cupido, le orecchie devono compensare quello che gli occhi non vedono: e questo potere seduttivo della musica sarà particolarmente evidente nella sinuosa *tonada* «Hermosísima Psiquis», con cui affascinerà Psiche, e la farà innamorare con i suoni delle parole.

Molto diversa e capace di conciliare gli opposti nella maniera più ironica è senza dubbio la versione di Giambattista Marino. Nell'*Adone* (1623), infatti, la favola di Amore e Psiche dovrebbe rivestire funzione parenetica per il protagonista ed evidenziare il valore formativo delle sofferenze, vere e proprie prove in cui si forgia la virtù, ma si rivela soprattutto una dimostrazione della potenza dell'amore. L'antieroe Adone giunge all'«albergo de' vezzosi inganni», dove ascolta il racconto dello stesso Amore, che tenta di istruirlo sulla forza irresistibile di un sentimento a cui è impossibile – e del tutto inutile – opporsi. La versione del Marino può essere considerata una sontuosa riscrittura di Apuleio, con qualche lieve modifica[13]. La Psiche dell'*Adone* deve, come sempre, pagare la colpa della sua bellezza, e rischia di sfiorire «in dolorosi affanni», ma fa innamorare Amore, che interrompe di notte le sue lacrime e i suoi sospiri: il loro incontro è descritto in maniera molto allusiva, al limite di una deliziosa oscenità, dallo stesso amante («Lei consolata alfin, me sodisfatto, / basta dir ch'amboduo ne strinse un laccio / De la vista il difetto adempie il tatto, / quel che cerca con l'occhio accoglie in braccio; / s'appaga di toccar quel che non vede, / quanto a l'un senso nega a l'altro crede»). Nonostante le ripetute richieste di Amore, che la supplica di «contentarsi del più, se il men le nego» e di non voler vedere la sua «vietata faccia», Psiche ascolta le sue terribili sorelle e, pur stordita dall'incertezza decide di scoprire l'identità dell'amato con «il lume esplorator», condannandosi all'infelicità. Amore fugge e, nonostante sia un dio, «il feritore invitto, or da donna mortal langue trafitto», mentre Psiche, malgrado le sagge consolazioni di Pan, accarezza desideri suicidi, ma – e questa è forse la più grande originalità della versione del Marino[14] – riesce ad addolcire Venere con le sue preghiere, dopo essere stata risvegliata dal bacio dell'amato: «Dei tu, che reggi l'amorosa stella, odiarmi perché 'l ciel mi fece bella? [...] Perfida io già non fui; se forse errai, colpevol son d'involontario errore. Un scusabil fallir perdona omai, / se pur fallo può dirsi amar Amore». Il lieto fine, con la nascita di Diletto, figlio dei due tormentati amanti, è dunque inseparabile dai patimenti e dagli affanni, come dimostra uno degli ultimi versi di Amore («tanto mi trastullai quanto mi dolsi»), che sembra echeggiare quelli che avevano introdotto il racconto della favola: «La fatica e 'l travaglio è paragone / dove provar si suol nostra finezza; / né senz'affanno e duol premi e corone / può di gloria ottener vera fortezza»: *per aspera ad astra*, quindi, ma con una considerevole dose di *voluptas*.

La malinconia dell'Amore

Nel 1669, Jean de La Fontaine scrive *Les amours de Psyché et de Cupidon*: un romanzo in cui si alternano prosa e versi che, nonostante lo scarso successo tra i contemporanei, è molto importante per la ricezione e la successiva interpretazione della favola. La trama, come scrive lo stesso autore nella prefazione, è fedele a quella delle *Metamorfosi*, se non per alcuni episodi, come l'incontro di Psiche con un vecchio e due pastorelle, la descrizione del tempio di Venere e delle sue origini, alcune delle avventure della protagonista agli inferi e il finale. Molto diverso, però, è lo spirito. La Fontaine spoglia Amore e Psiche di echi misterici, iniziatici e allegorici e delinea dei personaggi lievi ed evanescenti, provocando un ironico contrasto con la costante, soffusa malinconia del suo romanzo. Ancor più della leggerezza, che in fin dei conti era parte della *fabula* di Apuleio, la più grande originalità – e novità – di La Fontaine è, infatti, proprio la malinconia di fondo; una sorta di epicureismo velato di una vaga tristezza[15], che, però, non allontana la *voluptas* ma la rende, al contrario, quasi più sottile: una voluttà malinconica («le lacrime sono una specie di voluttà») suggerita in più momenti dell'opera e cantata trionfalmente nel sontuoso inno che chiuderà il romanzo.

La Psiche di *Les amours de Psyché et de Cupidon* è una frivola, incantevole *coquette*, molto lontana dalla candida protagonista delle *Metamorfosi* (di cui, però, l'autore delle *Fables* enfatizza alcuni tratti seduttivi già presenti). Psiche teme senza grandi tormenti per la sua verginità, non si preoccupa troppo dei maliziosi sorrisi delle Ninfe dopo le sue notti con il misterioso amante e, soprattutto, si lascia incantare dalla sua straordinaria bellezza: non c'è nulla, infatti, che le piaccia come vedere il proprio ritratto o ammirare la propria statua, dove è raffigurata di volta in volta come un'amazzone, una ninfa, una pastorella, una cacciatrice, una greca e una persiana, in modo da far sembrare il palazzo di Amore «un tempio, e Psiche la dea a cui è consacrato». Incantata dalle meravigliose musiche senza cantori né strumenti che celebrano il sentimento («Tutto l'Universo obbedisce all'Amore»), Psiche non riesce a credere alla profezia che l'aveva data in sposa a un mostro, e vuole conoscere subito, con *curiositas* quasi brusca e per nulla misterica, la sua identità, altrimenti – dice –

«non posso amarvi». Amore, invece, è permeato da un lieve disincanto, che nasconde non di rado risvolti malinconici: dice a Psiche che dovrebbe imparare ad amare davvero un marito che «puoi immaginare a tuo piacere, e a cui puoi attribuire la bellezza che vuoi»; suggerisce la «noia del *bonheur*» e il «disgusto del benessere»[16], oltre ad accarezzare quel divario tra desiderio e possesso e tra illusione e realtà che pervaderanno il Settecento e l'Ottocento: «siate certa che dal momento in cui non avrete più nulla da desiderare, vi annoiereste. Anche gli dèi si annoiano, e sono costretti a trovarsi dei motivi di desiderio e di inquietudine, tanto è vero che la soddisfazione e il disgusto si tengono per mano. Quindi la cosa migliore è l'incertezza, e che dopo il possesso abbiate ancora motivo di desiderare: è un segreto di cui non ci si era ancora avveduti». L'ironia, la leggerezza e il tono spesso dissacrante dell'autore delle *Fables* non stemperano, infatti, la suggestione che sia meglio sfiorare l'oggetto dei propri desideri piuttosto che averlo davvero. In fin dei conti, il possesso, come dirà un secolo più tardi la Julie di Rousseau nella *Nouvelle Héloïse*, è la fine del desiderio: lo sa Amore, che piange e sospira perché sa già quel che farà l'amata. Non lo sa, però, Psiche, che, pur accarezzando il piacere del languore e accorgendosi che le sue pene hanno i *leurs plaisirs*, «di modo che si può dire che quel che mancava alla sua gioia formasse una parte delle dolcezze che andava assaporando», non riesce a sottrarsi dall'ascoltare le sue invidiosissime sorelle, e – proprio come faceva la protagonista di Apuleio – seduce l'amato con «tutte le arti di cui le donne sono solite servirsi», blandendolo con carezze e baci fino alla notte in cui la lampada le mostra «i boccoli», «i nodi», «gli occhi», «le labbra vermiglie» di Amore. La conoscenza, però, non coincide affatto con la felicità, dato che la condurrà alle sue note traversie: e mentre

Amore, esasperato dalla collera, mostra – diversamente che in Apuleio – una crudeltà quasi spietata nei suoi confronti, cedendola come schiava a Venere e dicendole di desiderare la sua sofferenza e non la sua morte («te la caveresti troppo rapidamente»), Psiche incontra un vecchio «in abiti da pescatore», un po' stoico e un po' epicureo, che predica la solitudine e non ha nessun timore di aiutarla, ma è paragonato da La Fontaine ai «vecchi di Troia che si preparano alla guerra quando vedono Elena». La colpa della bellezza, effettivamente, perseguita anche Psiche, che però, a differenza di Elena, rischia di perdere la sua *beauté*: prima per le troppe lacrime, poi per la disgraziata curiosità con cui apre il vaso, che invece di addormentarla, la ricopre di una magica, indelebile fuliggine, rendendola una «Bella Etiope». Come un novello Narciso, la disperata Psiche si specchia in un ruscello, vedendo riflessa nell'acqua «la più bella Mora del mondo» e lamentando la perdita della bellezza, «l'unico bene grazie al quale le donne si consolano di qualsiasi sventura». Nel frattempo, Amore, guarito e pentito, la ritrova, le giura di amarla in eterno, bianca o nera, bella o brutta, «perché non era solo il suo corpo a farlo innamorare, ma il suo spirito e la sua anima». Nonostante l'ironico primato dell'anima, però, vuole che la sua amata ritorni bianca: e Psiche, perdonata e abbracciata da Venere, ritorna bianca grazie al bagno delle Grazie e a Giove. L'epilogo condensa lo spirito del romanzo; da una parte, le irriverenti parole con cui Amore convince Giove a fare di Psiche una dea; dall'altra, un inno finale alla dolce Voluttà, in cui, però, La Fontaine non rinuncia, un'ultima volta, a rivelare la sua inquieta, malinconica sensibilità: «Amo i libri, la musica, l'amore, il gioco, la campagna, insomma: tutto. Tutto, tutto mi sembra un dono divino. Persino l'amara dolcezza della malinconia».

Qualche anno più tardi, nel 1671, anche Molière, Quinault e Pierre Corneille[17] omaggiano il fascino di Amore e Psiche con *Psyché*: una tragedia-balletto con musiche di Jean-Baptiste Lully molto influenzata dal romanzo di La Fontaine, di cui, però, manca totalmente la malinconia. Scritta per sfruttare la magnifica *Salle des Machines* alle Tuileries, *Psyché* doveva avere una sontuosa messa in scena, con mari, rupi, grotte, amori, zeffiri, Driadi, Naiadi, Silvani, Ciclopi, furie, fate e persino due innamorati di Psiche (Cleomene e Agenore). In un'atmosfera sfarzosa e mondanizzata, tra musiche, canti, e danze, la leggerezza è costantemente ricercata, sia negli intermezzi musicali («Non c'è anima crudele che non si arrenda, prima o poi, all'amore») sia nella trama, sia nei personaggi: la languida Psiche conosce bene, fin da subito, il volto di Amore, e sottolinea, quando lo guarda, l'irresistibile turbamento del «dolce castigo» amoroso, dove «il supplizio è troppo bello»: gli occhi dell'amato, che vuole da lei tutti i sospiri, sono «penetranti», e «più sono pericolosi, più è bello fissarli». La sua fatale *curiositas* la porta solo a voler sapere chi sia, davvero, quell'amante geloso «anche dei raggi del sole, che la baciano troppo spesso»: l'amore al buio e la lampada – fulcro della *fabula* di Apuleio, ma anche della versione di La Fontaine e del fascino di Amore e Psiche di ogni tempo – sono sacrificati a un'ironica, totale consapevolezza, in cui Amore prega Psiche di «avere occhi solo per lui» e, a precisa domanda, rivela senza eccessivo turbamento di essere il «nume più possente, assoluto, e con i miei dardi mi sono ferito per voi», scomparendo subito dopo. La punizione di Psiche, che, «piena di tutti i segni della più violenta disperazione», è costretta "solo" al suo tumultuoso viaggio infernale, rischia di trasformarsi in una punizione per l'intera umanità, finché Venere non si decide a perdonare il figlio e la sua innamorata. Psiche è assunta in cielo, in un trionfale invito a godere senza indugi i piaceri dell'*eros* («perché rinunciare? a che serve aspettare? Quando si perde un giorno, si perde per sempre») che, con beffarda opposizione a ogni moralismo, domina l'intera opera: in fin dei conti, come canta Apollo nell'ultimo atto, «il Dio che sospinge a farsi corteggiare proibisce ogni saggezza: la notte è tempo dei giochi e dell'amore».

Permeata da un'atmosfera edonistica che, nonostante l'evidente fonte di ispirazione, lascia da parte le note dolenti di La Fontaine è anche la *Psyché*, «tragédie lyrique» scritta da Bernard Le Bovier de Fontenelle, nipote di Thomas Corneille, e dallo stesso Corneille[18], recitata nel 1678, con musiche di Jean-Baptiste Lully. I *divertissements* di Quinault ritornano anche nella *Psyché* di Fontenelle e Corneille, legando saldamente le due opere, che sono unite anche dalla pomposa spettacolarità. Proprio come accadeva in Molière, inoltre, l'identità misteriosa è sacrificata: Psiche vede subito Amore, che, però, le appare nel suo meraviglioso palazzo – costruito dai Ciclopi e da Vulcano nella piena consapevolezza della furiosa Venere – come un bellissimo giovane, dicendole di non potersi mostrare con le sue fattezze divine per volere del Destino. Le ninfe la persuadono ad accontentarsi delle delizie amorose, ma, pur nel completo turbamento dei sensi («Sento, quando vi vedo, una deliziosa smania, che trionfa sul mio cuore»), Psiche è istigata da Venere – e non, quindi, dalle sorelle – a scoprire il vero volto dell'amato con la lanterna. Privata di ogni mistero e di ogni significato allegorico, la scena del riconoscimento è ironicamente ingiustificata, ma serve per far fuggire Amore e spedire la disperata Psiche agli

Inferi in una «terribile solitudine», prima dell'inevitabile lieto fine, che culmina nel dolce coro barocco di Lully (*Chantons les plaisirs charmants*, identico a quello che chiudeva la versione di Molière del 1671). Più che l'avventura e la crescita di Psiche, quindi, il centro dell'interesse di Fontenelle, come del resto di Molière, è il trionfo dell'amore, o meglio, della voluttà: «L'amore anima l'universo, ogni cosa cede agli ardori che ispira», cantano le ninfe, in maniera non troppo differente dai versi che incantavano la Psiche di La Fontaine («Tutto l'Universo obbedisce all'Amore»); e anche gli Zefiri incitano ad abbandonarsi al sentimento: «Amate. Chi lascia fuggire gli anni, qualche volta sospira troppo tardi». L'evocatissimo *plaisir* e la sua ricerca dominano l'opera: libertino prima dei libertini, Fontenelle spoglia di ogni malinconia il divario tra desiderio e possesso che aveva caratterizzato La Fontaine, trasformandolo in maniera maliziosa e, naturalmente, molto erotica: «l'Amore non vuole rinvii», dice Vulcano; ma le parole di Cidippe, una delle sorelle di Psiche, sembrano contraddirlo: «Più la bella rinvia, più ama teneramente». L'attesa del piacere, quindi, più che essere in sé il piacere, come dirà Lessing, è funzionale al *plaisir* stesso: freni e ostacoli lo rendono solo più intenso, più «estremo». Com'era estremo l'amore che il dio si preparava a dare a Psiche al suo arrivo nel palazzo incantato, e come sarà estremo il piacere di Psiche quando si accorgerà di amare l'Amore; il piacere, insomma, è ovunque: perfino «nella vendetta», come dirà Venere. L'assenza, però, è un tormento «insostenibile», soprattutto perchè, come canta la protagonista, «quando la tenerezza è estrema / il tormento è terribile». Ed è forse questa, insieme all'idea che non possa esserci gioia senza tormento, la vaga, ironica morale – sempre che ce ne sia una – dell'opera: la consapevolezza, cioè, dei pericoli dell'amore più puro, della «delicatezza» e della *tendresse*, espressi proprio dai versi di Psiche: «[...] una delicatezza eccessiva / basta a turbare la felicità più grande. Voi con un amore così tenero e puro / non siete certo i più felici».

La tenerezza estrema, così pericolosa, caratterizza anche l'*Épître de Psyché à l'Amour*, in cui Charles-Jean-François Hénault immagina Psiche come una delle molte amanti abbandonate della tradizione poetica, sul modello delle *Eroidi* di Ovidio[19]. Nella sua lettera ad Amore, Psiche lamenta proprio le colpe del suo fatale «eccesso di tenerezza», ma si domanda se un «desiderio curioso» possa essere un male così grande, per poi ammettere, dolorosamente, che la sua sventura potrà vendicare l'amato del «crimine» della sua vanità. Fiera dei suoi sospiri, la protagonista di Hénault soffre, ma con molta tenerezza («hai scelto il momento più dolce per sfuggire dai miei occhi»). E l'autore, con flessuosi e dolenti versi che rievocano sia le eroine ovidiane, sia la Psiche di Apuleio quando sperava di placare lo sdegno del suo Cupido anche «con suppliche da schiava», chiude la sua *Épître* con una languida resa alla sofferenza: «Che si vendichi ancora e mi lasci le mie sventure e i miei amori. Sì. Amo i dolori con cui il suo furore mi strazia... Crudele! ti sei stancato di vivere con me / ma lascia almeno che io soffra per te!».

Profondamente settecentesca è anche la *Psiche* di Apostolo Zeno (1720) piéce messa in musica da Antonio Caldara. Proprio come in Molière e Fontenelle – di cui, però, mancano la grazia maliziosa e l'irresistibile voluttà – la trama è solo un pretesto per celebrare Amore senza connotazioni allegoriche o filosofiche, mentre la funesta *curiositas* di Psiche è ridotta unicamente a un vizio femminile. Le originalità del libretto di Zeno, oltre ai nomi ellenizzanti delle perfide sorelle di Psiche (Orgia e Doleria), possono essere individuate nell'idea del primato dei sensi, secondo cui il piacere risveglia il desiderio ed è esplicitamente considerato il primo impulso dell'amore («il piacere sveglia il desìo / e il desìo diventa amor»). Dagli «occhi al core», il passo è breve, come canta anche una parte del coro di Zefiri e Piaceri, ma con un pesante carico di «angosce e pene», di gelosie e di rancori. Meglio, suggerisce l'altra parte del coro, un oggetto non visto, «pria che amar si fa godere. / Ed hai l'uso del piacere, / senza smania dell'affetto». Il rapporto al buio, insomma, garantisce il godimento dei sensi senza i tormenti del cuore. L'edonismo è evidente ma non totale, sia perché Amore, «arbitro di ogni core», consiglia all'amata di chiedere «all'alma il suo bene, e non a gli occhi», sia perché Psiche suggerisce il dubbio che l'amore, pur dovendo ricercare il «desìo», debba essere legato al conoscere: «Amo nel mio diletto / l'idea; ma non l'oggetto. / E quando all'alma mia il bello dipingo, / non l'amo qual egli è ma qual mi fingo... / e aborro il finto, e amar non posso il vero». Il trionfo dell'Amore è dunque indubitabile («Oh assenso! Oh dono! Oh godimento!», canteranno alla fine i due amanti riuniti), ma con qualche dubbio che, più di rinviare agli echi malinconici di La Fontaine, sembra piuttosto legarsi all'idea dei mali della conoscenza («sarà lieto il tuo amor finch'ei sia cieco»).

L'illusione dell'Amore

Nel 1747, Madame de Lambert scriveva: «la favola di Psiche rappresenta l'anima umana»[20], che è «messa nel corpo per godere, e non per conoscere»; proprio come Psiche tra le solitarie delizie del palazzo di Amore, però, l'anima si annoia del suo *bonheur* e invoca la presenza «di spettatori [...] la curiosità e la vanità», rappresentate dalle sorelle: se la vanità è irragionevole, la curiosità «ci tormenta, ci agita e ci fa comprare a caro prezzo le poche conoscenze che ci dà». L'interpretazione – almeno in apparenza edonistica – di Madame de Lambert è seguita quasi per intero da Leopardi che, pur considerandola «non profondamente, tuttavia bastantemente spiegata», la cita nello *Zibaldone* (10 febbraio 1821), dove, però, aggiunge: «la favola di Psiche, cioè dell'Anima, che era felicissima senza conoscere e contentandosi e la cui infelicità provenne dal voler conoscere, mi pare un emblema così conveniente e preciso, e nello stesso tempo così profondo della natura dell'uomo». Per Leopardi, che accarezzò anche, per un certo periodo, l'idea di scrivere un poema su Psiche, la *fabella* è quindi simbolo «del danno del sapere», ed è non a caso accostata alla *Genesi*, «dove l'origine immediata dell'infelicità e del decadimento dell'uomo si attribuisce manifestamente al sapere». La colpa di Psiche che vuole aprire i suoi occhi e vedere Amore è la colpa di Adamo ed Eva che mangiano il frutto del sapere, ed è la colpa dell'illimitata fiducia nelle «magnifiche sorti e progressive» che il poeta irriderà, vari anni più tardi, nella *Ginestra*. Secondo Leopardi, insomma, l'uomo «non è fatto per il sapere», la conoscenza della verità «è nemica della felicità» e «la ragione è nemica della natura»: una convinzione esplicitata in numerosi passi della sua opera, ma esposta in maniera inesorabile («o significa quello che dico io, o non significa nulla, e mostra che il mio sistema piacque agli antichissimi») attraverso l'esempio di Psiche, il cui nome ha «manifesto significato» e che il poeta lega all'«antichissima sapienza, arcana e misteriosa come l'orientale».

Nonostante le evidenti corrispondenze, quindi, il rifiuto

della conoscenza di Leopardi è ben più totale e violento di quello di Madame de Lambert, per cui, alla fine, la vera felicità si ritrova proprio «nella ragione», oltre che nella pace dell'anima e nell'adempimento dei propri doveri[21]. Materialista con istinti da spiritualista, Leopardi[22] deprecava invece violentemente i mali della ragione a cui era avvinto: «potentissima», ma che «rende impotente colui che la usa [...] e annulla il grande, il bello, e per così dir la stessa esistenza», ed è vera «madre e cagione del nulla», come scriverà qualche anno più tardi, legando ancora la colpa di Psiche alla *Genesi*[23].

Malgrado il rimpianto per la passione «interamente, unicamente e manifestissimamente materiale» degli antichi e la denuncia dei mali della «spiritualizzazione» che formavano l'amore moderno, però, Leopardi era attratto proprio da quel «misterioso, vago, indefinito [...] più occulto e immaginabile che manifesto e sensibile»[24], da «quella quantità di immaginazioni, di illusioni, di sentimenti vivissimi e profondissimi [...] confusissimi, incertissimi», ma anche «sublimi, vasti, ondeggianti, cento volte meno sensuali e carnali di prima, e finalmente quasi mistici»[25] che condannava con impetuoso ardore: quelle immaginazioni che lo avevano fatto desiderare che il suo primo amore, Gertrude Cassi, partisse, per poterla amare da lontano; quelle illusioni che lo avevano convinto che il piacere per il bacio sognato a Benedetta Brini fosse identico a quello per un bacio «reale e vivo»; che lo condurranno a scrivere, nel 1823, la lirica *Alla sua donna*, che non ha volto né corpo ed «è la donna che non si trova», come sarà molto tempo dopo, del resto, Aspasia («perché io te non amai, ma quella Diva che già vita, or sepolcro, ha nel mio cuore»). L'idea della superiorità del desiderio sul possesso e dell'illusione sulla realtà, che aveva già accarezzato l'Amore di La Fontaine negli *Amours de Psyché et de Cupidon*, era tipica, del resto, anche di un certo Settecento a cui Leopardi spesso ritorna, soprattutto nei primi anni dello *Zibaldone*: come diceva in termini incantevoli la Julie della *Nouvelle Héloïse* di Rousseau (1761), «il paese delle chimere è il solo degno di essere vissuto».

Leopardi, però, abbandona i sinuosi languori settecenteschi, ed è molto più disperato e perentorio: dilaniato dalla *curiositas*, condanna Psiche perché si priva del buio e smaschera l'illusione dell'amore, costringendosi alla ricerca di un piacere che è un desiderio «infinito», e, quindi, «irraggiungibile». Il pessimismo leopardiano, però, non dà un senso e non considera la seconda parte di Amore e Psiche: perché i due innamorati, alla fine della *fabula* di Apuleio, raggiungeranno quella «Métaphysique d'Amour»[26] che la tragica, affascinante interpretazione leopardiana costringe a negare.

L'istante di Psiche

In una lettera del febbraio del 1819, commentando la prima delle sue grandi odi, l'*Ode a Psiche*, l'unica poesia per cui si fosse mai «minimamente sforzato», John Keats scriveva al fratello e alla cognata: «Come ricorderete, Psiche non esisteva come divinità personificata prima di Apuleio il Platonico, vissuto dopo l'età di Augusto, e di conseguenza non è mai stata venerata o onorata di sacrifici con il fervore tipico degli antichi [...] e forse mai presa in considerazione nella religione. Ma io sono troppo ortodosso per poter permettere che una dea pagana venga trascurata così». Per Keats, incolpevole precursore dei molti «collezionisti di sensazioni»[27] che lo seguiranno nella lettura decadentista della favola, Psiche è, quindi, prima di ogni cosa, una dea, che, però, non ha nessun tempio, e di cui il poeta vuole diventare il sacerdote. Keats aveva letto Apuleio nella traduzione di William Adlington del 1566 ed era stato influenzato da Milton, da Spenser, dalla *Polymetis* di Joseph Spence e dal Classic Dictionary di Lemprière, in cui Psiche, diversamente che nell'autore latino[28], è descritta «con le ali di una farfalla per imitare la leggerezza dell'anima di cui la farfalla è il simbolo»; si era anche entusiasmato – per poi esserne deluso – per *Psyche, or the Legend of Love*, un poema allegorico scritto pochi anni prima da Mary Tighe. Prima dell'*Ode a Psiche*, Amore e Psiche comparivano anche in alcuni sensuosi versi di *Ero in piedi, sulla vetta sottile d'un colle* (1816) in cui Keats descriveva i «dolci, amorosi morsi sulle guance, i sospiri degli amanti» e «i baci sugli occhi tremanti: poi il lampo – d'argento – il rapimento – lo stupore – il buio – la solitudine – il tuono tremendo. Passati i dolori, furono sollevati in cielo a rendere grazie davanti a Giove». I momenti fondamentali della favola, quindi, erano ripercorsi dal poemetto che, però, anche senza nominarlo direttamente, evocava Apuleio («lui che per primo raccontò di Psiche che andava su quieti venti verso i regni delle meraviglie»); nell'*Ode a Psiche*, invece, Keats vuole diventare – e diventa – il poeta di Psiche. Nella poesia, immagina di sorprendere i due amanti adagiati in un bosco, sotto un tetto che sussurra di foglie e fiori tremanti: le loro labbra non si toccano, ma non si sono ancora dette addio, proprio come quelle dell'innamorato dell'*Ode su un'urna greca*, descritto per sempre immobile nel momento in cui sta per baciare la sua amata («e tu, amante audace, non potrai mai baciare lei che ti è così vicino... Lei non potrà mai fuggire, e tu l'amerai per sempre, sempre così bella»). Come gli innamorati dell'*Urna* e come, del resto, gli amanti resi immortali non molti anni prima da Antonio Canova, quindi, Amore e Psiche sono ritratti mentre si sfiorano senza toccarsi: il bacio non ha un inizio e non ha una fine, e proprio per questo dura in eterno, in una sinuosa ripetizione che riesce a sospendere il tempo ed è l'essenza di un erotismo «senza foga»[29], preliminare e contemplativo. "Martire" della religione dell'amore («potrei morire per questo. Potrei morire per te. Il mio credo è l'amore e tu sei il mio unico dogma»), come scriveva all'amata Fanny Brawne[30], Keats vuole celebrare l'eterno, magico istante per poter sfuggire allo scorrere del tempo. E il momento, come conferma una lettera a Benjamin Bailey del novembre 1817 («cerco la felicità solo nell'attimo presente [...] nulla mi fa sussultare al di là del momento»)[31], era il vero centro dell'interesse di Keats, che, però, non sa se quello che ha visto sia sogno o realtà («ho sognato o davvero ho visto l'alata Psiche?»), e deve riviverlo per renderlo eterno con la poesia. Per Keats – che riconosce subito Amore, «il fanciullo alato», ma si chiede chi sia la sua «colomba felice» – l'immaginazione, infatti, coincide con la realtà: «ciò che l'immaginazione coglie come qualcosa di bello deve essere vero, che sia esistito o meno», scriveva nella stessa lettera a Bailey; e lui, obbedendo alla sua immaginazione coglie, forse più di ogni altro, Psiche, e disegna la sua Psiche: una Psiche «più dolce» di tutta l'ormai svanita gerarchia degli dèi dell'Olimpo, più bella e più luminosa di Diana e Venere, meravigliosa e con le ali lucenti, di cui il poeta diventa la voce, il liuto, il flauto, il santuario, l'incenso, l'oracolo, ma anche l'ardore. Keats dà quindi vita a una Psiche spirituale, descrivendola, però, in termini fisici. La perfetta unione di corpo e anima, di amore sensuale e spirituale, lampeggia tra i versi dell'ode, in cui il poeta diventa un po' il sacerdote, un po' l'amante di Psiche, a cui costruisce un tempio «nella sua mente», e dove persino la lampada, l'origine di tutti i guai di ogni Psiche, ha un ruolo positivo ed è "solo" il simbolo dell'amore più puro. Convinto che «un mondo di Dolore e affanni fosse necessario per educare l'Intelligenza e farla diventare Anima»[32], Keats celebra e afferra ogni cosa, ogni oggetto, ogni immagine, ogni purpureo bocciolo, ogni sussurro, ogni sentimento: e così, anche «il dolore è dolce»; i «lamenti sono dolci»; la «violenza è dolce»; e «le vergini del coro piangono dolcemente». La sua sensualità dolorosa riesce a cogliere tutto, e a sospendere il tempo. È solo un istante; è «la bellezza che deve morire»; è «la gioia che deve dire addio»[33]; è l'amore: è la poesia. In una lettera a Fanny del primo luglio 1819, scriveva: «vorrei quasi che fossimo farfalle, e vivessimo tre soli giorni d'estate»; e non a caso, l'ultima immagine di Psiche nella sua opera sarà proprio quella della luttuosa farfalla dell'*Ode alla Melanconia.*

Profondamente romantica e ottocentesca è l'interpretazione della favola di Apuleio che suggerisce Stendhal nella *Certosa di Parma* (1839), in cui Clelia Conti sposa il marchese Crescenzi, ma, soprattutto, fa voto alla Madonna di non vedere più l'amato Fabrizio del Dongo, e di non essere vista da lui. Il voto di Clelia fa sì che l'ultima parte del romanzo possa essere considerata, per certi versi, una tragica *variatio* di Amore e Psiche[34], in cui i ruoli sono rovesciati e la *curiositas* femminile è attribuita al protagonista maschile. Fabrizio riesce a vincere la sua malinconia solo osservando Clelia di nascosto dalla finestra di fronte al palazzo dove si è rifugiata; per lei, invece, vederlo è una vera e propria tortura, e chiude gli occhi non appena crede di scorgere una figura d'uomo che possa solo vagamente assomigliargli («Se lo vedo sono perduta»). Fabrizio tenta ogni audacia: corrompe i servi della marchesa per poterla incontrare; la guarda durante una processione; sceglie di predicare nella chiesa vicino a palazzo Crescenzi con la speranza di vederla. Il momento che rievoca maggiormente la favola di Apuleio, però, è il finale, quando Clelia decide di concedersi a Fabrizio, ma solo al buio: lo accoglie dolcemente nell'oscurità della sua stanza («Entra qui, amico del mio cuore») e gli sussurra, dopo i primi, appassionati baci, parole che riecheggiano – anche se in modo molto più tragico – quelle che nel buio Amore diceva a Psiche: «Sono venuta a dirti che ti amo e a chiederti se mi vuoi obbedire. Ho fatto voto alla Madonna di non vederti mai più, lo sai. Non dimenticare, te ne prego, che se un giorno tu mi costringessi a guardarti in piena luce, tutto tra noi sarebbe finito». Nonostante i tormenti di Fabrizio, non troppo lontani da quelli di Psiche («io non posso godere le dolcezze che danno la consuetudine e l'intimità con la donna che amo perché tu vuoi ricevermi al buio»), la marchesa tenta di tenere fede al suo voto, ricevendolo di notte, prima del tragico epilogo: «e dove lo riceveva non c'erano mai lumi accesi».

La penitenza di Psiche

Molto diversa e intrisa di una dolorosa ironia è, invece, l'interpretazione di Amore e Psiche di Heinrich Heine. Il poeta di Düsseldorf, ebreo e tedesco, nelle sue stesse parole «l'ultimo dei Romantici» e il capostipite della "nuova" lirica germanica, si illudeva di essere un greco, un pagano («sono un pagano, e mi ripugnano tanto i nazareni cupi e anelanti al martirio quanto gli ebrei aridi e incapaci di gioia»), ma, nonostante il battesimo protestante e le costanti, irridenti proclamazioni di paganesimo, era rimasto sempre un «povero ebreo infelice»: o forse, come scriveva Carl Zuckmayer, «il più credente degli scettici». L'antinomia tra spiritualismo e sensualismo, tra «nazareno» («o ebreo o cristiano») ed «elleno» – che, come osservava Heine nel

1840, «non denota una fede, ma un temperamento [...] perché c'erano elleni in famiglie di pastori in Germania, ed ebrei nati ad Atene, forse discendenti di Teseo» – è, infatti, una costante del suo pensiero e della sua opera. Restio alle lusinghe dello spiritualismo, Heine maschera il suo tormento con feroce ironia: non a caso, poco prima di morire, al prete che lo pregava di fare pace con Dio per poter essere perdonato, aveva risposto: «Non sono preoccupato. Dio mi perdonerà; è il suo mestiere».

Questo irrisolto, tragico dissidio ritorna anche nella sua interpretazione di Amore e Psiche[35]: nella lirica, raccolta in *Neue Gedichte* (1844), il poeta «crudele e tenero, naïf e sofisticato, scettico e ingenuo, lirico e prosaico, antico e moderno»[36] descrive in una lingua asciutta e dura l'inquietudine di Psiche che, con «un piccolo lume tra le mani», si avvicina al letto in cui dorme il suo misterioso amante. Come quella di Apuleio, anche questa Psiche «ha il viso in fiamme, e un brivido la scuote», quando vede – e riconosce – la bellezza del dio dell'Amore, che fugge e «si dilegua». La straordinaria ironia del «Secondo Grande Pagano»[37] esplode nella terza e ultima strofa, in cui descrive Psiche che, dopo diciotto secoli di penitenza – sottolineati anche dal punto esclamativo – ancora si strugge, rifiuta il cibo e si lascia morire per aver visto Amore nudo: una Psiche, quindi, piegata dal senso di colpa che i milleottocento anni di moralismo cristiano hanno imposto al mondo, come Heine scriveva già nel 1837 («da diciotto secoli dura l'astio tra Gerusalemme e Atene, tra la vita nello spirito e lo spirito nella vita»). La sua Psiche, quindi, non si punisce per aver infranto il mistero, ma per aver visto il corpo di Amore, in beffarda polemica con l'ascetismo e l'avversione all'ebbrezza dei sensi perpetrate dai seguaci del «malinconico nazareno». Non a caso, in un'altra lirica raccolta in *Neue Gedichte*, Heine, con un'ironia più dolce, sogna di costruire «la Chiesa del Terzo Nuovo Testamento», in cui il dualismo che ha tormentato gli uomini non esisterà più e la «stupida tortura del corpo» che condanna la sua Psiche sarà, finalmente, conclusa. Per il poeta, insomma, Dio era «nella luce e nella tenebra», Dio era tutto, e doveva essere in ogni cosa: anche «nei nostri baci».

La luce di Psiche

Nel 1831, anche Edgar Allan Poe aveva ceduto al fascino di Amore e Psiche: e nell'ode dedicata a Elena (*To Helen*), tra molti, criptici echi classici quasi sussurrati e associati in chiave ritmica riconduce, dopo lunghi viaggi per «mari disperati», al sogno dell'antichità («a quella gloria che fu la Grecia, a quella maestà che fu Roma»). Nell'ultima strofa dell'ode, Poe identifica Elena con Psiche, ritratta come una statua, con la sua lampada tra le mani: una confluenza di immagini di bellezza che, in fondo, è – forse – anche una possibile consolazione.

Ancora più enigmatica e oscura è l'allusione a Psiche di *Ulalume* (1847), il capolavoro in versi di Poe, dove Psiche è l'anima del poeta («io vagavo con la mia Anima, con Psiche, la mia Anima») con cui, «tra pensieri tetri e avvizziti», si trova nella «notte tra tutte le notti dell'anno» (quella di Halloween). I due vedono una stella, «un bagliore sfavillante» che «esulta in una regione di sospiri»: è la luce di Venere, di cui, però, Psiche ha paura, e che non vuole seguire, mentre, terrorizzata, lascia le sue ali strisciare nella polvere («diffido del suo strano pallore: Oh, affrettati! Fuggiamo!»). Il poeta, però, pensa sia solo un sogno e vince i suoi timori, convincendola a proseguire, e i due si immergono nel «sibillino splendore», verso «l'illusorio sentiero» che li porterà alla tomba della «perduta Ulalume», tra l'oscuro lago di Auber, i vampiri delle selve di Weir e le foglie appassite e morenti. In un'atmosfera cupa, in cui nell'ultima strofa[38] il poeta si chiede se quella luce non sia stata solo il tentativo dei «pietosi vampiri» di allontanarli dal segreto nascosto nelle selve tenebrose, non si può non notare che quella di Poe è, per certi versi, un'anti-Psiche, che rifiuta la luce e la scoperta, e tenta di distoglierlo dalla sua *curiositas*, di allontanarlo dalla sua illusione. Un'illusione che, però, sembra suggerire Poe nel finale, potrebbe anche essere solo un tentativo per sopportare meglio la realtà.

Il suono di Psiche

Nel 1887, César Franck compone *Psyché*, un poema sinfonico diviso in tre parti. Il tema di Amore e Psiche può apparire un po' insolito per l'autore delle *Beatitudes*, che non a caso guardò sempre con un po' di imbarazzo alla sua opera; la musica, però, sembra seguire un'ispirazione religiosa, che si rivela più che evidente nelle sezioni corali. Cristiano mistico e ascetico e «anima serafica» nelle descrizioni dei suoi allievi, Franck compone un poema di amore metafisico, spogliando Psiche e Amore dei loro corpi e sostituendo la sensualità e l'erotismo di Apuleio con «la storia dell'Anima e dell'Amore, cioè l'Amore divino»[39]. Dopo il sonno di Psiche e il suo viaggio sulle ali di Zefiro della prima parte, nella seconda i dolci, ipnotici, colorati suoni dei flauti e dei clarinetti «descrivono» il Giardino di Eros e anticipano il primo degli eterei Cori[40], che esorta Psiche ad attendere il suo sposo misterioso – denominato anche «mistico amante» – e i suoi «santi deliri», ma anche a «obbedire senza comprendere» (e non volere, quindi, mai conoscere il suo volto). L'incontro tra i due innamorati è destinato a *Psyché et Éros*: dopo un inizio meditabondo e inquieto, le linee tracciate dai violini conducono a un'assorta ma trionfale estasi, che è poi frenata e soffusa, fino al pacato incanto finale. La terza e ultima parte, dedicata al racconto delle sofferenze di Psiche, è dominata da un'atmosfera grave, fino al perdono di Eros, l'Apoteosi, in cui le voci celestiali del Coro accompagnano la «coppia divina» verso la luce, cantando che «il miracolo dell'amore è finalmente compiuto»: un'estasi mistica, una vera e propria «Métaphyisique d'Amour».

Il sonno di Psiche

La *fin de siècle* di Amore e Psiche può essere mistica, puro spirito, immaginazione, anima, come nel caso di Franck, di Walter Pater (in *Mario l'epicureo*, 1885) o di Henri de Régnier (con il suo *Bosquet de Psyché*, 1894), ma anche essere molto erotica, come avviene nella *Psiche Giacente* di Gabriele D'Annunzio (1892). Ispirata, come testimonia l'epigrafe («dal Burne Jones»), a una delle molte opere che Edward Burne-Jones aveva dedicato al tema di Amore e Psiche[41], la poesia fa parte di *Hortus larvarum*, una sezione del *Poema paradisiaco*: la «vergine giacente», la «vergine sublime», identificata con Psiche solo nella terza stanza, dorme, voluttuosamente cullata dal «palagio», su cui la musica diffonde un lieve incantamento e dove il vento «languido sospira inebriato». Mentre le rose anelano morire nei suoi «capelli divini» e protendono, nella stanza forse più dannunziana, le loro bocche «umide e voluttuose, vive, come di carne, palpitanti», arriva il «giovinetto ignoto», Amore. L'esile accenno al destino di Psiche – che per il resto potrebbe essere una qualsiasi delle meravigliose donne spettrali ed estenuate tipiche della poesia decadente e della pittura preraffaellita – è riservato all'ultimo verso («che accenderà la lampada fatale»), scritto in maiuscoletto. Commentando la sua opera, Burne-Jones scriveva: «Per dipinto, intendo un sogno romantico di qualcosa che non è mai stato e non sarà mai, con una luce che superi qualsiasi altra luce che abbia mai brillato, in una terra che nessuno possa determinare o ricordare, ma solo desiderare – e forme di divina bellezza». D'Annunzio traduce in morbidi versi l'atmosfera onirica e indefinita del pittore: la sua Psiche, immobile e molto passiva, è immersa nel sogno, sospesa tra la vita e la morte, ma, più che riecheggiare quella di Apuleio negli Inferi, somiglia a una Bella Addormentata[42] prima del bacio, avvolta in un'inquietudine e in un mistero costantemente evocati (i «misteri» dell'acqua, l'«insidia lenta», l'«ansia diffusa» di Amore) e pervasa da un estatico, irresistibile languore.

Psiche e Pan

Molto diversa è la Psiche di Pascoli, che è, però, senza dubbio suggestionato dal *Poema paradisiaco* di D'Annunzio – oltre che dalle tendenze platonicheggianti, orfiche e panteistiche caratteristiche della fine del secolo che culminano nella *Psiche* di Erwin Rohde – e scrive il ciclo dei *Poemi di Psyche*, raccolti nei *Poemi conviviali* (1904). Il secondo dei due poemi, *La civetta*, è dedicato alla morte di Socrate, mentre il primo, *Psyche*, è una revisione profondamente pascoliana della favola di Apuleio: a differenza della maggior parte delle riprese, infatti, Pascoli si concentra sulla solitudine e sull'infelicità di Psiche e, soprattutto, sulle sue prove per ottenere la purificazione, restando fedelissimo al testo originale, ma anche sempre nuovo.

La sua Psyche, «tenue più del fumo», è molto platonica, prigioniera com'è nella «bella casa d'argilla», dove sospira sempre sola e ha per compagne solo le «ignude voci»[43] che sussultano: quelle che in Apuleio erano le magiche voci incorporee, le ancelle invisibili, diventano quindi le «voci segrete» della coscienza, da cui Psyche – che ne è l'eco – è turbata, ma a cui deve obbedire. Le voci sono «sùbite e severe», ma possono anche consolare, e rappresentano, quindi, il conflitto tra il dovere e il sogno, tra la feroce realtà e la dolce consolazione («un'altra, che t'ama») che, nel Pascoli, corrisponde sempre anche al potere della poesia. Oltre alle voci, però, ad accompagnare Psyche c'è anche il dio Pan, una delle grandi innovazioni pascoliane[44]: il rustico Pan, il dio caprino che consolava con tenerezza la Psiche di Apuleio, è «bicorne», «irsuto», «selvaggio», molto più simile al Pan dell'*Inno omerico* che a quello delle *Metamorfosi*, ma con più di una sfumatura platonica; Psyche teme la sua potenza, che anima la natura («ulula e corre... e guazza nel profondo fiume, come la pioggia... al par del vento»), ma, come le voci, Pan può essere anche «dolce» («perché fu già pianto / e perse il tristo nel passar dagli occhi la prima volta»). Neppure il «dolce pianto» di petrarchesca memoria[45], però, riesce a spegnere i sospiri e le lacrime di Psyche, che riconosce l'Amore solo quando sparisce. La fulminea successione degli avvenimenti descritta da Pascoli condensa in tre, tragici versi («accesa la tua piccola lanterna / guardasti; e quella belva era l'Amore. E lo sapesti solo allor che sparve») il momento della *découverte* delle *Metamorfosi*, in cui Psiche si pungeva con le frecce di Cupido e si innamorava del dio solo nel momento in cui lo vedeva, per poi perderlo l'istante successivo. L'Amore pascoliano che fugge, quindi, è l'impossibile illusione della felicità umana, che svanisce nel momento in cui la si sfiora, e può essere, soprattutto, solo perduto e rimpianto, ma non vissuto. Non a caso, nella poesia non c'è che una fugace descrizione dell'amore con Cupido («e tu sempre al buio con lui giacesti»), ma ci sono solo i gemiti e i sospiri di una Psyche che, in Pascoli, non ha nessuna voluttà, nonostante i suoi brividi d'amore.

Mentre continua l'ambiguità tra il nome e l'anima («con le tue dita d'aria» [...] «smorta» [...] «non più che ali di farfalla»), Psyche è costretta a tre – e non quattro, come nelle *Metamorfosi* – prove, che non sono imposte da Venere, ma dalle ossessive voci interiori di cui è «schiava». Tra mucchi di semi, grani d'orzo, chicchi di miglio, rotonde veccie, pippoli di vena e semi di papavero, Pascoli riprende l'elenco di Apuleio; e anche la sua Psiche è aiutata dalle formichine, che sono chiamate in causa da una voce indefinita («non so chi disse [...]») – e non da una *formicula parvula* –, proprio come sarà qualcuno – o qualcosa – di indefinito a riconsegnarle l'anfora nella prova successiva. Terrorizzata alla vista del drago, durante la seconda prova Psiche «rabbrividisce», proprio come aveva tremato d'amore per Cupido, ma trema anche pochi versi dopo, intravedendo attraverso la brocca «il vortice del nulla», «l'altro sonno [...] più grande». Psiche, quindi, oscilla tra il pensiero d'amore e quello per la morte, accompagnata da un tremito e da brividi che sono pressoché costanti, per lei, nella poesia: la reazione, cioè il pianto, però, è identica, come ripete e sottolinea Pascoli, nonostante ritorni per la seconda volta la dolce consolazione della poesia, con Pan che soffia «nelle palustri canne» e rievoca allusivamente la «verde canna, ispirata dal sussurro dell'aura soave» che frenava la Psiche di Apuleio dal suicidio. L'ultima prova – il viaggio agli Inferi – conduce però la protagonista pascoliana definitivamente alla morte, che è sussurrata in ogni verso, ma esplicitata dall'ultima delle voci («Povera Psyche, io lo so dov'è l'Amore. / Oh!

L'Amore ti aspetta oltre la morte [...] sotterra troverai l'Amore»): la «pallida Psyche» ha tra le labbra un unico obolo, solo per l'andata, perché, a differenza di quella delle *Metamorfosi*, non farà mai ritorno, è cosciente, sente ogni cosa e continua a tremare («pur ne tremi» [...] «tremi?» [...] «tremi tanto») finché non le sfugge dalle mani la focaccia «col miele e col mite papavero»[46] ed è inghiottita dal «queto vortice del nulla». Per l'ultima volta, Pan, descritto da magici versi che ne condensano la natura panica («tremuli belati e cupi mugli, il gorgheggiar d'uccelli tra foglie verdi [...] lo scroscio vasto delle foglie secche») e al tempo stesso consolatoria, interviene – sostituendo, quindi, Cupido – e prende con sé Psyche, che da «prigioniera», com'era nella prima stanza, diventa «fuggitiva», e che tutti cercano invano. Che sia nel vento o nella selva, o nel bozzolo da cui l'anima-farfalla sempre rinasce, o che arda nella luce eterna del sole, la Psyche di Pascoli diverge, quindi, da quella di Apuleio, perché le sue prove la conducono solo «al queto vortice del nulla», e perché non ritroverà l'amore, se non «oltre la morte». Resta la consolazione della poesia, che può soffiare dolci canti e «dileguare nella dimenticata fanciullezza»; e rimane Pan «l'eterno», che riprende Psiche nel «suo gran petto», nascondendola in un misterioso «Tutto»[47] universale che non muore, ma è, forse, al di là della disperazione[48].

Profondamente simbolica e caratterizzata dal ruolo predominante di Pan è anche la *Psyché* di Gabriel Mourey, da cui Debussy trarrà il brevissimo assolo *La flûte de Pan* (1913) – più noto con il titolo *Syrinx* –, che traduce in musica i flessuosi versi della *pièce* con l'incanto sensuale e l'ipnotica estasi del flauto[49]. Nella sua *Psyché*, Mourey disegna una Psiche mistica, che è – almeno apparentemente – puro spirito e non ha bisogno di vedere l'amore; può tenere gli occhi chiusi, perché, come dice a Cupido, «ti tocco ed è come se ti vedessi»: una Psiche che arriva a benedire l'odio degli dèi e il dolore, che le consentono di vedere «la bellezza del mondo», di cui prima non sapeva nulla, e che attraverso la sofferenza diventa «una donna sublime», come le dirà il suo innamorato, abbagliato dalla sua anima («Ti devo tutto. Mi hai insegnato che esiste una forza immortale: lo Spirito. / E che lo Spirito anima la materia»). La dimensione spirituale, quindi, sembra trionfare, come dimostrerà anche l'epilogo, con l'istituzione del regno dello Spirito guidato da Psiche («Il mio regno è finito! Il tuo Psiche, sta iniziando!»), incoronata – per così dire – dalla morte di Pan, che, proprio come accadeva nella *Psyche* del Pascoli, ha un ruolo fondamentale. Il dio «radioso e terribile» infiamma tutte le ninfe, protegge affettuosamente Psiche e soffre per lei, ma è imprigionato nel regno della materia e della carne, di cui riesce a intravedere le illusioni che vorrebbe – ma non può – oltrepassare. La *pièce*, che non a caso si chiude con il grido plutarcheo («Il grande Pan è morto!»), suggella quindi la vittoria di Psiche-anima. Mourey, però, non rinuncia alla sensualità, che pervade molti dei suoi versi: come quelli che descrivono la naiade, sedotta proprio dal flauto di Pan; la ninfa racconta «lo strano delirio» che la penetra, «la voluttuosa dolcezza» della sua notte, mentre vorrebbe danzare a piedi nudi per abbandonarsi alla forza ondeggiante di tutte le cose e i suoni della *syrinx* la stordiscono, fino al sussulto finale («Oh Pan, non ho più paura di te, io ti appartengo!»). O come quelli in cui la protagonista, in una sorta di erotica ascesa, raccontava di aver compreso «i segreti che mormorano dentro le cose [...] le labbra della luna quando si posano sul seno ardente delle rose». Una *Psyché*, quindi, simbolica, ma anche molto erotica.

Una Psiche di Swann

Sontuosi echi di Amore e Psiche si trovano anche nel primo volume della *Recherche* proustiana, *Du côté de chez Swann* (1913), dove l'inafferrabile Swann decide di destinare il buio e le notti ai suoi incontri d'amore con Odette, che lo accoglie illuminata solo dalle lanterne («dai raggi odorosi di quegli effimeri astri che si accendono nelle giornate grigie») in vestaglia rosa, con il collo e le braccia nudi. Considerando i numerosissimi accenni e le allusioni alla mitologia e agli autori antichi nella *Recherche*, le lanterne che illuminano Odette, il rosa della sua veste e il collo nudo potrebbero rievocare[50] la visione di Psiche che guarda avidamente il corpo di Cupido, il suo «collo bianco come il latte e le guance rosse come la porpora»; ancor più allusive, però, sembrano essere la successiva, ipnotica descrizione delle lampade che ardono «isolate o in coppia nel crepuscolo notturno, forse facendo sognare qualche innamorato fermo davanti al mistero della presenza» e quella dell'«atmosfera d'oro» in cui Swann, trascinato da un voluttuoso tormento, guarda con gelosia le ombre sulle finestre, immaginando il tradimento di Odette, che è «rischiarata in pieno dalla lampada, prigioniera senza saperlo in quella camera dove, quando avesse voluto, egli sarebbe entrato a sorprenderla e a catturarla».

Il paese dell'Anima

La favola di Amore e Psiche era arrivata in Russia nel 1769, con la traduzione, da parte di F.I. Dmitriev-Mamonov, degli *Amours di Psyché et Cupidon* di La Fontaine; undici anni dopo, nel 1780-1781, appare la traduzione delle *Metamorfosi* di Apuleio, seguita dalla «Psiche russa» di

Bogdanovič, *Dušen'ka*, una sorta di imitazione «russificata» di La Fontaine, molto amata anche da Puškin. Dopo vari passaggi nel XIX secolo, Psiche diventa, all'inizio del successivo, una delle protagoniste della poesia della cosiddetta "Epoca d'argento", in cui il fascino dell'antichità greca e latina prende il sopravvento, con poeti come Annenskij e Brjusov, che nella sua *Psixeja* (1898), domanda a Psiche se, tra i banchetti degli dèi e le loro risate impudenti, non abbia nostalgia delle «gioie terrene / dove ci sono tristezza e modestia, dove si crede nelle cose sante»[51].

Nel 1928, Nikolaj Gronskij aveva inviato a Marina Cvetaeva il racconto di Apuleio; la poetessa, però, aveva trovato la Psiche delle *Metamorfosi* «troppo pesante e troppo terrestre» e voleva «spiritualizzare l'Anima»[52]. Non a caso, nel 1922 scriveva a Boris Pasternak che il suo tipo di rapporto preferito era quello «ultraterreno: il sogno: vedere in sogno. E il secondo: la lettera: una forma del rapporto ultraterreno, meno perfetta del sogno, ma le leggi sono le stesse»[53].

L'amore solo-anima, al buio, della Cvetaeva, quello rivolto ai molti corrispondenti che amava da lontano e che non voleva mai incontrare, era pura mente, puro sogno, pura illusione, puro struggente desiderio, era l'amore senza corpo che lei, scegliendo di scorgere solo una parte della fiaba, aveva individuato in Psiche. Per la Cvetaeva, infatti, Psiche è solo e unicamente l'anima, ed è uno dei principi fondanti del suo pensiero, del suo essere e della sua poesia: come la sua Psiche, anche la Cvetaeva è «spirito, anima, essenza»[54], è «anima senza corpo»[55], è «l'anima che può accecare»[56], è «la presenza nell'assenza»[57], perché «l'Assenza», come scriveva nel 1923 ad Aleksandr Bachrach, «è il paese dell'Anima». Nella Cvetaeva, c'è «l'insaziabile e antichissimo odio di Psiche per Eva, di cui in me non c'è nulla. Di Psiche, invece, – tutto»[58]. Marina Cvetaeva, insomma, vuole essere Psiche: e Psiche, «invisibile, che amiamo in eterno perché è l'assente che in noi ama»[59], è anche l'incarnazione del suo violento, ostinato rifiuto per la vita quotidiana, in cui «ribolliva»[60] estenuata, e per il corpo, «disumano», «solo istinto di sopravvivenza»[61]. In una sorta di vertigine della purezza, la «predatrice di anime» – come si era autodefinita in una poesia del 1919 – scriveva che «il sesso è disgiunzione e deve essere sconfitto»[62], aveva una repulsione fisica per la pura carne, definiva l'amore umano «gioco di muscoli e nient'altro»[63] ed era persuasa che solo nell'arte, che è «spirito», si potessero «ricongiungere le metà separate di Platone»[64]. La Psiche della Cvetaeva ama e deve essere amata «solo con Psiche», non con gli occhi, con cui si può invece amare Elena di Troia, perché «dove ha inizio l'anima finisce il corpo»[65]; è invasa da passioni «smisurate»[66], sfinita dal pieno stordimento, vuole abbracciare, baciare, ma solo da lontano, al buio, senza conoscere davvero il suo Amore: un erotismo senza corpo inevitabile per una donna che poteva desiderare solo «la bellezza di un essere amato e impossibile»[67], solo «la sospesa, pura astrazione, eterno *tra*»[68] e che voleva essere saziata nella «sua anima»[69].

Questa necessità di pura anima è più che evidente nelle poesie dedicate a Psiche, uscite nel 1923 in una raccolta intitolata proprio *Psiche*, che comprendeva liriche scritte tra il 1916 e il 1921 ed era considerata dalla stessa Cvetaeva un'antologia delle sue poesie romantiche. Nel primo componimento, che apriva programmaticamente la raccolta, Marina-Psiche, parlando dall'aldilà, dice al suo amato di non avere bisogno di pane, ma di essere la sua «passione», il suo «riposo», il suo «settimo giorno»; un divorzio tra corpo e anima che è rafforzato nei versi finali, in cui ricorda le umiliazioni patite sulla terra, per concludere con una confessione-identificazione: «Amore mio!

Non mi riconosci? Sono la tua rondine, la tua Psiche». La seconda poesia, in cui lo prega di salvarla e di rivestirla del suo «splendore», conferma il distacco dalla dimensione terrestre e dal «tenero corpo, lacerato, consumato», di cui, ormai, non ci sono che brandelli. Restano solo le «due ali» di Psiche che, però, non è e non può mai essere con il suo Amore, se non in un ipotetico, eterno ricongiungimento celeste. La Psiche della Cvetaeva, quindi, è sia Psiche sia per certi versi, un'anti-Psiche, perché non può e non vuole vedere l'Amore e il suo corpo, ma vuole «la trasfigurazione», «l'inaudito», «il mostruoso», «il prodigio»[70]: vuole il buio da cui Psiche sfugge, «il più assoluto degli amplessi»[71], che, però, è quello impossibile, almeno in questa vita.

Solo nel regno dell'assenza, solo nel paese dell'Anima, solo nel buio potevano bruciare il fuoco e «la carne viva» – ma senza corpo – della più tragica incarnazione che Psiche abbia avuto. Non a caso, nel 1926, mentre recitava le sue poesie nella sala del Club dei Giovani Scrittori e Poeti russi di Parigi, Marina Cvetaeva indossava un abito nero che aveva ricevuto in dono dalla Boemia. Sul vestito era ricamata una farfalla: il simbolo di Psiche.

BARBARA CASTIGLIONI

[1] Per il concetto di *curiositas*, "un tema, più che platonico, fondamentalmente plutarcheo" (cfr. Apuleio, *Le Metamorfosi*, a cura di L. Nicolini, Milano, Rizzoli, 2005, pp. 38-39) e per il legame tra la *curiositas* e la πολυπραγμοσύνη delineata da Plutarco nell'omonimo trattato (cfr. *Moralia* 515b-523b), cfr. Nicolini, cit., pp. 40 ss.; per i debiti di Apuleio nei confronti di Plutarco, cfr. P.G.Walsh, *Apuleius and Plutarch*, in *Neoplatonism and Early Christian Thought: Essays in Honour of A.H. Armstrong*, a cura di A.H. Armstrong, H.J. Blumenthal, R.A. Markus, Londra, Variorum, 1981. Per la *curiositas* come motivo strutturale del romanzo di Apuleio, cfr. GCA 1995, pp. 362-379; GCA 2015, pp. 383-385; cfr. anche Graverini,

pp. XXXI-XXXII; XLI-XLII in Apuleio, *Le Metamorfosi*, a cura di L. Nicolini e L. Graverini, Milano, Mondadori, 2019.

[2] Cfr. *Anth. Palat.* XII 98; XII 91; V 57, 179; XII 80, 132. È bene osservare che in questi epigrammi, però, «amore» e «psiche» (anima) sono soprattutto astrazioni concettuali (cfr. anche Graverini, cit, p. XXXII).

[3] Come è stato più volte osservato, Psiche, che in greco significa sia «anima» che «farfalla», non è mai descritta come tale né ha mai le ali nelle *Metamorfosi* di Apuleio (nonostante in *Met.* IV 35, come osservava M. Bettini in *Antropologia e cultura romana. Parentela, tempo, immagini dell'anima*, Roma, Carocci, 1986, p. 213, Zefiro faccia «vibrare, di qua e di là», la veste di Psiche, sollevandola con un soffio gentile e trasportandola al palazzo di Amore con un volo che potrebbe rievocare quello di una farfalla; cfr. anche F. Cumont, *Recherches sur le symbolisme funéraire des Romains*, Paris, Geuthun, 1942, p. 110, che notava come nel simbolismo funerario romano l'anima sia spesso raffigurata mentre vola verso il regno dei morti sospinta dal soffio del vento). Già nel V secolo a.C., però, erano diffusi manufatti che effigiavano l'anima come una fanciulla con le ali, e questa iconografia si afferma definitivamente nell'età ellenistica (cfr. *La novella di Carite e Tlepolemo*, a cura di L. Nicolini, Napoli, D'Auria, 2000, pp. 17 ss., 33 ss. Cfr. anche C.C. Schlam, *Apuleius and the Monuments*, Pennsylvania, University Park, 1976). L'anima, poi, naturalmente, è alata nel *Fedro* di Platone (248c).

[4] La fabula Milesia era, con ogni probabilità, una narrazione di contenuto erotico e lascivo che si sarebbe affermata con i racconti perduti di Aristide di Mileto (II secolo a.C.), detti i Μιλησιακά. L'opera di Aristide venne tradotta in latino da Sisenna nel I secolo a.C.

[5] Per quel che riguarda l'origine platonica, non possono sfuggire i rimandi, abbondantemente studiati, di *Amore e Psiche* ad alcuni dei più noti miti platonici: quello del *Simposio*, raccontato da Diotima a Socrate, che ha per argomento proprio la nascita e la natura di Eros/Amore, quello del *Fedro*, che riguarda l'anima, il mito di Er, nella *Repubblica*, che parla della sorte dell'anima nell'aldilà, e quello – sempre nella *Repubblica* – della "caverna". Per l'origine folklorica e la diffusione di alcuni tratti anche nel folklore moderno, cfr. J.Ö. Swahn, *The Tale of Cupid and Psyche* (Aarne Thompson 425 and 428), Lund, Gleerup, 1955; J.R.G. Wright, *Folktale and Literary Technique in Cupid and Psyche*, in «The Classical Quarterly», n. 21, 1971, pp. 273-284; per l'ellenismo orientale e la tradizione iranica, cfr. R. Reitzenstein, *Das Märchen von Amor und Psyche bei Apuleius*, Leipzig-Berlin, Teubner, 1912. Per una dettagliata analisi di tutte le ipotesi, cfr. C. Moreschini, *Il mito di Amore e Psiche in Apuleio*, Napoli, D'Auria, 1994, pp. 48 ss. e C.C. Schlam, *Cupid and Psyche. Apuleius and the Monuments*, Pennsylvania, University Park, PA: The American Philological Association, 1976. Molti commentatori più recenti hanno ritenuto sempre meno essenziale, nell'interpretazione di Amore e Psiche, l'elemento folklorico (cfr. ad es. GCA 2004, p. 2 e nota 5), e privilegiano piuttosto, l'accostamento all'epillio alessandrino. Più di recente, però

Emmanuel e Nedijma Plantade (*Libyca Psyche: Apuleius' Narrative and Berber Folktales*, in *Apuleius and Africa*, a cura di B.T. Lee, E. Finkelpearl, L. Graverini, New York-London, Routledge, 2014), esaminando con una grande mole di dati e confronti i motivi del patrimonio orale berbero, hanno ipotizzato che *Amore e Psiche* possa essere una stilizzazione romana operata su materiale folklorico libico. Per ulteriore bibliografia, cfr. la Nota bibliogafica.

[6] Nel prologo di Amore e Psiche, la vecchia narratrice si impegna a distrarre Carite dai suoi dispiaceri con «un racconto piacevole, una storia della nonna» (IV 27. 8 *narrationibus lepidis anilibusque fabulis*), e definisce, quindi, il suo racconto un'*anilis fabula*. Per un'ampia discussione sul ruolo e il valore dell'*anilis fabula*, sulla sua "origine" platonica e sui suoi sviluppi, cfr. Graverini, *Le Metamorfosi*, cit., pp. XXXI e ss.

[7] La favola è inserita all'interno dell'episodio di Carite e Tlepolemo, con cui già presenta dei parallelismi e di cui prefigura il lieto fine, ma è, soprattutto, posta alla metà esatta delle *Metamorfosi*: il protagonista Lucio e Psiche – che, però, è molto più ingenua – condividono la *sacrilega, temeraria curiositas*, gli inascoltati ammonimenti, la punizione – Lucio che è trasformato in asino, Psiche costretta a essere schiava di Venere – e la finale, gratuita salvezza.

[8] M. Cvetaeva, *Il poeta e il tempo*, a cura di S. Vitale, Milano, Adelphi, 1984, p. 97.

[9] Aristofonte è nominato solo da Fulgenzio, che lo accusa di aver raccontato la *fabula* di Amore e Psiche «con enorme dispendio di parole della sua opera *Sull'insoddisfazione*», di cui non sono giunte tracce (a riguardo, cfr. Moreschini, cit., p. 28 43n). Per quel che riguarda Fulgenzio, Mazzarino (*La Milesia e Apuleio*, Torino, Chiantore, 1950, pp. 141 ss.) sosteneva avesse conservato un testo delle *Metamorfosi* notevolmente diverso da quello a noi noto dalla tradizione manoscritta, come proverebbero le sue citazioni, effettivamente ben diverse da quelle del testo apuleiano in nostro possesso. Secondo l'ipotesi di Mazzarino, Fulgenzio si sarebbe servito di un testo delle *Metamorfosi* diffuso in Africa e contaminato con la tradizione della fabula *Milesia*.

[10] Per la problematica datazione dell'opera, che è giunta in tre versioni distinte ed è indicata da alcuni come precedente al 1170, da altri come poco successiva al 1180, cfr. A. Fourrier, *Le courant réaliste dans le roman en France au moyen age*, Paris, Nizet, 1960, p. 384; P. Eley, *Partonopeus de Blois. Romance in the Making*, Cambridge, Gallica, 2011, pp. 12 ss.; P. Eley-P. Simons, *"Partonopeus de Blois" and Chrétien de Troyes: a re-assessment*, in «Romania», 117/467-468, 1999, pp. 316-341; A. Reynders, *Was the Author of the Roman de Partonopeu de Blois a fare-runner of Chrétien de Troyes?*, in «Le Moyen Âge: Revue d'Histoire et de Philologie», 2005, pp. 479-502; cfr. anche *Partonopeus De Blois*, a cura di J. Gildea, Villanova, Villanova University Press, 1967; O. Collet-P.M. Joris, *Le roman de Partenopeu de Blois*, Paris, Librairie générale française, 2005.

[11] Cfr. R.H.F. Carver, *The Protean Ass: The Metamorphoses of Apuleius*

from Antiquity to the Renaissance, Oxford, Oxford University Press, 2007, p. 94: «The richest field in which to fossick for Apuleian nuggets remains the anonymous *Partonopeu de Blois*». Le discussioni sulla conoscenza diretta della *fabula* di Apuleio da parte dell'anonimo autore del *Partenopeo* sono state numerose (per un riassunto della *querelle*, cfr. M. Lecco, *Partonopeus de blois fra Apuleio e Walter Map?: testi e culture in un romanzo del XII secolo*, in «Medioevo Romanzo», vol. 45, n. 1, 2021, pp. 3-23). Prima di alcuni lavori specifici sulle *Metamorfosi* e la loro tradizione (C. Moreschini, *Sulla fama di Apuleio nel Medioevo e nel Rinascimento*, Padova, Antenore, 1977, pp. 457-475; cfr. anche F. Bertini, *The golden ass and its Nachleben*, in M.P. Futre Pinheiro, S.J. Harrison, *Fictional Traces: Receptions of the Ancient Novel* - Volume 2, Kooiweg, Barkhuis, 2011, pp. 61-82) che hanno dimostrato la disponibilità già in età medievale di almeno una copia di un manoscritto nell'abbazia di Montecassino contenente le *Metamorfosi*, infatti, era totalmente esclusa la possibilità che l'autore del *Partenopeo* potesse essere entrato in contatto con il romanzo di Apuleio. In un brillante lavoro del 1964, Brown (*The Relationship Between Partonopeus de Blois and the Cupid and Psyche Tradition*, «Brigham Young University Studies Quarterly», vol. 5, n. 3, pp. 193-202), pur non escludendo affatto e, anzi, postulando una conoscenza delle *Metamorfosi* da parte dell'autore del *Partenopeo*, aveva considerato Fulgenzio l'intermediario principale, nonostante le differenze tra l'interpretazione allegorica cristiana espressa nei *Mythologiarum libri* e il *Partenopeo* siano davvero molte. Per quel che riguarda invece, lo scambio tra maschile e femminile della figura «sovrannaturale» e di quella naturale (dato che Melior ha il ruolo di Cupido, Partenopeo di Psiche), da alcuni ascritto allo stesso autore del romanzo, la questione è, se possibile, ancor più complicata e dibattuta, anche perché «nelle attestazioni letterarie a matrice folklorica», come osservava Lecco, cit., p. 19, è la figura femminile ad avere più spesso «il ruolo di *faé*» (cfr. Swahn, *The Tale of Cupid and Psyche*, cit., pp. 346 ss., che elencava almeno 14 esempi dove i ruoli maschile-femminile sono rovesciati; cfr. Fourrier, cit., pp. 385-386, che, come Carver, cit., p. 100, tendeva ad attribuire all'autore del Partenopeo lo scambio; Lecco, cit., pp. 19 ss. per un tentativo di mediazione e per un'aggiornata bibliografia).

[12] Cfr. la prima, recente edizione critica dell'opera (J. de Mal Lara, *La Psyche. Estudio preliminar, notas y edición crítica de Francisco Javier Escobar Borrego*, México, Frente de Afirmación Hispanista, 2015), in cui è discussa anche la datazione incerta (tra il 1549 e il 1565).

[13] Come è stato da più parti dimostrato (cfr. G. Marino, *Adone*, a cura di G. Pozzi, Milano, Mondadori, 1976, pp. 264-265; cfr. anche F. Torraca, *Nuove rassegne*, Livorno, Giusti, 1984, pp. 343-358; F. Mango, *Le Fonti dell'Adone di Giambattista Marino. Ricerche e studi*, a cura di C. Clausen, Torino-Palermo, 1891, pp. 91-98; O. Besomi, *Esplorazioni secentesche*, Padova, Antenore, 1975, pp. 9-52) Marino aveva senza dubbio fatto uso anche della versione volgare di Ercole Udine: *La Psiche di Hercole Udine con una breve allegoria del molto r.p.d. Angelo Grillo*, Venezia, Ciotti, 1599.

[14] Come osservava Emilio Russo (G. Marino, *Adone*, a cura di E. Russo, Milano, Rizzoli, 2013), Marino segue l'amplificazione narrativa del volgarizzamento di Udine (VIII 14-21). Il "tono" delle preghiere di Psiche, però, è inconfondibilmente mariniano.

[15] A riguardo, cfr. G. Macchia, *La letteratura francese. Dal Rinascimento al Classicismo*, Firenze, Sansoni-Accademia, 1970, pp. 397 ss.

[16] Di «noia del *bonheur*» e il «disgusto del benessere» parlerà, nel 1761, la Julie della *Nouvelle Héloïse* rousseauiana.

[17] Nonostante gli sia abitualmente attribuita la paternità dell'opera, Molière scrisse solo il prologo, il primo atto e la prima scena del secondo e del terzo. Autore del testo musicato fu Quinault (a eccezione de «la plainte italienne», che è di Lully, così come le musiche) mentre versificatore del resto dell'opera è Pierre Corneille.

[18] L'attribuzione dell'opera, così come l'eventuale divisione tra i due autori, è molto discussa. I commentatori del XVIII secolo tendono a mettere in rilievo il contributo di Fontenelle, non fosse altro, come osserva Arnason (*Psyché de Thomas Corneille, Edition Critique* a cura di L. Arnason, Paris, Université Paris-Sorbonne, 2005, p. 3), per evidenziare l'inettitudine e l'incapacità di Thomas Corneille. L'incertezza, però, resiste anche tra i contemporanei: secondo Marie-Claude Canova Green, *Psyché: From Tragédie-Ballet to Opera (1671-1678)*, «Notthingham French Studies», vol. 33, f. 1, 1994, pp. 28-36) ad esempio, la *Psyché* sarebbe da attribuire soprattutto a Fontenelle, mentre Spycket (*Thomas Corneille et la musique*, «XVIIe siècle», 1954, p. 447), al contrario, avanzava l'ipotesi che lo stesso Fontenelle non avrebbe neppure partecipato alla stesura, perché nella lettera al «Journal des Savants» in cui aveva rivendicato il *Bellerofonte* non aveva fatto menzione dell'opera. Questa ipotesi, però, sembra molto improbabile, soprattutto considerando che Fontenelle avrebbe successivamente incluso il libretto di *Psyché* nelle sue *Oeuvres*, senza fare alcun riferimento allo zio Corneille (e a Quinault). Cfr. *Psyché de Thomas Corneille*, cit., pp. 4 ss. Cfr. anche S.J. Harrison, *Apuleius at the court of Luis XIV. Psyché (1671, 1678) and its English version (1675)*, in R. May e S.J. Harrison, *Cupid and Psyche: The Reception of Apuleius' Love Story since 1600*, Berlin-Boston, De Gruyter, 2020, pp. 47 ss.

[19] Charles-Jean-François Henault, prima consigliere al Parlamento, poi presidente della *chambre des enquêtes* – e non a caso soprannonimato «le President» – era nato nel 1685 e morto nel 1770. L'*Épître de Psyché à l'Amour* fu pubblicata nel 1806 nelle *Oeuvres inédites*.

[20] Cfr. Madame de Lambert, *Psyché en grec Âme*, in *Oeuvres complètes suivies de ses Lettres à plusieurs personnages célèbres*, Paris, Collin, 1808, pp. 284-285.

[21] Cfr. Ead., *Avis d'une mère à sa fille*, in *Oeuvres complètes*, cit., p. 55.

[22] Come scriveva Pietro Citati, Leopardi era un «materialista che si perde nell'infinito o nell'Indefinito; e – uso questa parola con molta cautela – nella mistica». Cfr. P. Citati, *Leopardi*, Milano, Mondadori, 2010.

[23] *Zibaldone*, 11 luglio 1823.

[24] *Ibid.*, 26 novembre 1823.

[25] Cfr. *ibid.*, 29-30 agosto 1823.

[26] *Métaphysique d'Amour* è anche la dicitura sotto cui furono pubblicate le *Réflexions nouvelles sur les femmes*, parte delle *Oeuvres complètes* di Madame de Lambert, nell'edizione La Haye (1729).

[27] Di "collezionisti di sensazioni" parlava Mario Praz in *La carne. la morte e il diavolo nella letteratura romantica*, Firenze, Sansoni, 1986, p. 179.

[28] Cfr. nota 3.

[29] Di sensualità «senza foga» parlava, a proposito di Antonio Canova, Aldo De Rinaldis in *Arte e 'mestiere' nel Canova* («Arti figurative», I, n. 3, 1945). Di sensualità «contemplativa», invece, parlava Mario Praz a proposito dei versi di Keats, delle odalische di Ingres e delle Veneri del Canova in *L'opera completa del Canova. Classici dell'arte* (Milano, Rizzoli, 1976).

[30] Lettera a Fanny Brawne, 13 ottobre 1819.

[31] Lettera a Benjamin Bailey, 22 novembre 1817.

[32] Lettera a George e Georgiana Keats, 14 febbraio 1819.

[33] Cfr. l'*Ode alla Melanconia*: «abita con la bellezza – la bellezza che deve morire. E con la gioia, che tiene sempre una mano sulle labbra per dire addio».

[34] G. Durand, *Le Décor mythique de La Chartreuse de Parme: les structures figuratives du roman stendhalien*, Libraire José Corti, Parigi, 1971², pp. 225 ss.

[35] È interessante notare come ne *La Scuola Romantica* (1833), Heine parlasse del «colossale materialismo» e dell'«insolenza della carne» che avevano caratterizzato l'Impero Romano, aggiungendo che Apuleio e Petronio potessero essere «considerati *pièces justificatives* del Cristianesimo».

[36] È la meravigliosa definizione di Gérard De Nerval, cfr. *Les Poésies de Henri Heine*, in «Revue des Deux Mondes», vol. 23, n. 2, 1848, p. 225.

[37] In un articolo pubblicato nel 1849 sull'«Augsburger Allgemeine Zeitung», Heine, provato dalla malattia, scriveva: «Non sono più un "bipede divino", non sono "il tedesco più libero dopo Goethe" [...]; non sono il Grande Pagano n. 2, che veniva paragonato a Dioniso avvolto in foglie di vite, mentre il mio collega Goethe, il Grande Pagano n. 1, era stato insignito del titolo di "Giove del Gran Ducato di Weimar"; non sono neanche un vivace, pasciuto ellenico che si gode la vita e sorride ai malinconici nazareni. Ora sono solo un povero ebreo malato fino alla morte, un'emaciata immagine della miseria, un uomo infelice». Cfr. H. Heine, *Prinzessin Sabbat: über Juden und Judentum*, a cura di P. Peters, Bodenheim, Verlag, 1997, p. 511.

[38] L'ultima strofa non compare nell'edizione delle opere di Poe curata da Griswold (1850-1856). Scoperta da T.O. Mabbott in una copia manoscritta della poesia (datata 10 settembre 1849), appare invece nell'edizione del 1911 curata da J.H. Whitty, ed è ora regolarmente stampata.

[39] Così notavano sia Jacques Rivière che Vincent d'Indy, allievo di Franck e dedicatario di *Psyché* (Cfr. J. Rivière, *Études: Baudelaire, Paul Claudel, André Gide, Rameau, Bach, Franck, Wagner, Moussorgsky, Debussy,*

Ingres, Cézanne, Gauguin, Paris, Gallimard, 1912, p. 143); V. D'Indy, *César Franck: a translation from the French of Vincent d'Indy, with an Introduction by Rosa Newmarch*, Londra, John Lane The Bodley Head, 1902, p. 78; pp. 173 ss.

40 I testi furono scritti – a quanto sembra – da Sicard e Louis de Fourcaud, anche se D'Indy suggerisce che possano essere opera del figlio di Franck, Georges.

41 Edward Burne-Jones aveva dedicato al tema un gran numero di opere tra acquerelli, dipinti a olio, disegni e incisioni. Per le problematiche relative all'identificazione dell'opera da cui D'Annunzio avrebbe tratto l'ispirazione per la sua *Psiche Giacente*, cfr. G. Pieri, *D'Annunzio e Edward Burne-Jones: il mito di Psiche tra preraffaelismo e decadenza*, in «Italianistica: Rivista di letteratura italiana», n. 38, 2009, pp. 21-29.

42 Caratterizzata dai motivi del sonno, del sogno e dell'immobilità, la Bella Addormentata è iconograficamente molto vicina a Psiche, come testimoniano molte opere di Burne-Jones.

43 «Ignude voci» è calco del latino *vox quaedam corporis sui nuda*, con cui Apuleio descriveva, in *Met.* v.2.3, le voci incorporee udite da Psiche.

44 Già molto presente nella letteratura ottocentesca (si pensi a Keats e Shelley, entrambi autori di un inno a Pan, o a Elizabeth Browning e al suo *The dead Pan*), il dio Pan – soprattutto nelle sue implicazioni simboliche di *anima mundi* – è uno dei grandi protagonisti della cultura *fin de siècle* e degli inizi del Novecento, come testimoniano, ad esempio, *Davanti a San Guido* del Carducci (da cui Pascoli riprende, nel verso finale, «Pan l'eterno»), *L'annunzio* proemiale delle *Laudi* di D'Annunzio («il gran Pan non è morto!», rovesciamento del celebre e misterioso annuncio raccontato da Plutarco, «il grande Pan è morto!») e il *Pan et Psyché* di Claude Lorrey, dove Pan, sostanzialmente, sostituisce Cupido e abbandona Psiche, per poi ricongiungersi a lei alla fine del poema, in cui i due simboleggiano, con ogni probabilità, l'unione tra anima e corpo («e la loro anima eterna, e il loro cuore fremente intendono infine il bene supremo del vivere [...] l'Eterna Bellezza, l'Eterna Ricchezza, la Delizia suprema con la Voluttà»).

45 Cfr. *RVF* 155, 9: «Quel dolce pianto mi dipinse Amore».

46 La Psiche di Pascoli ha una sola focaccia, a differenza di quella di Apuleio, che ne aveva due (cfr. Met. vi 18 *offas polentae mulso concretas*): un altro segno del fatto che non farà mai ritorno. La focaccia «anche col miele e col mite papavero» sembra peraltro rievocare quella di Enea in Aen. vi 420 *melle soporatam et medicatis frugibus offam* («una focaccia resa soporifera col miele e con erbe medicinali»). Cfr. G. Pascoli, *Poemi conviviali-Poemi italici-Le canzoni di Re Ezio-Poemi del Risorgimento-Inni per il Cinquantenario dell'Italia liberata*, a cura di G. Bárberi Squarotti, Torino, Utet, 2013, pp. 560-561.

47 Come osservava F. Cassola (*Inni Omerici*, Milano, Mondadori, p. 577), «la tentazione di collegare il teonimo Pan all'aggettivo πᾶς, neutro πᾶν, era irresistibile, ma il nesso fu spiegato in vari modi». Nell'*Inno Omerico a Pan*, il dio ha questo nome perché «ha rallegrato tutti gli dèi». Nel *Cratilo* (408c),

Platone identifica il dio con il *logos*, «che tutto dice e tutto muove», mentre l'*Inno Orfico* (11,1) identifica Pan con il «Tutto», con «la totalità del cosmo» (cfr. anche Anneo Cornuto, 27; Macrobio, *Saturnalia* I 22,3).

[48] In un appunto del 1904, Pascoli, profondamente influenzato da *Anthropogenie* di Ernest Haeckel, parlava del «poema della psyche umana. Io sento confuso in me il sentimento dell'evoluzione umana, da cellula a uomo, e da uomo primitivo a italiano del dì d'oggi, traverso la storia delle migrazioni e separazioni Ariane alla vita celtica, romana, medievale etc., coi sogni dell'avvenire. Bellissimo». Come osservava L. Pasetti, *From Psyche to psyche. The interiorisation of Apuleius' fabella in D'Annunzio, Pascoli, and Savinio*, in May-Harrison, *Cupid and Psyche*, cit., pp. 235-236, Pascoli, influenzato anche dal concetto di "subliminal self" elaborato da Frederic Myers (cfr. *Uno strano lavorio di ricordi. Autografi pascoliani*, a cura di A. Apostolico, Salerno, Edisud, 2008, pp. 10-13), arriva a concepire l'idea di una "Sister of Psyche", che è «subliminale», vive al di là della soglia della coscienza e a volte può emergere, temporaneamente e o permanentemente. Da qui nasce la possibilità di recuperare sentimenti ancestrali, appartenenti alle forme di vita più semplici, per tornare «dall'uomo alla cellula»: una regressione, suggerisce Pasetti, «sperimentata anche da Psyche che, negli ultimi versi, si trasforma in greggi, vento e bosco». Cfr. anche F. Citti 2014, *Un frammento 'primitivo' delle 'Eee' pascoliane e il poemetto 'Leucothoe'*, in «Lexis», vol. 32, 2014, pp. 411-421.

[49] Su Mourey, cfr. le intense osservazioni di L. Sozzi, *Amore e Psiche. Un mito dall'allegoria alla parodia*, Bologna, il Mulino, 2007, pp. 126-130; sul rapporto tra il testo di Mourey e la composizione di Debussy, cfr. anche L.A. Ewell, *A Symbolist Melodrama: The Confluence of Poem and Music in Debussy's La Flûte de Pan*, UMI Dissertation Services, 2005.

[50] Cfr. M.-M. Ollagnier, *La Mythologie de Marcel Proust*, Paris, Les Belles Lettres, 1982, p. 86.

[51] Per una panoramica della ricezione e rielaborazione di Amore e Psiche in Russia, cfr. M. Niqueux, *Réécritures et métamorphoses du mythe de Psyché en Russie*, in «Modernités Russes», n. 12, 2011, pp. 87-105.

[52] Cfr. R. Vojtexovič, *Psixeja v tvorčestve M. Cvetaevoj: èvoljucija obraza i sjužeta*, Dissertationes philologiae slavicae universitatis tartuensis Tartu, 2005, p. 85. Per le numerose ricorrenze di Psiche nell'opera della Cvetaeva, che sembra conoscerne molto bene le varie riprese nella letteratura europea, cfr. Vojtexovič, p. 25.

[53] Lettera a Boris Pasternak, 19 novembre 1922. Tutte le lettere di Marina Cvetaeva sono citate dall'edizione italiana – in due volumi – curata da Serena Vitale: *Il paese dell'anima. Lettere 1909-1925*, Milano, Adelphi, 1988; *Deserti Luoghi. Lettere (1925-1941)*, Milano, Adelphi, 1989.

[54] Lettera ad Aleksandr Vasil'evič Bachrach, 29 settembre 1923.

[55] Sono versi di una poesia inedita scritti in una lettera ad Anna Antonovna Tesková, 12 dicembre 1927.

[56] Lettera ad Aleksandr Vasil'evič Bachrach, 20 luglio 1923.

[57] Lettera ad Aleksandr Vasil'evič Bachrach, 25 luglio 1923.

[58] Lettera a Boris Pasternak, 10 luglio 1926.

[59] Lettera ad Aleksandr Vasil'evič Bachrach, 20 luglio 1923.

[60] Lettera a Boris Pasternak, 19 luglio 1925: «vado ribollendo nella vita quotidiana».

[61] Lettera a Salomeja Nikolaevna Halpern, 12 agosto 1932.

[62] Lettera a Roman Borisovič Gul', 27 giugno 1923.

[63] Sono versi tratti dall'*Arianna* (1927).

[64] Lettera a Roman Borisovič Gul', 27 giugno 1923.

[65] Lettera a Rainer Maria Rilke, 2 agosto 1926.

[66] In una lettera del 15 Luglio 1925, scriveva a Salomeja Halpern: «non sopporto la tensione amorosa, che in me è smisurata».

[67] Lettera a Salomeja Halpern, 12 agosto 1932.

[68] Sono versi tratti dal *Poema della Fine* (1924).

[69] In una lirica del 1923 dedicata a Fedra, rivolgendosi a Ippolito, la Fedra della Cvetaeva cita Psiche, dicendo: «Saziami l'anima! (Non sfiorando le labbra non è dato / saziare l'anima.) Non è dato, prostrandosi alle labbra, non prostrarsi a Psiche, della bocca ospite alata... Saziami l'anima e dunque: le mie labbra». Il corpo, quindi, può essere al massimo un mezzo per arrivare all'Anima.

[70] Lettera a Boris Pasternak, 10 luglio 1926.

[71] «Je ne plaide pas ma cause, je plaide la cause du plus absolu des baisers»: sono versi scritti in una lettera a Rainer Maria Rilke, datata 2 agosto 1926.

GLI AUTORI E LE OPERE

Nato a Madaura intorno al 125 d.C. in una famiglia illustre, Apuleio studia grammatica e retorica a Cartagine; si trasferisce poi ad Atene e compie numerosi viaggi nell'intera Grecia e nel Vicino Oriente per perseguire la sua inquieta aspirazione ad un sapere di tipo universale. Tra il 145 e il 152 è a Roma, dove esercita l'attività di conferenziere e avvocato. Tornato in Africa, viene accusato dai parenti di una ricca vedova, Pudentilla, madre di un suo antico compagno di studi, di averla sedotta con le arti magiche per impadronirsi del patrimonio. Del processo, tenuto attorno al 158-159, è giunta l'*Apologia*, più nota come *De magia*, sua sontuosa autodifesa, *copiosissima et disertissima* secondo sant'Agostino, che gli vale l'assoluzione. Stabilitosi a Cartagine, continua con successo l'attività di conferenziere e ricopre la carica di sacerdote della provincia. Oratore, scienziato, filosofo e mago, capace di comporre «poesie di ogni genere», ma anche «satire, enigmi, orazioni lodate dagli esperti di eloquenza, dialoghi lodati dai filosofi e altro ancora, in greco come in latino», Apuleio era seguace di Asclepio, iniziato a molti culti misterici e appartenente alla cosiddetta Seconda Sofistica. La sua fama è legata soprattutto alle *Metamorfosi*, note anche con il nome di *Asino d'oro*, ma scrisse anche opere filosofiche (il *De Platone et eius dogmate*, il *De deo Socratis* e il *De mundo*), prova del suo legame con l'ambiente neoplatonico, e innumerevoli orazioni e conferenze, di cui è giunto un breve compendio, *Florida*: una prova della sua lussureggiante e originalissima prosa, della sua *curiositas* intellettuale e della molteplicità dei suoi interessi. Muore dopo il 170.

«La diversità è il mio motto»: forse nessuna frase può riassumere meglio l'esistenza di Jean de La Fontaine, nato a Château-Thierry nel 1621 e figlio di un sovrintendente del ducato di Chaûry. Tra il 1645 e il 1647, dopo due infruttuosi anni alla Congregazione dell'Oratorio, studia diritto a Parigi. Avido lettore di classici antichi, ma anche di Boccaccio e Ariosto, nel 1656, dopo aver ereditato la carica del padre, viene invitato alla corte di Vaux-le-Vicomte dal potente sovrintendente alle finanze Nicolas Fouquet, a cui dedica l'*Adonis* e a cui, dopo la rovinosa caduta e la condanna al carcere a vita, manifesta coraggiosamente la sua solidarietà con l'*Élégie aux Nymphes de Vaux*. La Fontaine, che nel 1647 si era sposato solo per compiacere il padre, era di temperamento volubile, incostante e svagato, profondamente inadatto al matrimonio, come, del resto, alla vita pratica. Abbandonata presto la moglie per trasferirsi a Parigi, a causa dei debiti nel 1664 entra come gentiluomo nella casa della duchessa di Orléans. A questi anni sono legate le opere più celebri: i *Racconti e Novelle* (1665) e i sei libri delle *Favole* (1668). Del 1669 è *Les amours de Psyché et de Cupidon*, romanzo in cui si alternano prosa e versi. Dopo la morte della duchessa di Orléans, il poeta è accolto da Madame de la Sablière; del 1678 è la seconda raccolta delle *Favole*. Nel 1684 viene ammesso, non senza difficoltà, all'Académie française, mentre dopo la morte di Madame de la Sablière è accolto dalla casa degli Hervart. Una lettera a Madame d'Hervart lo descrive vividamente: «Vorrei vederlo anch'io, in queste incantevoli deviazioni del vostro parco, parlare di pace, di guerra, escogitare un piano immaginario, un progetto vano, e poi andarsene tutto solo, come fa spesso, non per sognare voi che lo sognate tanto o per sognare qualche storia, ma per variare la sua noia. Perché lo sapete, Madame: si annoia dappertutto...».

E alla fine della sua vita, La Fontaine ammetteva: «Morirei di noia se non scrivessi più». Dopo una pubblica sconfessione dei *Racconti* e una tardiva professione di fede, muore a Parigi nel 1695; l'ultimo volume delle *Favole* era uscito nel 1694.

Nato a Londra nel 1795, figlio di uno stalliere, John Keats studia medicina e a quindici anni è assistente di un chirurgo. Folgorato prima dalla lettura di Spenser, poi dalla traduzione di Omero di Chapman, decide di abbandonare ogni cosa per la poesia. Rimasto presto orfano, nel 1817 pubblica il suo primo volume di poesie e nel 1818 il poemetto *Endymion*, violentemente stroncati. Le feroci critiche, contro cui si scaglierà l'amico Shelley nell'*Adonais* («sei solo una macchia impercettibile su un nome ricordato») colpiscono Keats, ma non frenano la sua gloriosa ispirazione. Malato di tubercolosi, costretto a trasferirsi a Roma per tentare di migliorare le sue condizioni e infelicemente innamorato di Fanny Brawne, la sua «Bright Star», tra il 1819 e il 1820 scrive e pubblica le odi più celebri (il ciclo delle grandi *Odi, La Belle Dame sans Merci, Lamia, Isabella, The Eve of St Agnes*): è il trionfo della poesia. La sua salute peggiora, e il 23 febbraio 1821, a soli 25 anni, muore. Pochi giorni prima, nella sua ultima lettera, aveva scritto: «ho la sensazione che la mia vita reale sia già passata e di star conducendo un'esistenza postuma. Riesco a malapena a dirti addio. Sono sempre uscito con un goffo inchino».

Nato a Düsseldorf nel 1797, cresciuto durante l'occupazione francese, grande ammiratore di Napoleone, ebreo e tedesco, Heinrich Heine va giovanissimo ad Amburgo presso il ricco zio banchiere, Salomon, che tenta senza successo di avviarlo alla professione di commerciante. Si innamora – non ricambiato – della cugina Amalie, ed è poi a Bonn, Göttingen e Berlino per studiare giurisprudenza; si laurea con fatica nel 1825, dopo aver seguito, nel contempo, le lezioni di letteratura di August Wilhelm Schlegel e quelle di filosofia di

Hegel. Nello stesso anno, per perseguire la carriera forense che abbandonerà molto presto, si converte al cristianesimo, pur considerandosi un «pagano»: il dissidio lo tormenterà per tutta la vita («ora sono odiato sia dagli ebrei che dai cristiani. Rimpiango di essermi battezzato»), ed è una delle chiavi del suo pensiero e della sua opera. Tra il 1826 e il 1827 pubblica le *Impressioni di viaggio*, che gli danno subito grande fama e, nel 1827, il *Libro dei canti*. Nel 1831 si trasferisce a Parigi, dove conosce Wagner, Balzac, Nerval, Sand e Liszt, fa da ponte tra Francia e Germania, scrive di storia, cultura, filosofia politica e costume (*La scuola romantica*, *Storia della religione e della filosofia in Germania*), diventa capofila della letteratura di opposizione e viene messo al bando come principale esponente della «Giovane Germania». Nel 1844, pubblica *Neue Gedichte*, liriche scritte a partire dal 1830. Gravemente malato e costretto a letto (la sua «tomba di materassi») dal 1848, si riavvicina, a suo modo, alla religione ebraica («solo il mio ginocchio e la mia lingua rendono omaggio alla morte, il mio cuore rimane fedele alla vita»), e pubblica altre due raccolte di liriche (*Romanzero* e *Gedichte 1853 und 1854*), oltre a dei poemetti «politici» (*Atta Troll*, *Germania fiaba d'inverno*). Polemista scintillante, romantico che supera e deride i romantici, seduttore di varie generazioni di poeti e musicisti (si pensi ai *Lieder* di Schumann e Schubert), si spegne nel 1856. Prima di morire, al prete che lo pregava di fare pace con Dio per essere perdonato, aveva risposto: «Dio mi perdonerà; è il suo mestiere».

Nato a Recanati nel 1798, Giacomo Leopardi, figlio di Monaldo e di Adelaide Antici, viene affidato a nove anni dal padre a un sacerdote che lo istruisce fino ai quattordici, quando ammette di non avere più nulla da insegnargli. Talento precoce, «di una grandezza smisurata, spaventevole», come avrebbe scritto l'amico Pietro Giordani, a dodici anni aveva già composto il sonetto *La morte di Ettore* e tradotto il primo libro delle *Odi* di Orazio. Dopo aver scritto il *Discorso di un Italiano intorno alla poesia romantica* (1818), attraversa un periodo di grande crisi, tentando anche la fuga da Recanati. Nel 1822, quando ha già composto l'*Infinito* e altri versi che più tardi chiamerà *Idilli*, è a Roma, da cui, però, è amaramente deluso. Tornato a Recanati, scrive le *Operette morali*. Malato e disperato («Sono un sepolcro che porto dentro di me un uomo morto», scrive nello *Zibaldone*), nel 1825 è a Milano, poi a Bologna, Firenze e Pisa, infine, dal 1828, di nuovo a Recanati, dove compone i "grandi Idilli". Nel 1830, a Firenze, vive l'infelicissimo amore per Fanny Targioni Tozzetti, la sua estrema illusione, che ispira il ciclo di *Aspasia*. A Napoli dal 1833 con l'amico Ranieri, con cui viveva dal 1830 e che lo affida alle cure della sorella Paolina, scrive i *Paralipomeni della Batracomiomachia*, la *Ginestra* (1836), meraviglioso culmine della sua opera, e, poco prima di morire, *Il tramonto della luna*. Muore il 14 giugno 1837, durante un'epidemia di colera.

Nato a San Mauro di Romagna nel 1855, quarto di numerosi fratelli, Giovanni Pascoli rimane presto orfano del padre, amministratore della tenuta dei principi di Torlonia – ucciso il 10 agosto 1867 in circostanze misteriose – e della madre; nel 1871 muore anche il fratello Luigi. Nel 1873 è a Bologna, dove studia lettere ed è allievo di Carducci. Deluso e irrequieto, si avvicina ad ambienti estremisti; accusato di attività sovversive, viene arrestato e resta quattro mesi in prigione, perdendo la borsa di studio. Riesce poi a laurearsi, nel 1882, con una tesi su Alceo, ed è nominato professore di lettere al liceo di Matera. Trasferitosi a Massa, dove chiama con sé le sorelle Ida e Maria, scrive le prime liriche di *Myricae*, che usciranno in volume solo nel 1891. Diventa, malvolentieri, professore straordinario di grammatica greca e latina a Bologna, poi ordinario a Messina, nel 1897, anno in cui pubblica i *Poemetti* e i *Pensieri sull'arte poetica*, primo nucleo del futuro *Fanciullino*. Nel 1903 escono i *Canti di Castelvecchio*, nel 1904 i *Poemi Conviviali* e i *Primi poemetti*; nel frattempo, si trasferisce a Pisa, dove insegna grammatica greca e latina fino al 1905, quando sostituisce Carducci alla cattedra di letteratura italiana all'università di Bologna. Nel 1906 escono *Odi e inni*, nel 1909 i *Nuovi poemetti*. Studioso, critico e traduttore, simbolista "involontario" che va oltre i simbolisti e apre la strada alla rivoluzione poetica del Novecento, consumato dai molti drammi famigliari e dal tormentoso rapporto con le sorelle, «l'ultimo figlio di Virgilio», come l'avrebbe definito il suo amico-rivale D'Annunzio, muore il 6 aprile 1912 a Bologna. Pochi giorni prima, aveva ricevuto l'annuncio di aver vinto, per la tredicesima volta, il premio al concorso di poesia latina ad Amsterdam.

Nata a Mosca il 26 settembre 1892, figlia di un filologo e professore di storia dell'arte all'università di Mosca e di una pianista, Marina Cvetaeva studia musica, si lascia incantare dalle passioni della madre (Puškin, la letteratura francese e quella tedesca) e frequenta giovanissima l'ambiente letterario simbolista. Viaggia con la famiglia tra l'Italia, la Svizzera e la Germania, alla ricerca di un clima più mite per la madre, ammalata di tubercolosi, che morirà nel 1906. «Dopo una madre così non mi restava che diventare poeta. Per liberarmi del suo dono, che mi avrebbe soffocato e trasformato in un trasgressore di tutte le leggi umane», scriverà Marina, che arriverà in ogni caso a trasgredirle quasi tutte. Nel 1910 pubblica a sue spese la prima raccolta di poesie, *Album serale*, e nel 1912 si sposa con Sergej Efron che, dopo la Rivoluzione d'Ottobre, si arruola tra i "bianchi" fedeli allo zar. Rimasta sola a Mosca con le figlie Ariadna e Irina, che morirà di stenti nel 1920, «la selvaggia e splendida Marina», come l'avrebbe definita Nadežda Mandel'štam, vive in solitudine e povertà, matura una profonda avversione nei confronti del regime bolscevico, continua a illudersi di innamorarsi, e scrive: *Indizi terrestri* (1917-1919), *L'accampamento dei cigni* (1917-1920), *Lo Zar-fanciulla* (1922), oltre a un ciclo di *pièces* romantiche. Nel 1922 si sposta a Berlino, dove ritrova il marito, con cui va poi in Boemia, e pubblica *Il mestiere* e anche *Psiche* (1923). Nel 1924 scrive il *Poema della montagna* e il *Poema della fine*. Nel 1925, dopo la nascita del figlio Georgij, è a

Parigi, dove, nel 1928, uscirà l'ultima raccolta di poesie pubblicata in vita (*Dopo la Russia*). Sempre più povera ed emarginata, anche per le attività politiche di Efron, nel 1939 torna in Russia insieme al figlio minore. Il 21 agosto 1941 arriva a Elabuga, dove, disperata, cerca invano lavoro come lavapiatti. Il 31 agosto si uccide.

APULEIO

LA FAVOLA DI AMORE E PSICHE

LIBRO IV

28. In una città vivevano un re e una regina. Avevano tre figlie che non passavano certo inosservate, ma a lodare le due maggiori – graziosissime, per carità – bastavano parole umane. Mentre la bellezza della più piccola era così eccezionale, così luminosa che la povertà del linguaggio umano non riusciva a esprimerla né a lodarla come meritava. Insomma, molti concittadini e numerosi forestieri che il clamore suscitato da quello spettacolo straordinario riuniva lì a frotte adoranti ammiravano sbalorditi l'inaccessibile venustà accostando la mano destra alla bocca spalancata con l'indice appoggiato al pollice teso e la veneravano con religioso fervore quasi fossero al cospetto della dea Venere in persona. E nelle città vicine e nelle regioni confinanti si era ormai sparsa la voce che la dea partorita dalle cerulee profondità marine e nutrita dalle stille dei flutti spumosi dimorasse ormai in mezzo agli uomini concedendo a tutti il dono della sua presenza divina, o che dal seme di stille celesti la terra stavolta, e non il mare, avesse generato un'altra Venere insignita del fiore verginale.

29. Così, giorno dopo giorno, le chiacchiere si moltiplicano all'infinito; così la notizia si spande fino a toccare le isole vicine e un bel pezzo di terraferma e province in

gran numero. E già molti tra i mortali affrontavano lunghi viaggi e sfidavano le profondità del mare per vedere quell'esemplare glorioso del loro tempo. Nessuna nave approdava più a Pafo per far visita alla dea Venere, nessuna a Cnido, e nemmeno a Citera. I riti sacri vengono rinviati, i templi vanno in rovina, calpestati i sacri giacigli, le cerimonie trascurate; le statue senza corone e gli altari spogli lordati di cenere fredda. È alla ragazza che levano suppliche e nei suoi tratti umani cercano la grazia e il favore di una dea così grande: e al mattino, quando la vergine esce di casa, è al nome di una Venere assente che offrono vittime e banchetti propiziatori; e mentre cammina su e giù per le larghe strade della città la gente le si accalca intorno per invocarla offrendole fiori intrecciati o sciolti.

Questo smodato trasferimento di onori divini al culto di una ragazza mortale scatenò un furibondo incendio nell'animo della vera Venere che, incapace di contenere lo sdegno, borboglia fra sé e scuote il capo, dicendo:

30. «Io che sono l'antica madre della natura, l'origine prima di tutti gli elementi, io, l'alma Venere che nutre il mondo intero, a questo sono ridotta? A spartire con una ragazza mortale la gloria della mia maestà! A vedere il mio nome, il cui posto è nel cielo, profanato dalle sozzure terrene! A quanto pare, visto che nei riti espiatori il mio nome viene confuso col nome di un'altra, mi toccherà sopportare senza battere ciglio l'incertezza di una venerazione indiretta, e lasciare che una ragazza destinata a morire porti in giro la mia immagine come fosse la sua – certo, che vuoi che sia! A nulla è valso che quel famoso pastore, il cui giudizio retto e imparziale fu approvato persino dal grande Giove, mi abbia preferito a dee così grandi in virtù della mia straordinaria bellezza. Ma questa svergognata,

chiunque sia, non starà lì a godersi gli onori che mi sta usurpando: pagherà cara la sua superbia, e questa sua bellezza illecita».

E convoca all'istante quel suo figlio alato e un po' pazzerello, che con i suoi modi sbarazzini se ne frega della morale pubblica e, armato di fiamme e frecce, gironzola nottetempo per le case altrui a rovinare tutti i matrimoni e a combinarne di cotte e di crude, restando sempre impunito e tenendosi bene alla larga dalle buone azioni. Questo, si sa, è un insolente che la bricconeria ce l'ha nel sangue, ma la dea con i suoi discorsi lo pungola e lo incattivisce ancor di più, dopodiché lo conduce alla città di cui si diceva prima e gli fa vedere Psiche – sì, era questo il nome della ragazza.

31. E, raccontata per filo e per segno la storia della sua rivale in bellezza, tra lacrime e fremiti di sdegno, così gli si rivolge: «Per il vincolo dell'amore materno, per le dolci ferite della tua freccia, per le bruciature di miele di questa tua fiamma, ti supplico, regala a tua madre la giusta vendetta e punisci con severità questa bellezza sfacciata! Una cosa sola ti chiedo di fare, una cosa che vale per tutte: voglio che questa vergine sia presa da passione bruciante per il più abietto fra gli uomini, maledetto dalla sorte per rango, ricchezza e salute, così infimo da non potersi trovare al mondo uno più infelice di lui».

Detto ciò, comincia a mangiare di baci il figlio, senza fermarsi un attimo a riprendere fiato, e se lo stringe al petto con ardore, poi raggiunge le spiagge più vicine, là dove la costa è battuta dalla risacca: appena le piante di rosa calcano le creste roride delle onde palpitanti, ecco che la chiara superficie del mare profondo s'acquieta all'istante. E subito – non fa neanche in tempo a desiderarlo – la devota corte del mare s'affretta a renderle i suoi servigi, quasi avesse preceduto il suo cenno. Accorrono le figlie di Nereo cantando in coro, e l'ispido Portuno dalla barba cerulea, e Salacia col grembo gravido di pesci, e il piccolo auriga del delfino, Palemone. Ed ecco saltellare qua e là per l'onde schiere di Tritoni: uno soffia con dolcezza in una conchiglia sonora, un altro con un manto di seta la ripara dalla vampa nemica del sole, un altro pone sotto gli occhi della regina uno specchio, altri nuotano sott'acqua, aggiogati a pariglia al suo carro. Questo l'esercito che scorta Venere nel suo viaggio verso l'Oceano.

32. Frattanto la meravigliosa Psiche dalla sua lampante bellezza non trae alcun frutto. Tutti la guardano, tutti la lodano, ma nessuno si fa avanti a chiederla in sposa: non un re, né un principe e nemmeno un comune plebeo. Tutti ne ammirano le fattezze divine, certo, ma come si ammira una statua dalle splendide linee. Già da tempo le due sorelle maggiori, la cui avvenenza meno chiassosa non aveva destato tanto clamore tra la gente, promesse in moglie a pretendenti regali erano ormai felicemente sposate. Ma Psiche, ancora vergine e non maritata, se ne sta a casa a piangere la sua desolata solitudine, fiaccata nel corpo, con l'anima in pena, e giorno dopo giorno quella sua bellezza, che l'aveva resa tanto popolare, le diventa sempre più invisa. Così suo padre, in ansia per quella figlia tanto disgraziata, sospettando l'odio di qualche divinità e temendo l'ira degli immortali, decide di interrogare l'antichissimo oracolo del dio di Mileto, e a quel nume tanto potente chiede, con preghiere e sacrifici, nozze e marito per quella vergine che nessuno voleva in sposa. Ma Apollo, pur essendo greco e ionico, per fare un favore all'autore di questa favola milesia, dà il suo responso in latino:

33. *Portala, oh re, in cima a un monte altissimo,*
vestila a nozze, per sposo l'attende la morte.
Non t'aspettare un genero di stirpe umana,
ma una fiera crudele, un serpente velenoso,
che alato svolazza per l'etere e assilla chiunque
incontri e ognuno sfianca col ferro e col fuoco:
al vederlo trema Zeus, terrore di tutti gli dèi,
fremono i fiumi infernali, pure le tenebre stigie.

A quelle parole del sacro vaticinio, il re, che aveva conosciuto giorni più felici, torna a casa con passo indolente e la tristezza nel cuore e riporta alla moglie i dettami di quell'oracolo infausto. Seguono giorni e giorni di lacrime, pianti, lamenti. Ma incombe ormai l'atroce adempimento di quell'oracolo funesto. Il triste corredo della ragazza è ormai pronto per quelle nozze ferali, e la luce della fiaccola nuziale illanguidisce ormai sotto la cenere della scura fuliggine; e il suono del flauto nuziale si muta in una lamentosa nenia lidia, e il canto lieto dell'imeneo finisce in ululato; e la ragazza che sta per sposarsi si asciuga le lacrime con il flammeo. Così pure la città intera piangeva il triste fato di quella casa sciagurata, e subito, in segno di lutto cittadino, si decreta la temporanea chiusura dei tribunali.

34. Ma l'impellenza di obbedire agli ordini celesti rimetteva la povera Psiche alla pena cui era destinata. Compiuti nello sconforto più totale i preparativi solenni per quel talamo ferale, è il feretro di un vivo che lascia la casa, seguito in processione da tutto il popolo: invece di un corteo nuziale, Psiche in lacrime accompagna le proprie esequie. E mentre i genitori, avviliti e schiacciati dall'immane sciagura, esitano a compiere quel delitto scellerato, è la figlia stessa a esortarli con queste parole:

«Perché tormentate la vostra vecchiaia infelice con questo pianto senza fine? Perché consumate la vostra vita, che per me vale più della mia, tra questi continui lamenti? Perché rannuvolate il vostro volto, per me sacro, con queste lacrime inutili? Perché ferite i vostri occhi, che sono la luce dei miei? Perché vi strappate i capelli bianchi? Perché vi battete il petto, e tu, mamma, il sacro seno? Ecco l'insigne premio che vi frutterà la mia bellezza straordinaria. Si è abbattuto su di voi il fendente letale di un'invidia scellerata, ma l'avete capito troppo tardi. Quando popoli e nazioni ci tributavano onori divini, quando con voce unanime mi chiamavano la nuova Venere, ecco, allora sì che avreste dovuto rattristarvi, allora avreste dovuto versare fiumi di lacrime e piangermi come fossi già morta. Ormai lo so, ormai lo vedo: è il nome di Venere l'unica ragione della mia rovina. Portatemi sulla rupe cui la sorte mi ha destinato e lasciatemi lì. Ho fretta di andare incontro a queste nozze felici, ho fretta di vedere il mio nobile sposo. Perché indugio, perché mi rifiuto di incontrare colui che è nato per la rovina del mondo intero, e presto sarà qui?»

35. Detto ciò, la vergine tacque e con passo ormai risoluto si unì al corteo del popolo che la accompagnava. Come voleva l'oracolo, raggiungono la rupe dell'erta montagna, conducono la ragazza sulla vetta più alta e la lasciano lì – le fiaccole nuziali, con cui si erano fatti luce per strada, le abbandonano a terra, spente dalle loro stesse lacrime –, poi, a capo chino, s'incamminano verso casa. E i poveri genitori, distrutti da quella terribile perdita, si rintanarono nell'oscurità del loro palazzo sbarrato e si consegnarono a una notte perpetua.

Intanto Psiche, in cima alla sua rupe, tremava di paura e sentiva le forze venir meno, quand'ecco che Zefiro, spirando una brezza leggera e benevola, le fa svolazzare da ogni parte i lembi della veste gonfiandone le pieghe, e a poco a poco la solleva con il suo soffio gentile e la trasporta lungo le balze di quel precipizio per poi farla scivolare con dolcezza, posandola nel grembo di un prato fiorito giù nella valle.

LIBRO V

1. Sdraiata su quel prato morbido e confortevole – un giaciglio d'erba rugiadosa –, Psiche sentì sciogliersi ogni angoscia e scivolò in un sonno soave. E quand'ebbe dormito abbastanza per recuperare le forze, si ridestò con l'animo più tranquillo. Vede un bosco fitto di alberi alti e fronzuti, vede una fonte trasparente come il cristallo.

Nel cuore di quel bosco sacro, proprio dove sgorga la fonte, sorge un palazzo regale, e non è opera umana, ma arte divina. Basta affacciarsi alla soglia per capire che quella è la splendida e incantevole dimora di un dio. Gli altissimi soffitti a cassettoni, intagliati con grande minuzia nel cedro e nell'avorio, sono sostenuti da colonne d'oro; tutte le pareti sono rivestite d'argento finemente cesellato, con raffigurazioni di belve e altri animali simili nell'atto di balzare incontro a chi entra. È di certo un uomo straordinario, un grande artista, anzi, un semidio o forse addirittura un dio, colui che, con il magistero di un'arte sublime, è stato capace di animare tutto quell'argento con lo spirito selvaggio delle fiere. I pavimenti, poi, sono in pietra preziosa tagliuzzata in piccolissime tessere che vanno a formare un variegato mosaico di figure di ogni genere. Cento, mille volte beato chi ha la fortuna di passeggiare su quelle gemme, su quei gioielli! E anche le altre parti della casa, che si estendono in lungo e in largo, mostrano una preziosità senza prezzo, e tutte le pareti sono costruite di massicci blocchi d'oro e brillano di luce propria, tanto che in casa è sempre giorno, anche quando il sole non è d'accordo: così risplendono le camere da letto, e i porticati, e pure i battenti delle porte. E il resto non è da meno – tutto lì dentro è intonato alla maestosità dell'edificio –, tanto che si può ben credere che quel palazzo celeste sia stato costruito dal grande Giove per intrattenersi con i mortali.

2. Attirata dall'incanto di quel posto, Psiche si avvicinò e, facendosi un po' di coraggio, si decise a varcare la soglia. Poi, rapita ed estasiata da quello spettacolo bellissimo, prese a scrutare ogni cosa, e dall'altra parte della casa scorse depositi costruiti con sublime perizia e pieni zeppi di tesori. Non esiste nulla al mondo che lì non ci sia. Di fronte a tante ricchezze c'era da rimanere a bocca aperta, certo, ma la cosa più straordinaria era che a difesa di quella fortuna unica al mondo non ci fosse alcun catenaccio, alcun chiavistello, e neanche un custode. Mentre guardava con sommo diletto tutte queste cose d'un tratto sente una voce incorporea che le dice: «Perché, padrona, vi stupite dinanzi a tante ricchezze? Tutte queste cose sono vostre. Su, forza, tornate in camera vostra a smaltire la stanchezza sul lettuccio, e quando volete ordinate il bagno. Noi siamo le vostre serve – è nostra la voce che sentite! – e ogni vostro desiderio è un ordine; ora pensate solo a riposarvi e a farvi bella, ché vi aspetta un banchetto regale».

3. Nel monito di quella voce immateriale Psiche riconobbe il segno benevolo della divina provvidenza, e decise di ascoltarla, lavando via la stanchezza prima con un bel sonno e poi con un bagno; all'improvviso vide, lì

accanto, un tavolino semicircolare e capì che era stato imbandito apposta per lei, così si sedette di buon grado a mangiare. E subito le vengono versati calici su calici d'un vino più dolce del nettare e offerte pietanze d'ogni sorta senza che ci fosse nessuno a servire, quasi i piatti e i calici fossero sospinti da un qualche spirito. La ragazza non riusciva a vedere nessuno: sentiva soltanto parole fuggevoli – a servirla c'erano solo voci, nient'altro che voci. Dopo quel lauto banchetto qualcuno entrò nella stanza e prese a cantare, ma era invisibile, e un altro lo accompagnava con la cetra, ma non si vedeva nulla. Giunse allora all'orecchio di Psiche un concerto di voci armoniose che provenivano senz'altro da un coro, pensò la ragazza, anche se lì non si vedeva anima viva.

4. Alla fine di quel banchetto prelibato, giunse la sera e persuase Psiche a mettersi a letto. Ma nel cuore della notte le parve di sentire un suono carezzevole. Allora, in tutta quella solitudine, cominciò a temere per la propria verginità, e a tremare come una foglia, e non la smetteva più, perché quel male senza volto l'atterriva più di ogni altra cosa. Ed ecco che arrivò il misterioso sposo, e salì sul talamo, facendo Psiche sua sposa, e prima che sorgesse il giorno se n'era già andato. Subito le voci delle serve accorrono nella camera per medicare la perduta verginità della novella sposa. Le cose andarono avanti così per molto tempo. Ma a un certo punto – com'è nella natura delle cose – la frequenza si fa consuetudine e la novità porta con sé un piacere nuovo, e il suono di quella voce imperscrutabile diviene un conforto alla sua solitudine.

Frattanto i genitori invecchiavano nel lutto inestinto e nel cordoglio, ma la notizia si era allargata a macchia d'olio e aveva raggiunto anche le sorelle maggiori che, con la morte nel cuore, avevano abbandonato in fretta e furia le loro case e, facendo quasi a gara, erano corse a portare un po' di conforto a quei poveri vecchi.

5. Quella notte il marito – che era invisibile agli occhi, certo, ma mani e orecchie lo sentivano eccome! – così si rivolge alla sua Psiche:

«Mia cara Psiche, moglie dolcissima, il destino crudele si accanisce su di te minacciandoti con un pericolo mortale, perciò, ti prego, cerca di stare attenta, ché la prudenza, in questi casi, non è mai troppa. Le tue sorelle, sconvolte dalle voci che girano sulla tua morte, ti stanno cercando per ogni dove e presto arriveranno a questa rupe. Se per caso ti capiterà di sentire i loro gemiti, tu non rispondere, mi raccomando – anzi, evita proprio di guardare da quella parte. Altrimenti sarebbe per me un dolore immenso, e per te la rovina completa».

Psiche annuì e promise che avrebbe fatto come le veniva ordinato. Ma quando il marito svanì insieme alla notte, la poveretta passò l'intera giornata fra lacrime e gemiti, a ripetersi che adesso sì che era morta davvero, rinchiusa in quella prigione d'oro e tagliata fuori da ogni contatto umano, senza poter recare conforto alle sorelle in pena per lei, senza poterle vedere neanche da lontano. Non c'era bagno né leccornie, niente che potesse darle sollievo – a sera, sfinita dal pianto, se ne andò a dormire.

6. Quand'ecco che, un po' prima del solito, la raggiunge a letto il marito e l'abbraccia, ma sentendola piangere le domanda:

«Era questo che avevi promesso a tuo marito, mia dolce Psiche? Cosa devo aspettarmi da te? Cosa mai posso sperare? Notte e giorno non fai che piangere, neanche fra le mie braccia riesci a trovare pace. A questo punto, fa' come ti pare, e segui il tuo cuore, anche se ti condurrà alla rovina! Quando comincerai a pentirtene, allora ti torneranno in mente le mie parole di ammonimento e capirai che dicevo sul serio, ma ormai sarà troppo tardi».

Ma Psiche, a furia di suppliche e minacce – si sarebbe uccisa, se non l'avesse accontentata – estorce al marito il permesso di vedere le sorelle, consolarle per il lutto, parlare un po' con loro. E fu così che lo sposo acconsentì alle suppliche della novella sposa, e in più le concesse di donare alle sorelle tutto l'oro e i gioielli che voleva. Ma le raccomandò più volte, spesso in tono quasi minaccioso, di non dare ascolto ai loro consigli perniciosi – un giorno certo l'avrebbero spinta a scoprire che aspetto avesse quell'amante senza volto –, perché quella curiosità sacrilega l'avrebbe trascinata giù da quel piedistallo di beatitudine, via, lontana dai baci soavi e dalle carezze del suo sposo.

Psiche ringraziò il marito, e con l'animo ormai rasserenato disse: «Preferirei cento volte morire piuttosto che rinunciare ai frutti dolcissimi di queste nozze. Ti amo, ti amo alla follia, non importa chi sei – ti amo più della mia stessa vita –, neanche con Cupido ti scambierei! Ma ti prego, ti supplico, fammi quest'ultima grazia: chiedi al tuo servo Zefiro di portare qui le mie sorelle come ha fatto con me». E prese a ricoprirlo di baci suadenti e a inondarlo di paroline dolci e carezzevoli, e lo stringeva a sé e quasi non lo lasciava respirare, e tra una lusinga e l'altra gli sussurrava: «Zuccherino mio, maritino caro, gioia dolce della tua Psiche». E il marito, suo malgrado, cedette alla forza e alla potenza di quel sussurro d'amore e promise che avrebbe esaudito ogni suo desiderio, e poiché il giorno era alle porte svanì dalle braccia della moglie.

7. Le sorelle intanto, scoperto a furia di domande dove si trovava la rupe su cui era stata lasciata Psiche, giungono in fretta sul posto e lì, con gli occhi gonfi di lacrime, ini-

ziano a battersi il petto, finché all'intorno ogni sasso e roccia cominciano a riecheggiare dei loro alti lamenti. Invocavano il nome dell'infelice sorella finché il suono penetrante di quelle voci stridule scivola lungo la china del monte e giunge all'orecchio di Psiche che, sconvolta e fuori di sé dall'angoscia, si precipita fuori di casa gridando: «Perché vi straziate il petto con questi gemiti pietosi? A che serve? Chi state piangendo? Io sono qua. Basta con questi lugubri lamenti, su, asciugate dalle guance bagnate tutte quelle lacrime e venite ad abbracciare colei che fino a un attimo fa piangevate».

Chiama Zefiro, allora, e gli ricorda le direttive del marito. E senza indugio lui obbedisce al comando: le solleva con il suo soffio più lieve e le trasporta fin lì, posandole a terra, sane e salve. Ed eccole tutte contente, che non la finiscono più di scambiarsi abbracci e baci, e le lacrime appena asciugate tornano a scorrere, ma sono lacrime di gioia.

«Ma ora basta lacrime, su, fatemi un bel sorriso e venite, entriamo in casa – sgombrate l'animo dagli affanni insieme alla vostra Psiche».

8. Così dicendo, mostra alle sorelle le immense ricchezze di quel palazzo dorato e presenta alle loro orecchie la popolosa schiera delle voci al suo servizio; poi le fa ristorare con un bagno favoloso e con le prelibatezze di un banchetto divino, finché, ormai sazie di quel fiume copioso di meraviglie tutte celesti, nel profondo dei loro cuori cominciano a covare il seme dell'invidia. Così, divorata dalla curiosità, una delle due sorelle comincia a tempestarla di domande – vuol sapere chi è il padrone di tutto quel ben di dio, chi è suo marito e che aspetto ha. Ma Psiche non viola in nessun modo il patto che aveva stretto con il suo sposo né si lascia carpire dal petto alcun

segreto: s'inventa così, su due piedi, che si tratta di un giovane di bell'aspetto sulle cui guance era da poco apparsa l'ombra della prima lanugine di barba, impegnato per gran parte del tempo in battute di caccia per le campagne o sui monti. E per non lasciarsi sfuggire, andando avanti col discorso, quanto invece aveva deciso di tacere, le riempie di oggetti d'oro lavorato e gioielli e pietre preziose e chiama subito Zefiro affinché le riporti a casa.

9. L'ordine fu eseguito all'istante: ma nel viaggio di ritorno le care sorelline, rose dal fiele dell'invidia, cominciarono a parlottare fra loro e a sputare veleno sulla sorella minore. E una dice all'altra:

«Come sei cieca e crudele e ingiusta, Fortuna! Ti sei divertita, eh, ad assegnarci una sorte tanto diversa? Eppure siamo nate dagli stessi genitori! E noi, pur essendo le maggiori, siamo state consegnate come schiave a mariti stranieri, e viviamo una vita da profughe, bandite dal focolare domestico e dalla stessa patria, lontane dai genitori, quasi fossimo in esilio, e invece questa qui, la più piccola, nata da un parto tardivo attingendo all'ultimo seme di fecondità, questa s'è beccata un sacco di ricchezze e pure un marito che è un dio! E di tutta questa abbondanza non sa che farne, ti pare giusto? Hai visto, sorella mia, quante cose ci sono in quella casa? Quanti gioielli? Quale sfavillio di vesti? Che fulgore di gemme? E oro, oro a ogni passo! E se anche il marito è bello come dice, allora non c'è al mondo donna più felice di lei. Anzi, ti dirò di più: può anche darsi che col passare degli anni, man mano che il rapporto va avanti e l'amore si consolida, quel dio che ha per marito trasformi pure lei in una dea. È proprio così, per Ercole! Pensa a come si atteggiava, a quante arie si dava, la signora! Ormai mira in alto, la cara moglietti-na... d'altronde, una che ha per ancelle uno stuolo di voci e dà ordini ai venti come se niente fosse, come fa a non sentirsi una dea? E invece a me, disgraziata che non sono altro, la sorte m'ha affibbiato un marito che è più vecchio di mio padre e più pelato di una zucca e più mingherlino d'un bimbetto, e tiene tutta la casa chiusa con spranghe e catenacci».

10. L'altra le risponde: «E io cosa devo dire, che mi tocca sopportare un marito ingobbito e piegato dall'artrite che non ha mai voglia di fare l'amore, e massaggiargli tutto il tempo quelle dita storte e dure come la pietra, e guastarmi queste mani delicate a furia di lozioni puzzolenti e bende luride e cataplasmi mefitici – altro che mogliettina premurosa: la sorte m'ha affibbiato il ruolo penoso dell'infermiera! E a te non è andata meglio, sorella mia, dai retta a me: altro che pazienza, qui ci tocca fare le serve, e non dirmi che non è così. Ma io non posso sopportare oltre che una tale fortuna sia toccata in sorte a chi non se la merita affatto. Pensa a come si è comportata con noi, con quale superbia, con quanta arroganza, e a come ci ha sbattuto in faccia tutte le sue ricchezze, così, senza un minimo di ritegno, tradendo un animo tronfio e borioso – e di tutta quell'abbondanza a noi ha gettato solo poche briciole, e pure controvoglia, e poi ha convocato il vento e ci ha fatto portar via a suon di soffi e sibili, quasi le desse fastidio la nostra presenza. Ah, guarda, se è vero che sono una donna e che respiro, quella lì la tiro giù dal suo castello di ricchezze. Se questo trattamento oltraggioso ha lasciato anche te con l'amaro in bocca, come è normale che sia, uniamo le forze e facciamoci venire una bella idea per renderle il favore. Tanto per cominciare, queste cose che ci ha regalato non facciamole vedere a nessuno, né ai nostri genitori né ad altri; anzi, facciamo finta di non sapere nemmeno che è viva! È già abbastanza penoso aver visto

quello che abbiamo visto... ci mancherebbe pure che andassimo a raccontare ai nostri genitori e al resto del mondo quant'è felice e come se la spassa quella lì. Tanto più che nessuno può dirsi davvero felice se gli altri non sono a conoscenza delle sue ricchezze. È ora che si renda conto che siamo le sorelle maggiori, mica le sue serve. Ma adesso torniamocene dai nostri cari mariti, alle nostre case, che saranno anche povere, ma almeno eccellono per sobrietà: facciamo passare un po' di tempo, pensiamoci su con calma e poi torniamo a punire la sua superbia più decise e risolute di prima».

11. Alle due perfide sorelle questa trovata perfida sembrò una buona idea. Allora, nascosti tutti quei doni così preziosi, ricominciano a strapparsi i capelli e a graffiarsi il viso (ben gli sta!) e a versare fiumi di lacrime – ovviamente è solo una recita. E così, corrono dai genitori e spengono in loro ogni barlume di speranza, riaprendo la dolorosa ferita, e poi, gonfie di cieca follia, se ne tornano a casa e ordiscono contro la sorella innocente uno scellerato tranello, anzi, un vero e proprio assassinio.

Intanto, nelle loro conversazioni notturne, il misterioso marito di Psiche continua a mettere in guardia la moglie: «Non ti accorgi del grave pericolo che ti minaccia? La Fortuna già ti insidia da lontano, e se ti distrai e abbassi la guardia te la ritrovi addosso in un momento. Quelle due sgualdrine, quelle lupe infami e traditrici si stanno dando un gran da fare, dispiegando ogni mezzo in loro possesso, per tenderti un bel tranello, un tranello indicibile il cui apice sarebbe convincerti a scoprire com'è il mio volto, ma se cercherai di vederlo anche una sola volta non lo vedrai mai più, te l'ho già detto e te lo ripeto. Ragion per cui se fra qualche tempo quelle lamie miserabili dovessero presentarsi qui armate dei loro propositi criminali – e si presenteranno, sta' sicura –, tu non ci parlare, e se proprio non ti riesce, con il carattere schietto e genuino e il cuore tenero che ti ritrovi, appena loro attaccano a parlare di tuo marito tappati le orecchie e non rispondere. Anche perché a breve allargheremo la famiglia, e questo tuo ventre, ieri ancora bambino, ora porta dentro di sé un altro bimbo: divino, se proteggerai col silenzio i nostri segreti; se li profanerai, mortale».

12. A quella notizia Psiche fiorì di contentezza: batteva le mani felice al pensiero consolante di quel rampollo divino, e tanto la esaltava e la inorgogliva quel futuro pegno d'amore e il privilegio che le dava il titolo di madre da non riuscire più a contenersi. Conta ansiosa i giorni che passano e i mesi, e, sentendo crescere dentro di sé quel peso mai conosciuto prima, si chiedeva come potesse una punturina così innocua riempire a quel modo il suo ventre fecondo.

Ma già quei flagelli, quelle Furie orripilanti solcavano il mare con empia sveltezza, spirando veleno di vipera e smaniando di arrivare. E di nuovo quello sposo inafferrabile torna ad ammonire la sua Psiche: «Ecco, è arrivato il giorno fatale, il momento supremo: l'avversario del tuo stesso sesso, il nemico del tuo stesso sangue ha ormai le armi in pugno, ha già levato il campo, disposto le schiere e suonato la tromba di guerra. Sguainata la spada, quelle infami delle tue sorelle puntano ormai alla tua gola. Ahi ahi, Psiche mia dolcissima, quante sventure incombono sulle nostre teste! Abbi pietà di te stessa e di noi, e osservando il più scrupoloso silenzio libera questa casa, tuo marito, te stessa e il nostro piccolino dalle nubi minacciose della rovina imminente. E quelle femmine scellerate, che con il loro odio mortale hanno calpestato ogni vincolo di sangue e non meritano nemmeno d'essere chiamate sorelle, tu non le guardare e non le stare a sentire, quando come Sirene si sporgeranno dalla rupe facendo riecheggiare le rocce dei loro richiami funesti».

13. Psiche rispose con la voce rotta dai singhiozzi: «Nel tempo ti ho sempre dato prova della mia fedeltà e discrezione – o almeno così mi sembra – e anche stavolta ti dimostrerò quanto sia saldo il mio animo. Ordina al nostro Zefiro di renderti ancora una volta il suo prezioso servigio, solo questo ti chiedo: visto che mi è preclusa la vista del tuo sacrosanto volto, concedimi almeno di poter incontrare di nuovo le mie sorelle. Per i tuoi lunghi capelli che t'incorniciano il viso e sprigionano nell'aria note speziate di cinnamomo, per le tue guance morbide e lisce, così simili alle mie, per questo tuo petto che brucia di un ardore che non conosco, ti imploro, concedimi almeno di scorgere il tuo volto in questo piccolino che sta per arrivare: ascolta la preghiera sincera di questa supplice in preda all'ansia, lascia che goda dell'abbraccio delle sue sorelle, ti scongiuro, e risolleva con questa gioia l'anima devota della tua Psiche che vive solo per te! Non mi interessa più vedere il tuo volto. E nemmeno le tenebre notturne mi opprimono più, perché ho te, mia luce».

Stregato da queste parole e dai suoi languidi abbracci, il marito le asciugò le lacrime con i propri capelli promettendole che l'avrebbe accontentata, poi subito scomparve per non essere sorpreso dalla luce del giorno nascente.

14. Le due sorelle, stretto un vero e proprio patto criminale, si mettono subito in viaggio, senza nemmeno passare a far visita ai genitori, e, scese dalle navi, puntano dritte alla rupe, smaniose di arrivare alla meta: non aspettano che arrivi il vento a trasportarle, ma con smodata avventatezza si lanciano nel vuoto. Non dimentica Zefiro l'ordine del suo re e, seppur a malincuore, le raccoglie nel

grembo del suo soffio di brezza e le depone a terra. Quelle, senza esitare, entrano in casa a passi svelti e, sotto il mentito nome di sorelle, abbracciano la loro preda, poi, celando dietro un bel sorriso il forziere di inganni sepolto in fondo al cuore, l'adulano così:

«Oh, Psiche, non sei più la bambina che abbiamo conosciuto: ora anche tu stai per diventare mamma. Quanta allegria ci porterà, eh, quel bel fagottino! Allora sì che la nostra casa si riempirà di feste e risate! Beate noi che avremo la gioia e il privilegio di far da balie a questo bimbo tutto d'oro! Che se poi in bellezza somiglierà ai suoi genitori – e come potrebbe essere altrimenti? – ecco che nascerà un nuovo Cupido».

15. E così, fingendo grande affetto, a poco a poco conquistano il cuore della sorella. E lei subito le invita a sedersi e a riposarsi dalle fatiche del viaggio e, dopo averle ristorate con i vapori di un bel bagno caldo, le fa accomodare nel sontuoso triclinio e le rimpinza di manicaretti succulenti e squisite salsicce. Ordina che la cetra si faccia sentire, ed ecco vibrare le corde; che le tibie attacchino, e senti come suonano; che i cori cantino, e le voci si uniscono in canto. E quelle dolcissime melodie, suonate da invisibili esecutori, accarezzavano gli animi di chi le ascoltava. Ma nemmeno le dolci modulazioni del canto riuscirono a piegare la cattiveria di quelle donne scellerate: imperterrite, continuano a spingere il discorso verso i denti acuminati della trappola che avevano costruito con tanto impegno e, come se niente fosse, iniziano a far domande su suo marito – che tipo è? dove è nato? da che famiglia viene? Incalzata da tutte quelle domande, Psiche, nella sua immensa ingenuità, dimentica cosa aveva raccontato la volta prima e s'inventa una nuova bugia: dice che il marito è un ricchissimo mercante di una provincia vici-

na, un uomo ormai di mezza età, un po' brizzolato. E senza dilungarsi più di tanto sull'argomento, le riempie ancora una volta di sontuosi regali e le affida di nuovo alle ali del vento.

16. Mentre tornano a casa sospinte dal soffio placido di Zefiro non fanno che parlottare fra loro: «Ma vogliamo parlare della gran frottola che ci ha raccontato quella sciocchina? L'altra volta un ragazzino con una barbetta incipiente, oggi uno di mezza età con i capelli d'un bianco abbagliante. Chi sarà mai quest'uomo che così, da un giorno all'altro, viene colto da vecchiaia improvvisa? Le cose sono due, sorella mia: o quell'infame s'è inventata una frottola o non sa davvero che aspetto abbia suo marito – un'altra spiegazione non c'è; qualunque sia la verità, ben presto dovrà dire addio a tutte le sue ricchezze. Ché se davvero non ha mai visto in faccia il suo uomo, allora vuol dire che s'è maritata con un dio e un dio partorirà alla fine della sua gravidanza. E se si sparge in giro la voce che questa qui è madre di un pargolo divino – che gli dèi non vogliano! – faccio un nodo a una corda e mi ci impicco all'istante, sicuro come l'oro. Per cui, nel frattempo, torniamo dai nostri genitori e cerchiamo di tessere inganni che siano il più possibile intonati all'ordito di questo discorso».

17. Infiammate da questi progetti, si degnano appena di salutare i genitori e, dopo una notte di tormentosa veglia, l'indomani mattina le due sciagurate si precipitano alla rupe; da lì, col solito aiuto del vento, volano giù e, spremendosi le palpebre fino a farle lacrimare, si rivolgono a Psiche con queste parole ingannevoli:

«Beata te – beata ignoranza! – che di fronte a una minaccia così grande te ne stai tranquilla senza preoccuparti del pericolo che corri, mentre noi, che vigiliamo sulle tue cose con indefessa sollecitudine, siamo tormentate oltre ogni dire dalle sventure cui stai andando incontro. Siamo venute a sapere con certezza – e non possiamo certo nascondertelo, perché il tuo dolore è anche il nostro, e così la tua sventura – che a infilarsi di nascosto nel tuo letto, la notte, è un gigantesco serpente avvolto in grandi spire, con il collo pulsante di veleno mortifero e le fauci spalancate sull'abisso della propria gola. Ripensa un attimo all'oracolo pitico, che ti predisse le nozze con un'orrida bestia. Tanti contadini e alcuni cacciatori che battono queste zone e anche moltissime persone che vivono nelle vicinanze l'hanno visto rientrare la sera dopo il pasto e nuotare nelle secche del fiume qui vicino.

18. «E non continuerà ancora per molto a rimpinzarti con questo allettante spiegamento di manicaretti, lo dicono tutti: appena la gravidanza sarà giunta al termine ti divorerà insieme al pingue frutto del tuo ventre pregno. Le cose stanno così, quindi sta a te la scelta: o dai retta alle tue sorelle, che sono in ansia per la tua vita, per loro così preziosa, e, scampando alla morte, vieni a vivere con noi al riparo dal pericolo, o finirai seppellita nelle viscere di quella bestia feroce. Se poi la solitudine di questa landa abitata solo da voci o l'amore clandestino fatto di accoppiamenti fetidi e pericolosi e gli abbracci di quel serpente venefico ti piacciono tanto, vorrà dire che, quantomeno, avremo fatto il nostro dovere di sorelle devote».

Di fronte a quelle parole funeste la povera Psiche, che era una ragazza ingenua e tenera di cuore, viene presa dallo spavento. Ormai fuori di sé, dimenticò tutte le raccomandazioni del marito e le promesse che gli aveva fatto, e si gettò a capofitto nell'abisso della disgrazia – tremante e livida come un cadavere, mormorando a bassa voce parole smozzicate, così risponde alle sorelle:

19. «Sorelle carissime, voi parlate così in nome del sacro vincolo d'affetto che ci unisce, e lo capisco, ma anche quelli che vi hanno riferito queste cose non credo se le siano inventate. In effetti non ho mai visto in faccia il mio uomo, e non so nemmeno da dove venga: sopporto un marito di cui non so nulla e che fugge la luce del sole, assecondando docilmente le sue richieste notturne, per cui se mi dite che è un mostro avete senz'altro ragione e io non posso che essere d'accordo con voi. E poi con quanto impegno cerca di dissuadermi dal guardarlo – quando fa così tremo dalla paura! – e minaccia immani sventure se non mi tolgo la curiosità di vederlo in faccia. Ma ora, se potete aiutare vostra sorella a salvarsi la vita, ecco, questo è il momento di farlo. D'altronde, se ora ce ne stiamo con le mani in mano, le vostre premure saranno state vane».

Davanti ai cancelli schiusi dell'animo della sorella, ormai messo a nudo, quelle donne scellerate abbandonano i sotterfugi e le macchinazioni nascoste e, sguainate le spade, prendono d'assalto i pensieri gravidi di paura di quella ragazza ingenua.

20. E alla fine una delle due dice: «Il legame di sangue che ci unisce ci spinge ad affrontare qualsiasi pericolo ci si presenti davanti pur di salvaguardare la tua incolumità, per cui ti mostreremo quella che, dopo averci rimuginato molto, molto a lungo, ci sembra l'unica via per poterti salvare. Prendi un coltello tagliente e acuminato, passalo sul palmo della mano così da renderlo, attraverso quella tenera carezza, ancora più affilato e, senza farti vedere, infilalo sotto il letto, dalla parte dove dormi di solito; prendi pure una lucerna pronta per l'uso, riempila d'olio, di modo che faccia tanta luce, e mettila dentro un piccolo tegame chiuso da un coperchio. Dopodiché, nascondi questo bel

marchingegno con la massima attenzione e, appena sarà salito come ogni sera sul vostro giaciglio trascinandosi appresso le sue spire striscianti per coricarsi e, caduto nella rete insidiosa del primo sonno, comincerà ad avere il respiro pesante di chi dorme della grossa, allora scivola fuori dal letto e, camminando scalza in punta di piedi, un passetto dopo l'altro, piano piano, libera la lucerna dalla prigione del buio pesto e lasciati suggerire dalla luce il momento migliore per mettere in atto la tua impresa gloriosa: allora, con coraggio, impugna quell'arma a doppio taglio e sollevala in alto con la mano destra, poi, con tutta l'energia che hai in corpo, tronca di netto la testa di quel serpente malefico nel punto in cui è attaccata al collo. E non ti mancherà certo il nostro aiuto; non appena con la sua morte ti sarai salvata la vita, noi saremo qui ad aspettarti: ci porteremo via tutte queste ricchezze e finalmente ti daremo il matrimonio che tanto desideravi – tu, creatura umana, potrai sposare un altro essere umano».

21. Con queste parole di fuoco incendiano il cuore della sorella, già roso in profondità dalle fiamme, poi subito l'abbandonano, spaventate a morte alla sola idea di trovarsi a contatto con un delitto così mostruoso, e, condotte fin sopra la rupe dalla solita spinta del soffio alato, si danno a una rapida fuga, imbarcandosi all'istante sulle navi e salpando ancora più in fretta.

Ma Psiche, rimasta sola – sola si fa per dire, tormentata com'è dalle Furie moleste –, ondeggia in balia del dolore come un mare increspato dai flutti, e, per quanto la decisione sia ormai presa e l'animo ben risoluto, tuttavia, al momento di porre mano al misfatto, vacilla, ancora indecisa, perché quell'immane sciagura le smuove dentro sentimenti contrastanti. S'affretta rimanda, ardisce s'allarma, dispera s'infuria; e – questo è il colmo – nello stesso corpo odia la bestia e ama il marito. Ma ormai la sera porta con sé la notte, e Psiche, in preda all'impazienza, corre a preparare tutto l'armamentario per quell'infame delitto. Era scesa la notte e il marito era già a casa e, dopo aver combattuto le battaglie di Venere, era piombato in un sonno profondo.

22. Allora Psiche, sfinita nel corpo e nella mente, per assurdo trae forza e coraggio proprio da quel suo destino crudele: tira fuori la lucerna e impugna il coltello con tanta audacia da sembrare un uomo. Ma non appena, complice il lume, emersero dal buio i segreti del suo talamo, ecco che vede la belva più mansueta e dolce di tutte le fiere, Cupido in persona, proprio lui, lo splendido dio che dormiva avvolto nel suo divino splendore. A quella vista persino la luce della lampada si rallegrò e più viva rifulse, mentre la punta del coltello emanava bagliori sacrileghi e abbacinanti. Di fronte a quello spettacolo terribile e meraviglioso Psiche rimase paralizzata dalla paura e prese a tremare dalla testa ai piedi e cadde in ginocchio, fuori di sé e pallida come una morta: doveva nascondere il pugnale – sì, ma dove? –, piantarselo nel petto, ecco dove. E di certo l'avrebbe fatto, se il pugnale, per timore di quel gesto inaudito, non le fosse scivolato via da quella mano sconsiderata, andando a finire chissà dove. Esausta e ormai senza via di scampo, Psiche si ferma a contemplare la bellezza di quel volto divino e più lo guarda più si rianima.

Vede sulla testa d'oro del suo sposo le folte chiome ebbre d'ambrosia, e sul collo latteo e le guance purpuree i riccioli capricciosi sfuggiti alla fascia che cercava d'imprigionare con grazia quella massa di capelli – alcuni gli pendevano sul davanti, altri dietro, sulle spalle – e di fronte a quel fulgore accecante la fiamma stessa della lucerna pareva illanguidire. Sulle spalle del dio alato risplendevano come petali iridescenti bagnati dalla rugiada del mattino le penne bianchissime e, anche se le ali erano a riposo, le piccole piume all'estremità, voluttuose e tenerelle, vibravano tutte come increspate da un capriccioso fremito e da un tremolio senza fine. Il resto del corpo era tanto liscio e luminoso che Venere non avrebbe avuto certo di che dolersi al pensiero di averlo partorito. Ai piedi del letto giacevano arco, faretra e frecce, i dardi benevoli di quel dio potente.

23. Psiche, anima insaziabile e curiosissima, mira e rimira le armi del marito, le sfiora con i polpastrelli, se le rigira tra le mani: estrae una freccia dalla faretra e per saggiarne la punta ci appoggia sopra il pollice; ma per un movimento brusco delle dita ancora tremanti la falangetta preme un po' troppo contro la cuspide e si punge nella carne viva, e a fior di pelle stillano come rugiada piccole gocce di sangue rosato. E fu così che l'ignara Psiche, ferendosi di proposito con la freccia divina, s'innamorò d'Amore. Divampò allora nel suo cuore la fiamma del desiderio per il dio che il desiderio ce l'ha scritto nel nome, Cupido, e china su di lui se lo mangiava con gli occhi e mai ne era sazia, e svelta lo divorava di baci larghi e sfacciati per paura che da un momento all'altro si potesse svegliare. Ma mentre la sua anima ottenebrata fluttua nel mare inebriante di quella beatitudine, la lucerna, forse per bassa perfidia, forse per invidia funesta, o forse perché anche lei ardeva dal desiderio di toccare e quasi baciare un corpo tanto bello, fa colare dalla punta del suo lucignolo una goccia di olio bollente sulla spalla destra del dio. Ah, lucerna impudente e sconsiderata, umile serva d'amore, tu osi bruciare colui che è il dio di ogni fuoco – e pensare che a inventarti fu proprio un amante che voleva godersi l'oggetto del suo desiderio per tutta la notte. Così il dio, marchiato a

fuoco da quella goccia rovente, saltò giù dal letto e, di fronte all'infamia della fede tradita, volò via dai baci e dalle carezze dell'infelicissima sposa senza dire una parola.

24. Ma Psiche, mentre il marito si alzava in volo, lo afferra con tutte e due le mani per la gamba destra e così, miseranda appendice di quel viaggio aereo, lo accompagna tra le distese di nubi, ultima retroguardia di quel corteggio sospeso nel vuoto, finché, sfinita, si lascia cadere al suolo. A vederla così, riversa a terra, il dio, che l'amava tanto, non ebbe animo di abbandonarla e volò su un cipresso lì accanto e, dal ramo più alto, le rivolse queste parole col cuore in subbuglio:

«Psiche mia, quanto sei ingenua! E pure io, che ho disobbedito agli ordini di mia madre Venere, che ti voleva schiava della passione per l'essere più abietto e vile di tutta l'umanità e destinata al più infimo dei matrimoni, e sono volato da te per amarti – un dio come me, pensa! Ho agito con leggerezza, lo so: io, il famoso arciere, mi sono ferito da solo con la mia stessa freccia e ti ho presa in moglie, ma cosa ho ottenuto? Che tu mi credessi una belva mostruosa e provassi a tagliarmi la testa con quel pugnale – la testa che racchiude questi occhi che ti amano tanto! Quante volte ti ho detto di stare attenta, quante volte benevolmente ti ho messo in guardia! Ma le tue egregie consigliere pagheranno cari i loro consigli rovinosi, e pagheranno subito; quanto a te, basterà la mia fuga a punirti come meriti». Detto questo, si librò in volo con un frullio di piume e fuggì via.

25. Psiche, riversa a terra, seguì con lo sguardo il volo del marito finché non scomparve alla vista, levando gemiti così strazianti che il cuore per poco non le scoppiava in petto. Ma quando la vastità dello spazio lo inghiottì – chissà a quali lidi sconosciuti l'avrebbero sospinto i remi del-

le sue piume – raggiunse la sponda del fiume che scorreva lì vicino e si gettò a capofitto nell'acqua. Ma il fiume gentile, per riguardo al dio che incendia anche le acque, o forse temendo qualche guaio per sé, con un'onda mansueta subito la depose sulla riva verdeggiante d'erba. Il caso volle che si trovasse da quelle parti il dio dei campi e delle selve, Pan: seduto accanto alla sponda del fiume, stringeva fra le braccia Eco, la dea che vive sui monti, e le insegnava a cantare, seguendo la sua voce, melodie d'ogni sorta. Lungo la riva ruzzano e pascolano le sue caprette, brucando la chioma erbosa del fiume. Il dio caprino, vedendo Psiche così afflitta e stremata – in qualche modo era a conoscenza della sua triste vicenda – la chiama a sé con dolcezza e la tranquillizza con parole consolatorie:

«Ragazza mia, io sono solo un campagnolo, è vero, un semplice pastore – niente a che vedere con la tua eleganza! – e pure bello vecchio, ma di esperienza ne ho da vendere. Voglio azzardare una congettura (gli uomini savi la chiamano divinazione): a giudicare dal passo incerto e spesso vacillante, dal pallore esagerato e dai continui sospiri, per non parlare di quegli occhi tristi, direi che tu soffri di mal d'amore. E allora dammi ascolto: non provare di nuovo a ucciderti gettandoti nel primo strapiombo che trovi o cercando la morte in qualche altro modo. Basta con questo piagnisteo, scaccia la tristezza! Mettiti a pregare, piuttosto, e cerca così di ingraziarti Cupido, il più potente fra gli dèi: è un giovinetto un po' lascivo e lussurioso e non avrai difficoltà a propiziartelo con dolci favori».

26. Così disse il dio pastore. Psiche non rispose nulla: si limitò a rendere omaggio a quel nume benevolo e si rimise in cammino. Ma dopo aver girovagato con passo stanco per un bel pezzo di strada, al tramontare del sole, seguendo un sentiero sconosciuto, giunge in una città

dove, guarda caso, regnava il marito di una delle sorelle. Appena lo viene a sapere, Psiche chiede di essere annunciata alla sorella. Subito la fanno entrare e, dopo gli abbracci e i saluti di rito, la sorella le domanda il motivo della sua visita e lei risponde così:

«Ricordi il consiglio che mi avete dato? Quando mi avete convinto a uccidere con il coltello a doppia lama la bestia che, spacciandosi per mio marito, dormiva con me, se non volevo finire – povera me! – nel suo gozzo vorace? E io ho seguito alla lettera le vostre istruzioni: ma non appena, con la complicità della lampada, ho potuto contemplare il suo volto, mi sono ritrovata davanti uno spettacolo incredibile, divino... niente meno che il figlio della dea Venere, Cupido in persona, proprio lui, assopito in un sonno leggero! E mentre, sconvolta da quella visione e turbata da tanta dovizia di piaceri voluttuosi, soffrivo da morire all'idea di avere così poco tempo per goderne, ecco che per un caso sciagurato la lucerna schizzò una goccia d'olio bollente sulla sua spalla. Il dolore lo svegliò di colpo e, vedendomi armata di ferro e fuoco, mi disse: "Stavi per macchiarti di un crimine orrendo... adesso prendi le tue cose e vattene via subito da questo sacro talamo. E sai che ti dico? Per moglie prenderò tua sorella..." e qui ha fatto il tuo nome "... ah sì, e sarà un matrimonio in grande stile". Dopodiché ha ordinato a Zefiro di trasportarmi, con il suo soffio, oltre i confini del palazzo».

27. Psiche non aveva ancora finito di parlare che quella, punta dal pungolo di un desiderio sfrenato e di una rovinosa invidia, s'inventa all'istante una scusa plausibile per ingannare il marito – le è giunta voce che forse i suoi genitori sono morti – e s'imbarca subito sulla nave e, senza perdere tempo, parte alla volta della rupe. Una volta lì, per quanto spirasse un vento diverso, resa smaniosa da

quella cieca speranza non se ne avvide e disse: «Eccomi, Cupido, la tua degna consorte sta arrivando! E tu, Zefiro, vieni a prendere la tua padrona», e con un gran salto si lanciò nel vuoto. Ma non riuscì ad arrivare là dove voleva neppure da morta. Si sfracellò infatti contro gli spuntoni delle rocce: le sue membra, ridotte a brandelli, e le viscere dilaniate divennero un facile pasto per gli uccelli e le bestie – insomma, fece la fine che meritava.

Né tardò ad arrivare la seconda parte della vendetta, con la sua punizione. Infatti Psiche, cammina cammina, giunse in un'altra città nella quale dimorava l'altra sorella, proprio come era successo con la prima. E anche stavolta le cose non andarono in maniera diversa: indotta dallo stesso inganno e ansiosa di correre a quelle nozze scellerate, si precipitò alla rupe e morì come era morta la sorella.

28. Nel frattempo, mentre Psiche se ne andava in giro per il mondo alla ricerca disperata di Cupido, lui, ancora dolorante per la bruciatura della lucerna, se ne stava nel letto della madre a sospirare e a lamentarsi. Allora il gabbiano, l'uccello bianchissimo che vola sfiorando con le ali i flutti marini, s'immerge svelto nel grembo profondo dell'Oceano. E lì trova Venere che fa il bagno e nuota, e le si avvicina per riferirle che il figlio si era ustionato e giaceva a letto in gravi condizioni, dolorante per la brutta ferita; e che ormai l'intera famiglia della dea era sulla bocca di tutti, tra chiacchiere e maldicenze d'ogni tipo, e godeva di pessima fama: «Ve la siete svignata, eh? Quello in montagna a far porcherie con la sua puttanella, tu a farti i bagni al mare, e qui sulla terra addio voluttà, addio gentilezza, addio grazia, solo ineleganza, rozzezza, sciatteria; addio matrimoni, addio amicizie, addio amor filiale, solo l'inarrestabile dilagare di sentimenti bassi e meschini e l'uggia imbarazzante di relazioni squallide».

Così ciangottava l'uccello ciarliero e curioso nelle orecchie di Venere – *ciiirp ciiirp ciiirp* –, infangando il buon nome del figlio. Fino a che Venere, in uno sbotto d'ira improvvisa, comincia a urlare: «E quindi il mio bravo figliolo s'è fatto l'amichetta! Su, forza, tu che sei l'unico a obbedirmi e a essermi fedele, tira fuori il nome! Chi è questa qua che si mette a sedurre un ragazzino ingenuo che puzza ancora di latte? Appartiene al popolo delle Ninfe? O è qualcuna delle Ore? Viene dal coro delle Muse? O magari è una delle Grazie al mio servizio?»

A quel chiacchierone di uccello non parve vero di poter sciogliere la lingua e rispose: «Non saprei, signora... ma credo abbia perso la testa per una ragazza... se non ricordo male, dovrebbe chiamarsi Psiche».

«Psiche?» sbottò Venere, al colmo dell'indignazione. «Ma davvero si è innamorato della mia rivale in bellezza, di quella che vorrebbe usurpare il mio nome? E pensare che sono stata proprio io a fargliela conoscere! Eh sì, mi avrà presa per una ruffiana, quello scavezzacollo di mio figlio!»

29. Continuando a strillare come un'ossessa, emerge in tutta fretta dal mare, corre difilato al suo talamo d'oro e, appena vede, come le era stato riferito, il figlio malato, fin dalla soglia attacca a gridare a più non posso: «Ma che belle e nobili imprese, complimenti! Proprio degne della nostra famiglia e del galantuomo che sei: prima calpesti gli ordini di tua madre – che dico, della tua padrona – e ti rifiuti di infliggere alla mia nemica il tormento di un amore ignobile, e poi, come se non bastasse, ti unisci a lei in rapporti licenziosi e troppo precoci per la tua età, così per nuora mi ritrovo la mia cara nemica, guarda un po'! Buffone che non sei altro, farabutto d'un seduttore, brutto schifoso! Che ti credi, eh, che solo tu sei buono a ripro-

durti, mentre io sono troppo vecchia per procreare? E allora sappi che farò un altro figlio di gran lunga migliore di te; anzi, perché l'affronto ti pesi di più, adotterò uno dei miei schiavetti e donerò a lui quelle ali e le fiamme e l'arco e le frecce – sì, pure le frecce! – e tutto il mio corredo, che ti avevo dato per ben altro scopo. Del resto, di tutto questo equipaggiamento, non c'è nulla che provenga da tuo padre.

30. «La verità è che sei solo un bambino viziato che non sa tenere a posto le mani: quante di quelle volte le hai alzate sui vecchi di casa senza un minimo di vergogna, eh? E non risparmi neanche tua madre – tua madre, non so se mi spiego! Di fronte alle tue armi sono nuda, indifesa, e tu lo sai, ma non ti importa e mi colpisci lo stesso – ogni santo giorno la stessa storia! E mi tratti come fossi una povera vedova che non merita nessun rispetto... figurati, neppure per quel guerriero sommo e fortissimo del tuo patrigno hai un briciolo di soggezione... e perché dovresti, visto che hai sempre avuto la simpatica abitudine di procacciargli le ragazze con cui tradirmi, così, tanto per farmi dispetto! Ma ti farò pentire di questi giochetti, ah sì... ti faccio passare io la voglia di scherzare! Vedi poi come ti sembreranno guaste e amare le tue stupide nozze.

«Ma ora che sono diventata lo zimbello di tutti che faccio? Dove vado? Questo serpente maledetto come lo fermo? Non è che mi tocca andare a chiedere aiuto a Temperanza? Quella, dopo tutte le volte che l'ho offesa proprio a causa degli eccessi di questo debosciato, sicuro che ce l'ha a morte con me! No no, al solo pensiero di dover parlare con una donna così rozza e sciatta mi vengono i brividi. Ma non bisogna disdegnare il conforto che dà la vendetta, da qualsiasi parte ci arrivi. Devo rivolgermi a lei, a lei e a nessun'altra, ah sì! Vedi che bella lezione gli darà, a quel farfallone: come minimo gli scioglierà la faretra e gli spunterà le frecce, allenterà la corda dell'arco, spegnerà la fiaccola nuziale e, anzi, lo castigherà anche nel corpo con espedienti ancor più efficaci. E quando gli avrà rasato a zero quella chioma che tante volte ho acceso di riflessi dorati a furia di pettinarla con queste stesse mani, e spuntato quelle alucce che ho imbevuto di nettare stillante dal mio seno, allora sì che avrò ottenuto vendetta per l'offesa subita».

31. Così disse, e si lanciò fuori dalla stanza, minacciosa e stizzita, in preda a uno dei suoi proverbiali travasi di bile. Ma ecco, incontra Cerere e Giunone che, vedendola col viso tutto gonfio, le chiedono come mai celasse l'immensa bellezza dei suoi occhi lucenti sotto quel sopracciglio aggrottato in un'espressione truce. E lei risponde: «Capitate giusto a puntino: sono sicura che saprete esaudire il desiderio di questo povero cuore in fiamme. Vi prego, unite le vostre forze e trovatemi Psiche: è scappata chissà dove, sparita, volatilizzata. Non vi saranno certo sfuggite le voci che girano sulla mia famiglia – ne parlano tutti, ormai – e le belle imprese di quel mascalzone che dovrei smettere di chiamare figlio».

Allora le dee, che sapevano benissimo cos'era successo, cercando di placare l'ira furente di Venere provano a dirle così: «Signora, che avrà mai fatto di male tuo figlio perché tu debba contrastare con tale pervicacia i piaceri del suo letto e rovinare a tutti i costi la donna che ama? Dicci un po': da quando in qua sorridere a una bella ragazza non è più un piacere ma un crimine? È un maschio, ed è giovane, te ne sei forse scordata? O non ricordi più quanti anni ha? O forse, visto che i suoi anni se li porta così bene, ai tuoi occhi resta sempre un bambino? Sei sua madre, d'accordo, ma sei anche una donna intelligente:

vuoi continuare in eterno a ficcare il naso nei passatempi di tuo figlio, a biasimarlo per la sua vita un po' sfrenata e farlo sentire in colpa per i suoi amorazzi, a rinfacciare a un figlio così bello quei trucchetti e trastulli che sono anche i tuoi? Chi fra gli dèi, chi fra gli uomini potrà mai sopportare che, mentre spargi il seme della passione in ogni angolo del mondo, in casa tua reprimi duramente qualsiasi tresca amorosa e vorresti chiudere la scuola pubblica dei vizi femminili?»

Così quelle due cercavano di ingraziarsi Cupido, anche se non era presente, perorando la sua causa e blandendolo in ogni modo per paura delle sue frecce. Ma Venere, risentita perché le offese che aveva dovuto subire venivano prese così alla leggera, volta loro le spalle e a passo svelto si incammina verso il mare.

LIBRO VI

1. Frattanto Psiche s'affannava in lungo e in largo cercando suo marito senza posa, notte e giorno, in preda alla frenesia, sperando – era il suo desiderio più grande –, se non di placare la sua ira con moine da moglie, di ottenere almeno il suo perdono con suppliche da schiava. Un giorno vide da lontano un tempio in cima a un monte altissimo e pensò: «Chissà che il mio signore non abiti proprio lassù». E lì si dirige a passo svelto: quel passo prima sfinito dallo sforzo ininterrotto ritrova vigore nella speranza e in quella promessa di felicità. Così, raggiunte senza indugio quelle creste svettanti, si avvicinò agli altari. C'erano spighe di grano – alcune raccolte in fasci, altre intrecciate in una corona – e spighe d'orzo. C'erano poi le falci e gli attrezzi della mietitura, sparsi qua e là, gettati a terra alla rinfusa, abbandonati lì dalle mani dei braccianti, come sempre succede nelle ore più calde. Tutte queste cose Psiche le separa con cura, una per una, e poi le rimette in ordine, ognuna al suo posto, raggruppandole per genere, convinta come mai prima che non fosse il caso di trascurare i santuari e i riti di nessun dio, ma che dovesse piuttosto implorare e così ottenere la misericordia e il favore dell'intero Olimpo.

2. La materna Cerere la trova così, tutta presa e indaffarata in queste occupazioni, e subito esclama, coprendo con quel grido la distanza: «Ma sei davvero tu, povera Psiche? Venere come una furia ti cerca in lungo e in largo, seguendo le tue tracce con scrupolo maniacale: pretende per te l'estremo supplizio e con tutte le forze del suo potere divino reclama vendetta. E tu, in un momento simile, te ne stai qui a prenderti cura delle mie cose e pensi a tutto tranne che a salvarti la vita?»

A quelle parole Psiche si getta ai suoi piedi divini e li inonda d'un fiume di lacrime, e coi capelli spazza il terreno mentre le rivolge preghiere d'ogni sorta nella speranza di ottenere il suo favore. «Per questa tua mano dispensatrice di messi, io ti supplico, per i gioiosi rituali della mietitura, per i misteri inviolati delle tue ceste, per i cocchî alati dei draghi tuoi servitori, per i solchi dei campi di Sicilia, per il carro che rapisce e la terra che trattiene, per la discesa agli inferi di Proserpina e le sue nozze nell'oscurità, per il ritrovamento e il ritorno alla luce di tua figlia e per tutte le altre cose che il santuario dell'attica Eleusi ammanta nel silenzio: soccorri la povera anima di Psiche, tua supplice. Concedimi di rimanere nascosta fra questi covoni di spighe – solo qualche giorno, finché pian piano l'ira furibonda di una dea così potente non si plachi, o almeno fin quando con un po' di riposo avrò recuperato le forze sfinite dalle fatiche incessanti».

3. Risponde Cerere: «Sono molto toccata dalle tue preghiere lacrimevoli e vorrei tanto venirti in aiuto, ma non posso rischiare di incorrere nel suo risentimento: è una mia parente, e fra noi c'è un antico patto d'amicizia – fra l'altro è una donna così a modo! Perciò allontanati subito da questo tempio, e ritieniti già fortunata se non ti trattengo qui come mia prigioniera».

Cacciata via contro ogni sua speranza e afflitta da una duplice tristezza, Psiche ritorna sui suoi passi e, a un certo punto, nella penombra di un boschetto giù a valle scorge un santuario costruito con ingegnosa perizia. Non volendo tralasciare nemmeno la più esile possibilità di migliorare la propria condizione e decisa ad accaparrarsi il favore di un dio qualsiasi, si avvicina alla porta sacra. Vede allora preziosi doni votivi e, appesi ai rami degli alberi e ai battenti, drappi ricamati a lettere d'oro a comporre il nome della dea a cui erano dedicati e la grazia ricevuta. Si inginocchia, abbraccia l'altare ancora tiepido e, asciugate le lacrime, prega così:

4. «Sorella e sposa del grande Giove, sia che ti trovi nell'antico santuario di Samo, l'unico che può gloriarsi di averti visto nascere e di aver assistito ai tuoi primi vagiti e all'allattamento; sia che frequenti le beate sedi dell'insigne Cartagine ove ti celebrano nelle sembianze di una vergine che solca il cielo in sella a un leone; sia che presso le rive dell'Inaco, che ti ricorda già sposa del Tonante e regina delle dee, difendi le inclite mura di Argo; tu che l'intero Oriente venera con l'epiteto di Zigia e tutto l'Occidente chiama Lucina: in questo momento di estrema sventura sii per me Giunone Sospita, e liberami dalla paura del pericolo imminente, perché dopo aver affrontato tante fatiche e affanni sento che sto per crollare. Per quanto ne so, non lasci mai sole le donne gravide e di tua iniziativa corri ad aiutarle se si trovano in pericolo».

Giunone non si fa attendere e subito si manifesta in tutta la venerabile maestà della sua potenza divina e così risponde a quella supplica tanto accorata: «Come vorrei esaudire le tue preghiere – dico davvero! Ma la decenza non mi permette di fare alcunché contro il volere di Venere, che è mia nuora e ho sempre amato come fosse una figlia. Me lo proibiscono anche le leggi che vietano di dare asilo agli schiavi fuggitivi contro la volontà dei loro padroni».

5. Di fronte a quest'ennesimo rovescio della fortuna la povera Psiche precipitò nel più cupo sgomento: ormai il suo sposo alato era lontano, irraggiungibile – e mentre sentiva illanguidire ogni speranza dentro di sé cercava ancora una strada:

«Ormai cosa mi resta più da tentare per lenire i miei affanni, a quali aiuti mi dovrò appellare se nemmeno il favore delle dee – e sì che avrebbero tanto voluto soccorrermi – ha potuto giovarmi? Stavolta dove volgerò i miei passi, impigliata come sono in così tanti lacci? In quale rifugio, in quale angolo buio dovrò nascondermi per sfuggire allo sguardo inesorabile della grande Venere? E allora perché non ti armi di coraggio virile e rinunci una volta per tutte a questa vacua, esile speranza e ti consegni spontaneamente alla tua padrona cercando di placare i suoi impeti di rabbia con questo gesto di sottomissione, sia pur tardivo? Vuoi vedere che a casa della madre ci trovi anche il figlio, dopo averlo cercato per così tanto tempo?» Così, pronta a quell'ossequio dall'esito incerto o, piuttosto, a una morte certa, rimuginava sul modo migliore per principiare la sua futura preghiera.

6. Frattanto Venere, stufa di cercarla con mezzi terreni, si rivolge al cielo. Fa preparare il carro che aveva cesellato per lei con grande cura e arte finissima Vulcano, orafo esperto e suo sposo, per offrirglielo in dono il giorno prima delle nozze, in attesa delle gioie del talamo: quell'opera straordinaria veniva da un attento lavoro di lima, e l'oro raschiato via, per assurdo, l'aveva resa ancor più preziosa. Dalla colonia che aveva fatto il nido vicino alla camera della padrona, si fanno avanti con passettini gio-

iosi quattro colombe candide che, piegando il collo screziato, si mettono sotto il giogo ornato di pietre preziose: aspettano che la dea salga e spiccano il volo in un festoso frullo d'ali. Seguono il carro un corteo di passeri folleggianti che riempiono l'aria dei loro cinguettii e altri uccelli canterini che annunciano l'arrivo della dea levando al cielo soavi melodie e gorgheggi flautati. Si ritraggono le nubi e il Cielo si spalanca davanti alla sua figliola e gioioso la accoglie il sommo etere, e il canoro sèguito della grande Venere avanza senza paura d'imbattersi in aquile o sparvieri rapaci.

7. Si dirige subito alle dimore celesti del sommo Giove e, con fare altezzoso, pretende di avere per sé, poiché ne aveva bisogno, i servigi di Mercurio, il dio dalla voce sonora. Non si oppone il ceruleo sopracciglio di Giove. Ottenuto quel che voleva, Venere scende subito giù dal cielo insieme a Mercurio e, tutta ansiosa, gli fa questo discorso:

«Fratello arcade, tu lo sai che tua sorella Venere non ha mai fatto nulla senza il sostegno di Mercurio, e non ti sarà certo sfuggito che da un po' di tempo a questa parte vado cercando, senza riuscire a trovarla, una schiava nascosta chissà dove. Non mi resta dunque che indire pubblicamente con un tuo bando un premio per chi la troverà. E quindi sbrigati a eseguire il mio mandato e a indicare qualche segno particolare da cui possa essere riconosciuta con certezza: in questo modo, se qualcuno dovesse commettere il reato di occultamento illecito, non potrà difendersi con la scusa che non ne sapeva niente».

E così dicendo gli porge un foglio che conteneva il nome di Psiche e altre informazioni. Dopodiché, senza perdere altro tempo, se ne tornò a casa sua.

8. Né Mercurio mancò di obbedire. Correndo da un

capo all'altro del mondo diffondeva la notizia, che veloce passava di bocca in bocca, e così assolveva al suo incarico di banditore: «Se qualcuno riuscirà a trattenere dalla fuga o a rivelare il nascondiglio segreto della figlia fuggitiva di un re, una serva di Venere di nome Psiche, si rechi subito dal banditore Mercurio, dietro le colonne Murzie, e come ricompensa per la denuncia riceverà dalla stessa Venere sette baci soavi e un altro più dolce del miele, dato col tocco carezzevole della sua lingua».

E fu così che l'annuncio di Mercurio accese la competizione fra gli uomini, e tutti si davano un gran da fare nelle ricerche pur di ottenere l'invitante ricompensa. A quella notizia Psiche decise di rompere ogni indugio. E mentre si avvicina all'ingresso del palazzo di Venere le si fa incontro una domestica di nome Consuetudine e subito si mette a gridare con quanto fiato aveva in gola: «Finalmente, disgraziata d'una schiava, cominci a capire che hai una padrona? O forse, fra i tuoi mille difetti, sei così impudente e irriguardosa che fai finta di non sapere quanto ci hai fatto tribolare a cercarti in lungo e in largo? Ma come sono contenta che sei caduta giusto nelle mie mani, e ti ritrovi ormai prigioniera dell'Orco, abbrancata dai suoi tentacoli, così sarai punita come meriti per tanta insolenza, e subito!»

9. E cacciandole le mani fra i capelli con gesto sprezzante prese a trascinarla senza che la poveretta opponesse alcuna resistenza. La condussero al cospetto di Venere che, appena se la vide davanti, scoppiò in un riso sguaiato, come succede spesso a chi è gonfio di una rabbia furiosa, e scuotendo il capo e grattandosi l'orecchio destro disse: «Finalmente ti sei degnata di far visita a tua suocera? O forse sei venuta a vedere come sta tuo marito, che rischia la vita per la ferita che tu gli hai provocato? Ma sta' tran-

quilla; io ti accoglierò come merita una brava nuora». E poi aggiunse: «Dove sono le mie ancelle Inquietudine e Tristezza?»

Le fece venire e consegnò loro Psiche perché la torturassero. Quelle, obbedendo all'ordine della padrona, la riempiono di frustate e le infliggono torture d'ogni tipo, poi la riportano da Venere. La dea sbotta di nuovo in una grassa risata e le dice: «Guardatela come tenta di fare pietà con il lenocinio del suo ventre gravido, con cui, a quanto pare, dovrebbe rendermi nonna felice di illustre progenie! Ah, che squallidi mezzucci! Ah, che felicità sentirsi dire "nonna" nel fiore degli anni, mentre il figlio di una schiava miserabile potrà gloriarsi di esser chiamato nipote di Venere. Anche se, in questo caso, sto usando la parola "figlio" a sproposito. Nozze fra sposi di condizione diversa celebrate in campagna, senza testimoni e senza il consenso del padre, non possono certo considerarsi legittime, e dunque il nascituro sarà un bastardo – sempre ammesso che ti lasceremo portare a termine la gravidanza».

10. Pronunciate queste parole, le si scaglia addosso e le riduce in brandelli la veste, poi inizia a picchiarla con violenza, strappandole i capelli e scuotendole forte la testa. Quindi si fa portare grano, orzo, miglio, semi di papavero, ceci, lenticchie e fave in gran quantità e, dopo averli mescolati alla rinfusa e riuniti in un unico mucchio, le dice: «Brutta come sei, per guadagnarti il favore dei tuoi amanti sarai di certo una serva scrupolosissima, non vedo altra spiegazione. E allora voglio saggiare anch'io i frutti del tuo lavoro. Vedi quest'ammasso di semi diversi? Ebbene, vanno divisi, chicco per chicco, e poi riordinati secondo la varietà: per finire il lavoro hai tempo fino a questa sera».

Detto questo, la lasciò lì con il suo bel mucchio di semi

e se ne andò a un pranzo di nozze. Psiche neppure provò a metter mano a quell'ammasso informe e imbrogliato: muta e istupidita dalla paura di non riuscire a portare a termine quell'impresa smisurata, se ne stava lì senza muovere un dito. Ma ecco che si trova a passare da quelle parti la formichina piccina piccina che ha nei campi la sua casina: conosce bene l'animaletto la difficoltà di quell'immane fatica e s'impietosisce per la compagna di un dio così grande e, maledicendo la crudeltà della suocera, prende a correre di qua e di là con la solerzia della sua specie per chiamare a raccolta l'armata delle formiche che abitano nei dintorni. «Abbiate pietà, agili figlie di madre terra, pietà per questa bella ragazza in pericolo! Su, presto, correte in aiuto della sposa di Amore!» Simile a un oceano, onda su onda, accorre il popolo a sei zampe e, con zelo estremo, comincia a sceverare quell'ammasso confuso, chicco per chicco, e a fare tanti mucchietti quanti sono i tipi di semi, poi in un attimo sparisce alla vista.

11. Ma sul far della notte Venere torna dal banchetto nuziale ebbra di vino e fragrante di balsami, il corpo cinto di splendide rose, e, nel vedere la precisione di quel lavoro incredibile, sbotta: «Questa non è opera tua né delle tue mani, fannullona che non sei altro! Qui c'è lo zampino di quel poveraccio che ha avuto l'idea malsana – per te, ma anche per lui – di starti appresso». Così dicendo le getta un tozzo di pane e se ne va a dormire.

Intanto Cupido era tenuto sotto stretta sorveglianza, rinchiuso nella prigione solitaria di un'unica stanza all'interno del palazzo, sia perché non peggiorasse la ferita con i suoi comportamenti sfrenati e dissoluti, sia per non fargli incontrare l'oggetto dei suoi desideri. E così i due amanti passarono una notte da incubo, lontani, divisi l'uno dall'altra, sotto lo stesso tetto.

Ma appena Aurora rimonta sul suo carro, Venere fa chiamare Psiche e le parla così: «Vedi quel bosco che si estende lungo le rive del fiume che scorre giù a valle? Là dove i cespugli più bassi si specchiano nell'acqua della fonte vicina, pascolano incustoditi certi arieti meravigliosi il cui manto, color dell'oro, riluce ai raggi del sole. Ebbene, voglio che tu vada là: procurati un fiocco di quella lana preziosa – il modo trovalo tu – e portamelo subito».

12. Psiche si avviò ben volentieri, ma non per eseguire l'ordine, quanto per porre fine alle sue sofferenze buttandosi giù dalla rupe che strapiombava sul fiume. Ma una volta lì, dalle acque che scorrono sotto di lei si leva la voce, simile a un canto, della verde canna, lambita dal tocco leggero di una brezza gentile, come ispirata da un soffio divino, che così la ammonisce: «Psiche, gli affanni non ti danno tregua, lo so, ma non contaminare le mie acque sacre con la tua morte infelice, ti prego; e non ti avvicinare nemmeno a quegli arieti terrificanti a quest'ora del giorno: finché li accende di furia selvaggia la vampa infuocata del sole, fanno carneficina d'uomini con quelle loro corna appuntite e la fronte dura come pietra, e talvolta anche con morsi velenosi. Ma in attesa che si smorzi la calura del meriggio e le greggi raffreddino i bollenti spiriti alla brezza serena che spira dal fiume, potrai startene nascosta ben bene sotto quel platano altissimo che si abbevera, proprio come me, a queste correnti. E non appena gli arieti, mitigata un po' la furia, si saranno calmati, scuoti le fronde del bosco vicino e troverai la lana d'oro che resta impigliata qua e là nei viluppi dei rami».

13. Così quella canna semplice e piena di umani sentimenti indicava alla tristissima Psiche la via della salvezza. E lei non mancò di ascoltare quel consiglio impartito con tanta premura, né ebbe a pentirsene; seguì scrupolosamen-

te tutte le istruzioni: rubò senza difficoltà la lana e fece ritorno da Venere con il grembo pieno di soffice bambagia d'oro.

Ma nemmeno il pericolo corso per affrontare questa seconda faticosissima prova le valse il plauso della sua padrona. Anzi, la dea aggrottò il sopracciglio e con un sorriso amaro sulle labbra le disse: «Cosa credi, lo so bene che anche questa impresa non è farina del tuo sacco e dietro c'è sempre il tuo amante segreto! Ma adesso voglio saggiare una volta per tutte se sei davvero dotata di un animo coraggioso e di una sagacia fuori dal comune. Vedi la cima di quell'erto monte, che sovrasta quella rupe altissima? Da lì sgorgano le onde fosche di un'oscura fonte che si riversano nel ricettacolo della valle vicina per poi affluire nelle paludi stigie, andando a ingrossare le rauche correnti del Cocito. Riempi questa piccola brocca di stille gelide che zampillano proprio dal cuore della sorgente, nella parte più alta della fonte, e portamela subito». Così dicendo e aggiungendo minacce ancor più spaventose, le consegnò un vasetto di cristallo intagliato.

14. Allora Psiche si mise in cammino, affrettando il passo più che poteva, e raggiunse il punto più alto del monte, decisa a porre fine, una volta per tutte, alla sua vita infelice. Ma appena arrivò nei pressi della vetta che le aveva indicato la dea si rese conto della mortale difficoltà di quell'impresa immane. Era infatti una rupe molto alta, di una mole smisurata, scivolosa e aspra al punto da risultare inaccessibile, e dalle sue fauci di pietra vomitava un orrido fiotto che, sgorgando di getto dalle cavità di una fessura scavata nella roccia, scivolava giù, lungo le sue pareti, e si faceva strada, scavandosi un angusto canale sotterraneo, fino a solcare, invisibile, la valle sottostante. Ed ecco che dagli anfratti rocciosi a destra e a sinistra

strisciano fuori draghi feroci con il lungo collo proteso, sentinelle insonni con gli occhi sbarrati in una veglia perpetua e le pupille sempre all'erta. Persino le acque, dotate di voce, si difendevano da sole. «Vattene!» continuavano a gridare, e «Che fai? Sta' attenta!» e «Che ti passa per la testa? Occhio!» e «Fuggi via di qua!» e «Così morirai!» Allora Psiche, impietrita da quell'impresa impossibile, era sì presente col corpo, ma con i sensi, con la mente era altrove, schiacciata dal peso di quella prova insolubile, senza più nemmeno l'estrema consolazione delle lacrime.

15. Ma gli affanni di quell'anima innocente non sfuggirono allo sguardo vigile della buona Provvidenza. Ed ecco d'un tratto sopraggiungere ad ali spiegate l'uccello regale del sommo Giove, l'aquila rapace che, memore del suo antico servigio – una volta, su ordine di Cupido, aveva rapito per Giove il coppiere frigio –, abbandona gli eterei sentieri delle vette celesti per onorare la potenza del dio e alleviare le pene di sua moglie portandole l'aiuto necessario, e comincia a volarle davanti e a dirle:

«Ma tu, ingenua come sei e senza un briciolo di esperienza in questo genere di cose, come puoi sperare di riuscire a portarti via o anche solo a sfiorare fosse pure una stilla di questa sorgente – così sacra, ma anche così minacciosa? Non lo sai, nemmeno per sentito dire, che queste acque stigie fanno paura persino agli dèi e allo stesso Giove, e se voi umani giurate sulla potenza dei numi celesti, gli dèi giurano sulla maestà dello Stige? Piuttosto, dàlla a me quella brocchetta!»

E subito gliela strappa di mano e la stringe a sé e, bilanciando bene la mole oscillante delle sue ali, comincia a remeggiare, ora a destra ora a sinistra, tra le mascelle armate di denti feroci e le fameliche lingue triforcute dei draghi: alle acque riottose che la minacciano e le dicono di andarsene se vuole salva la vita risponde inventandosi che era al servizio di Venere e che doveva prenderle per ordine suo, e così riesce ad avvicinarsi e a raccoglierle senza troppa difficoltà.

16. Così, ricevuta la brocca piena di quell'acqua preziosa, Psiche corse subito a portarla a Venere. Ma nemmeno stavolta riuscì a ottenere il consenso di quella dea implacabile. Infatti, minacciandola di disgrazie ancor più grandi e terribili, con un sorriso ferale le dice: «Certo che per adempiere così, in tutto e per tutto, agli ordini che ti ho dato, devi per forza essere una grande maga, e pure molto potente. Ma dovrai farmi anche questo servizio, ragazzina. Prendi questo cofanetto», e glielo diede; «e scendi subito agli inferi – sì, hai capito bene, nella casa di morte dell'Orco. Una volta lì, consegna il cofanetto a Proserpina e dille "Venere chiede se le mandi un po' della tua bellezza, un pizzico soltanto, quella che basta per un giorno. La sua l'ha consumata tutta a forza di assistere il figlio malato e adesso non ce l'ha più". Ma vedi di non tornare tardi, perché devo imbellettarmi per andare al teatro degli dèi».

17. Allora più che mai Psiche capì che per lei era davvero finita: stavolta andava incontro a morte certa, senza più pretesti o sotterfugi, senza più possibilità di sottrarsi – e come no? Era costretta a calarsi fin giù nel Tartaro, fra le anime dei morti, con i suoi stessi piedi e di sua spontanea volontà. E così, senza indugiare oltre, si incammina verso una torre altissima, decisa a buttarsi nel vuoto. Era quello il modo più diretto e degno di scendere nel regno degli inferi, pensava. Ma d'improvviso la torre comincia a parlare: «Povera disgraziata,» le dice, «perché ti vuoi ammazzare buttandoti di sotto? E perché di fronte a quest'ultima prova, a quest'ultima fatica, ti dai subito

per vinta, così, senza neanche rifletterci un po'? Una volta che il tuo spirito si sarà separato dal corpo, sprofonderai sì nel Tartaro, ma poi da lì non potrai mai più fare ritorno. Stammi a sentire.

18. «Non lontano da qui sorge Sparta, nobile città dell'Acaia. Ai suoi confini, ma nascosto in una zona un po' fuori mano, c'è il Tenaro: tu cercalo. Lì si apre un varco per il regno di Dite, e le sue porte si schiudono su un sentiero impraticabile: appena avrai varcato la soglia, prendi quella strada e segui il corridoio sotterraneo che ti condurrà dritto alla reggia dell'Orco. Ma non dovrai girare per quelle tenebre a mani vuote, bensì tenendo su ogni palmo una focaccia d'orzo e vino mielato, e in bocca due monetine. Percorsa buona parte di quella strada mortifera, incontrerai un asino zoppo carico di legna in compagnia di un asinaio anche lui zoppo che ti chiederà di raccattargli alcune fascine cadute dalla soma; ma non rispondergli e tira dritto per la tua strada. Non passerà molto tempo e giungerai sulle rive del fiume dei morti, a cui fa da guardia Caronte, che subito ti chiederà di pagare il pedaggio, perché solo a questa condizione carica i passeggeri a bordo della sua barchetta di pelli cucite e li traghetta all'altra sponda. A quanto pare, l'avarizia è viva anche fra i morti, e nemmeno Caronte, che pure è un dio così grande al seguito di Dite, fa niente per niente, e i poveri quando muoiono devono comunque procurarsi il viatico per il viaggio, perché se per caso si presentano senza il denaro necessario per la traversata non possono neanche spirare in santa pace. A quel sudicio vecchio consegnerai come prezzo del nolo una delle monetine che avrai con te, ma bada che sia proprio lui, con le sue stesse mani, a sfilartela di bocca. Poi, mentre starai attraversando le pigre correnti, vedrai galleggiare in superficie un vecchio morto

che tenderà le putride mani verso di te pregandoti di tirarlo in barca; ma tu non lasciarti commuovere, ché la pietà laggiù è bandita.

19. «Passato il fiume, poco più avanti incontrerai alcune vecchie tessitrici che lavorano al telaio: ti supplicheranno di aiutarle, anche solo un pochino; ma tu non toccare quella tela, neanche questo ti è permesso. Infatti queste e molte altre cose sono solo un tranello di Venere per farti cadere dalle mani uno dei due tozzi di pane. Non pensare che quest'affare della focaccia d'orzo sia una cosa da niente, un danno di poco conto: se ne perdi una, ti sarà negata per sempre la luce del sole. C'è infatti un enorme cane a tre teste, tutte belle grosse, un cane gigantesco e spaventoso che con le sue fauci tonanti abbaia contro i morti riempiendoli di terrore vano, anche se ormai non può fargli alcun male: sta sempre di guardia davanti alla soglia e ai tetri atri di Proserpina e non fa entrare nessuno nella casa di Dite. Ma tu rabboniscilo lanciandogli una delle focacce: così potrai passare oltre senza alcuna difficoltà e raggiungere subito la padrona di casa, Proserpina, che ti accoglierà con cortesia e benevolenza e ti inviterà a sederti su morbidi cuscini e a consumare un lauto pranzo. Ma tu mettiti seduta a terra e da mangiare chiedi un pezzo di pane nero; poi spiegale perché sei lì, prendi ciò che ti darà e torna indietro: placa la ferocia del cane con l'altra focaccia, poi dai all'avido nocchiero la monetina che ti sei tenuta da parte e, varcato il suo fiume, ripercorri le orme del viaggio di andata e finalmente tornerai a rimirare la schiera delle stelle celesti. Ma c'è una cosa che vorrei raccomandarti più di tutte le altre: che non ti salti in mente di aprire o di sbirciare dentro quel cofanetto – il tesoro della bellezza divina che vi è racchiuso non è affar tuo».

20. Con queste parole la torre preveggente concluse la

sua opera divinatoria. Senza un attimo di indugio, Psiche si avvia verso il Tenaro, si procura monete e focaccine come le era stato consigliato e si cala dentro il cunicolo che porta agli inferi. Supera senza dire una parola l'asinaio storpio, consegna al traghettatore la monetina per passare il fiume, ignora le suppliche del morto che galleggia sull'acqua, disdegna le subdole preghiere delle tessitrici, placa la rabbia tremenda del cane lanciandogli una delle focacce e finalmente arriva al palazzo di Proserpina. Non accetta il morbido sedile né il sontuoso banchetto che le offre la padrona di casa, ma si siede umilmente ai suoi piedi e si accontenta di un po' di pane nero, quindi le riferisce l'ambasciata di Venere. Subito Proserpina riempie in segreto il cofanetto e lo richiude, poi lo riconsegna a Psiche: di nuovo la ragazza spegne i latrati del cane con l'inganno dell'altra focaccia, dà al nocchiero la seconda monetina e torna dagli inferi più viva e vegeta che mai. Ma dopo aver rivisto e benedetto la fulgida luce del sole, per quanto ansiosa di portare a termine l'incarico, viene colta da una temeraria curiosità. «Ma che sciocchina che sono: ho tra le mani la bellezza divina e non dovrei tenerne un pochino per me, così, per piacere di più al mio bell'amante?»

21. E così dicendo apre il cofanetto: dentro non c'era niente, nessuna bellezza, niente di niente, solo il sonno infernale, un sonno stigio che, appena si libera dal coperchio, la assale avvolgendola in una densa nuvola di sopore che s'impadronisce di lei e la fa stramazzare al suolo, lì dove si trovava, in mezzo alla strada. Così giaceva immobile, come un cadavere immerso in un sonno eterno.

Ma la ferita di Cupido era ormai guarita, e il dio, recuperate le forze, non riusciva più a stare lontano dalla sua Psiche, così vola fuori dall'altissima finestra della camera in cui lo tenevano rinchiuso: con le ali rinvigorite da tutto quel riposo vola più veloce che mai e giunge in un lampo dalla sua Psiche; con gran cautela le scrolla di dosso il sonno e lo ripone nel cofanetto che lo conteneva, poi risveglia Psiche con un'innocua punturina della sua freccia. «Poveretta, guarda qua!» le dice. «Per colpa della tua curiosità ci hai quasi rimesso la pelle, proprio come l'altra volta. Ma adesso su, da brava, porta a termine l'incarico che ti ha affidato mia madre; al resto penserò io». Detto ciò, l'innamorato si leva leggero sulle sue ali e Psiche corre a riportare a Venere il dono di Proserpina.

22. Quanto a Cupido, quell'amore smisurato lo stava consumando, e l'improvvisa sobrietà della madre era ormai diventata per lui un vero cruccio, una malattia: decide così di tornare alle vecchie care abitudini e con le ali veloci si spinge fino al culmine del cielo per ingraziarsi il favore del grande Giove e supplicarlo di aderire alla sua causa. Allora Giove prende Cupido per il ganascino e con la mano l'avvicina alla sua bocca e lo bacia, e così gli risponde: «Figlio mio e mio signore, a dire il vero tu non mi hai mai reso gli onori che gli dèi, per concessione unanime, mi hanno decretato, ma questo povero petto, che promulga le leggi degli elementi e regola il moto degli astri, è spesso bersaglio delle tue frecce, e più d'una volta m'hai impegolato in scandali e tresche laggiù sulla terra, e contro ogni legge, persino contro la legge Giulia e contro la morale pubblica hai danneggiato il mio onore e il mio buon nome con ignobili adulteri trasmutando il mio volto sereno nelle forme più immonde – in serpente, in fuoco, in belva feroce, in uccello, in bestiame da gregge; e tuttavia non voglio venir meno alla mia proverbiale clemenza né dimenticarmi che mi sei cresciuto tra le mani, per cui farò tutto quello che vuoi, ma a una condizione: stai atten-

to a chi ti vuole emulare, mi raccomando!, e se per caso sulla terra trovi una ragazza d'impareggiabile bellezza, sappi che me la devi in cambio di questo favore».

23. Dopo queste parole, diede a Mercurio l'ordine di convocare subito l'assemblea generale di tutti gli dèi e di render noto che se qualcuno fosse mancato a quella riunione divina avrebbe dovuto pagare diecimila sesterzi di multa. A questa minaccia il teatro degli dèi si riempie all'istante e Giove, dall'alto del suo trono, inizia il suo discorso:

«Oh dèi coscritti, registrati nell'albo delle Muse, conoscete tutti questo ragazzo che ho tirato su con le mie stesse mani. Ebbene, ho ritenuto di dover porre un freno ai bollenti ardori della sua giovane età. Fra adulteri e porcherie varie, sul suo conto girano ormai voci piuttosto infamanti. Meglio levar di mezzo occasioni e pretesti, e frenare questa sua dissolutezza puerile con i lacci del matrimonio. La ragazza l'ha già scelta, e le ha pure tolto la verginità. Bene, se la tenga pure questa Psiche, la renda sua per sempre e si goda il suo amore e i suoi teneri abbracci».

Poi, rivolto a Venere, aggiunge: «E no, figlia mia, non essere triste e non temere che questo matrimonio con una mortale possa nuocere alla tua illustre discendenza e al tuo rango. Farò in modo che non ci siano disparità in queste nozze, e che tutto si svolga secondo la legge e il diritto civile».

E subito ordina a Mercurio di andare a prendere Psiche e di condurla in cielo. Qui le offre una coppa di ambrosia e le dice: «Bevi, Psiche, e sii immortale. Cupido non potrà mai sciogliere questo vincolo che lo lega a te, e sarete per sempre marito e moglie».

24. Subito dopo viene imbandito un sontuoso pranzo

nuziale. Sul letto d'onore stava disteso lo sposo, con la sua Psiche stretta fra le braccia. E così Giove con la sua Giunone e di seguito, per ordine di importanza, tutti gli altri dèi. Poi veniva versato nelle coppe il nettare, il vino degli dèi: a Giove lo serviva il suo coppiere personale, quel ragazzo di campagna ben noto a tutti, agli altri Libero; Vulcano cucinava il pranzo, le Ore decoravano ogni cosa di rose e altri fiori purpurei, le Grazie spargevano unguenti profumati e le Muse facevano risuonare la sala dei loro canti melodiosi. Cantò anche Apollo, accompagnandosi con la cetra, Venere entrò su quella musica soave danzando in tutto il suo splendore, protagonista di uno spettacolo in cui le Muse cantavano in coro, Saturo suonava la tibia e un panisco si esibiva alla zampogna.

Così Psiche diviene sposa legittima di Cupido; e quando giunge il momento del parto nasce una bambina che noi chiamiamo Voluttà.

JEAN DE LA FONTAINE

AMORE E PSICHE

Quando le città della Grecia erano ancora sottomesse a dei re, ve ne fu uno che, regnando con grande felicità, si vide non solo amato dal suo popolo, ma ricercato da tutti i suoi vicini. Si faceva a gara a guadagnarsi la sua amicizia; si faceva a gara a vivere con lui in perfetto accordo; e questo, perché aveva tre figlie da sposare. Erano tutte e tre più degne di nota per le loro attrattive che per gli Stati del padre. Le due maggiori sarebbero potute passare per le più belle ragazze del mondo, se non avessero avuto una sorella minore; ma davvero quella sorella nuoceva loro assai. Avevano quest'unico difetto, difetto grande a dire la verità, perché Psiche (così si chiamava la loro giovane sorella), Psiche dicevo, possedeva tutte le doti che l'immaginazione può concepire, e quelle a cui l'immaginazione stessa non può giungere. Non mi divertirò a cercare paragoni addirittura tra gli astri per raffigurarvela abbastanza degnamente: era qualcosa di superiore a tutto questo, e che non si può esprimere con i gigli, le rose, l'avorio né il corallo. Era tale insomma che il miglior poeta stenterebbe a farne una simile. Stando così le cose, non c'è da stupirsi che la regina di Citera ne diventasse gelosa. Quella dea temeva, e non senza motivo, di dover rinunciare al dominio della bellezza, e che Psiche la spodestasse: perché, dato che sempre ci si innamora di ciò che è nuovo, tutti correvano verso quella novella Venere. Citerea si vedeva ridotta alle sole isole del suo regno; peraltro buona parte degli Amori, antichi abitanti di quelle isole felici, la lasciavano per mettersi al servizio della sua rivale. L'erba cresceva nei templi che poco prima aveva visto tanto frequentati: non più offerte, non più devoti, non più pellegrinaggi che la onorassero. Insomma la cosa andò tanto oltre che se ne lagnò con suo figlio, e gli fece presente che il disordine sarebbe giunto fino a lui.

Figlio mio, disse, e gli baciò gli occhi,
La figlia di un mortale ambisce al mio potere.
È decisa a cacciarmi dai luoghi
Dove mi è resa obbedienza:
E forse la sua insolenza
Giungerà fino al punto di volermi privare
Del grado che nei cieli credo di meritare.

Pafo è oramai un lungo molesto:
La schiera delle Grazie, delle Risa mi abbandona;
Tutti gli Amori, senza eccezioni,
Servono la sua persona.
Se vuole questa corona,
Dovremo dargliela, da sola a ben guardare
Fa in Grecia in quest'istante la vostra e la mia parte.

Un giorno o l'altro avrà certo in sposo
Il più bello e ben fatto dell'umano lignaggio,
Senza doverlo a voi o ai vostri strali,
Senza rendervene omaggio.
Verrà da quel matrimonio

Un secondo Cupido: con uno dei suoi sguardi
Farà molto di più di voi coi vostri dardi.

State in guardia; badate a pensarci:
Rendetela infelice; che quest'ultima nata
Sia malgrado i suoi di uno straniero
Che non trovi rifugio,
Sia brutto e la maltratti,
La faccia consumare in superflui rimpianti,
Così che né io né voi abbiamo da temerla.

[...]

Tornando a Venere, suo figlio le promise di vendicarla. Avuta questa certezza se ne andò a Citera in abito da trionfatrice.

Non aveva ancora trascorso un mese di soggiorno a Citera, quando Venere seppe che le sorelle della sua nemica erano sposate; che i loro mariti, che erano due re loro vicini, le trattavano con molta dolcezza e molte prove d'affetto, insomma che avevano motivo di credersi felici. Quanto alla minore, non le era rimasto un solo innamorato, lei che ne aveva avuto una schiera tale che se ne conosceva a malapena il numero. Si erano ritirati come per miracolo, sia che fosse la volontà degli dèi, sia per una vendetta personale di Cupido. Si provavano ancora per lei venerazione, rispetto, ammirazione, se volete, ma non si provava più quello che chiamiamo amore: eppure è la vera e propria pietra di paragone da cui si valuta abitualmente il fascino di questo gentil sesso. Quella solitudine di corteggiatori intorno a una persona del merito di Psiche venne considerata un prodigio, e fece temere ai popoli di Grecia che accadesse loro qualcosa di assai sinistro. In effetti, c'era di che stupirsi. In ogni tempo l'impero di

Cupido, così come quello dei flutti, ha subìto dei mutamenti, ma mai ne era avvenuto uno simile: o almeno non se ne trovavano esempi in quei paesi. Se Psiche fosse stata solo bella, non lo si sarebbe trovato così strano, ma, come ho detto, oltre alla bellezza che possedeva in sommo grado di perfezione, non le mancava nessuna delle grazie necessarie per farsi amare: le si trovavano mille motivi d'amore e non un innamorato. Dopo che tutti ebbero ragionato a lungo di quel miracolo, Venere dichiarò che ne era lei la causa; che si era vendicata in quel modo per mezzo di suo figlio; che ai genitori di Psiche non restava che prepararsi ad altre sventure, perché la sua indignazione sarebbe durata quanto la vita, o per lo meno quanto la bellezza della figlia; che avrebbero avuto un bel prostrarsi davanti ai suoi altari, e che i sacrifici che le avrebbero offerto sarebbero stati inutili, a meno di sacrificarle la stessa Psiche. È proprio quello che non si era decisi a fare: al contrario, alcune persone dissero alla bella che la gelosia di Venere era per lei una testimonianza davvero gloriosa, e che non era poi così sventurata se causava l'invidia di una dea, e di una dea come quella.

Psiche avrebbe voluto che quelle galanterie le fossero state dette da un innamorato. Benché la fierezza le impedisse di dimostrare il minimo dispiacere, non smetteva di versare lacrime in segreto. «Che cos'ho fatto al figlio di Venere? diceva spesso tra sé, e cosa gli hanno fatto le mie sorelle, che sono così contente? Hanno avuto innamorati d'avanzo; io, che credevo di essere la più amabile, non ne ho più. A cosa mi serve la mia bellezza? Gli dèi, nel darmela, non mi hanno fatto il gran regalo che ci si immagina; ne restituisco loro la parte migliore, mi lascino almeno un pretendente: non c'è ragazza tanto miserabile da non averne uno; la sola Psiche non può rendere nessuno felice;

i cuori che il caso le ha dato, il suo scarso merito glieli ha fatti perdere. Come potrò mostrarmi dopo questo affronto? Va', Psiche, va' a nasconderti in fondo a qualche deserto: gli dèi non ti hanno fatta perché ti si veda, poiché non ti hanno fatta perché ti si ami».

Mentre lei si lamentava in tal modo, i suoi genitori, dal canto loro, non si affliggevano meno; e, non potendo decidersi a lasciarla senza marito, furono costretti a ricorrere all'oracolo. Ecco la risposta che venne data loro, con la glossa che vi aggiunsero i sacerdoti:

Lo sposo che il Destino serba per vostra figlia
È un mostro crudele che lacera i cuori,
Che turba ogni stato, distrugge ogni famiglia
Si nutre di sospiri e si bagna nel pianto.

All'Universo intero muove guerra,
Corre da un capo all'altro, una fiaccola in mano:
Lo si teme nei cieli e lo si teme in Terra,
Lo Stige non ne arresta il potere sovrano.

È un avvelenatore, incendiario, tiranno,
Che carica di ferri sia giovani che vecchi.
Gli si consegni Psiche; e che pensi a piacergli:
Della Sorte è il decreto, degli dèi e dell'Amore.

Portatela a una rupe, in cima a una montagna,
Nei luoghi dove attende il Mostro che è suo sposo.
Che un funebre apparato fino a lì l'accompagni,
Per voi e per le sorelle infatti sarà morta.

Vi lascio giudicare lo stupore e l'afflizione che questa risposta causò. Abbandonare Psiche ai desideri di un mostro! C'era mai giustizia in questo? Pertanto i genitori della bella si chiesero a lungo se avrebbero obbedito. D'altra parte, il luogo in cui bisognava condurla non era stato specificato dall'oracolo. Di che monte gli dèi intendevano parlare? Era vicino alla Grecia o alla Scizia? Era situato sotto l'Orsa, o nei climi infuocati dell'Africa? (Giacché si dice che in quella terra vi sia ogni sorta di mostri.) Come decidersi a lasciare una bellezza delicata su una rupe, tra montagne e precipizi, alla mercé di quanto c'è di più spaventoso in natura? Infine, come raggiungere quel luogo fatale? È così che quelle buone persone cercavano delle ragioni per tenere con loro la figlia; ma lei stessa fece loro presente la necessità di seguire l'oracolo.

«Devo morire, disse a suo padre, e non è giusto che una semplice mortale, quale sono, sia messa a confronto con la madre di Cupido. Cosa ci guadagnereste a resisterle? La vostra disobbedienza ci attirerebbe un castigo ancora maggiore. Qualunque possa essere il mio destino, avrò motivo di consolarmi quando non sarò più occasione di lacrime per voi. Sbarazzatevi di questa Psiche senza la quale la vostra vecchiaia sarebbe felice: tollerate che il Cielo punisca un'ingrata per cui avete avuto fin troppa tenerezza, e che tanto male vi ricompensa delle inquietudini e dei pensieri che la sua infanzia vi ha dato».

Mentre Psiche parlava in questo modo a suo padre, il vecchio la guardava piangendo, e le rispondeva solo a sospiri. Ma non era nulla in confronto alla disperazione in cui si trovava la madre. Talvolta correva tra i templi tutta scarmigliata; altre volte si lasciava andare in imprecazioni contro Venere; poi, stringendo la figlia tra le braccia, dichiarava di voler morire piuttosto che sopportare che gliela si strappasse per abbandonarla a un mostro. Pure si dovette obbedire: a quei tempi gli oracoli erano padroni di ogni cosa; si correva incontro alla propria sventura, per timore che li si scoprisse mendaci: tale era il potere della superstizione sui primi uomini! La sola difficoltà restava quindi quella di sapere su quale montagna bisognasse condurre Psiche. L'infelice ragazza chiarì anche questo dubbio. «Mi si metta, disse, su un carro, senza cocchiere né guida, e si lascino andare i cavalli secondo il loro estro: la Sorte li guiderà senza fallo verso il luogo comandato».

Non voglio dire che quella bella giovane, che trovava espedienti per ogni cosa, fosse dell'indole di molte ragazze che preferiscono avere un cattivo marito che non averne affatto. C'è motivo di credere che la disperazione, più che altro, le facesse cercare questi accomodamenti.

Comunque sia, ci si decide a partire. Si fa allestire un apparato da cerimonia funebre, per soddisfare l'oracolo in ogni suo punto. Infine si parte; e Psiche si mette in cammino sotto la guida dei genitori. Eccola sopra un carro d'ebano, un'urna accanto a lei, la testa china sulla madre, il padre a piedi di fianco al carro, mentre manda un sospiro ad ogni passo: un gran numero di persone al seguito, vestite a lutto; un gran numero di ministri funebri; un gran numero di sacrificatori muniti di lunghi vasi e di lunghi corni con cui intonavano suoni assai lugubri. I popoli vicini, stupiti dalla novità di un tale apparato, non sapevano cosa congetturare. Quelli sulle cui terre il convoglio passava lo accompagnavano per riguardo fino ai loro confini, cantando inni in lode di Psiche loro giovane dea, e cospargendo di rose la via tutt'intera, benché i maestri di cerimonia gridassero loro che significava far offesa a Venere: che volete! quelle buone persone non potevano soffocare il loro zelo.

Dopo una tappa di parecchi giorni, quando si cominciava a dubitare della veridicità dell'oracolo, ci si stupì che costeggiando una montagna molto alta i cavalli, benché fossero freschi e nutriti da poco, si fermassero bruscamente, e, qualunque cosa si facesse, non volessero andar più in là. Fu allora che si rinnovarono le grida, perché si ritenne che fosse quello il monte che l'oracolo intendeva. Psiche scese dal carro; e, messasi tra i due genitori, seguita dalla schiera, passò attraverso un bosco abbastanza ameno, ma di non grande estensione. Non avevano ancora fatto più di qualche migliaio di passi, sempre in salita, quando si trovarono tra massi abitati da draghi di ogni specie. Ad esclusione di quegli ospiti, il luogo poteva ben dirsi un romitaggio, e il più spaventoso in cui si possa capitare. Non un solo albero, non un ciuffo d'erba, nessun altro riparo oltre a quelle rocce, alcune delle quali avevano degli spuntoni che sporgevano in forma di volta, e che, quasi privi di ogni sostegno, facevano temere ai nostri viandanti che potessero cadere loro addosso. Altre erano scavate in molti punti dal salto dei torrenti; questi servivano da ricovero alle idre, animali quanto mai comuni in quella regione. Rimasero tutti talmente stupiti per l'orrore che, privi della necessità di obbedire alla Sorte, avrebbero fatto ritorno immediatamente. Si dovette dunque raggiungere la sommità, nonostante le reticenze. Più si andava avanti, più la strada era scoscesa. Infine, dopo molte deviazioni, ci si trovò ai piedi di una rupe di enorme grandezza, al culmine della montagna, e dove si ritenne di dover lasciare l'infelice ragazza. [...]

Quello che toccò a Psiche non fu poco. Raffiguratevi una ragazza che sia stata lasciata sola in mezzo a spaventosi luoghi deserti, e durante la notte. Non c'è racconto di apparizioni e di spiriti che non le torni in mente: a malapena osa aprire la bocca per lamentarsi. In questo stato, e quasi morta di apprensione, si sentì trasportare in aria.

Dapprima si diede per persa, e credette che un demone l'avesse trascinata in luoghi da cui mai avrebbe fatto ritorno. Invece era lo Zefiro, che subito la trasse d'affanno, e le comunicò l'ordine che gli era stato dato di trasportarla in quel modo, e di condurla da quello sposo di cui parlava l'oracolo, e di cui era al servizio. Psiche si lasciò blandire dalle parole dello Zefiro, giacché è una divinità delle più gradevoli. Questo ministro, fedele quanto diligente delle volontà del suo signore, la portò in cima alla rupe. Dopo che le ebbe fatto attraversare i cieli con un piacere che avrebbe meglio assaporato in un altro momento, Psiche si trovò nella corte di un superbo palazzo. La nostra eroina, che cominciava ad abituarsi alle avventure straordinarie, ebbe l'ardire di contemplare il palazzo alla luce delle torce che lo circondavano; tutte le finestre ne erano cinte. Il firmamento, che è la dimora degli dèi, non apparve mai altrettanto ben illuminato.

Mentre Psiche osservava quelle meraviglie, un gruppo di Ninfe venne a riceverla fin'oltre la soglia; e, dopo un profondissimo inchino, la più ragguardevole le fece una specie di encomio, che la bella non si aspettava minimamente. Se la cavò comunque abbastanza bene. Per prima cosa domandò il nome di colui a cui un luogo così incantevole apparteneva, e con ogni probabilità chiese di vederlo. Le venne data solo una risposta vaga; poi quelle Ninfe la condussero in un vestibolo da cui si potevano scorgere da un lato le corti, e dall'altro lato i giardini. Psiche lo trovò commisurato alla ricchezza dell'edificio. Dal vestibolo venne fatta passare in una serie di sale che la magnificenza stessa si era presa la briga di decorare, l'ultima delle quali sorpassava sempre la precedente. Infine la bella entrò in una saletta, dove le era stato preparato un bagno. Subito le Ninfe si accinsero a spogliarla e a servirla. Oppose dapprima una certa resistenza, e poi abbandonò loro interamente la propria persona. Uscita dal bagno, venne rivestita con abiti nuziali: vi lascio pensare di quale fatta potessero essere, e se si fossero lesinati i diamanti e le pietre preziose; è pur vero che era opera di fata, che di solito non costa nulla. Non fu poca la gioia di Psiche nel vedersi così elegante e nel guardarsi negli specchi di cui la saletta era piena.

Nel frattempo era stato apparecchiato nella sala più vicina. Venne servita ambrosia in ogni maniera. Quanto al nettare, gli Amori ne furono i coppieri. Psiche mangiò poco. Dopo il pranzo, si sentì una musica di liuti e di voci venire da uno degli angoli del soffitto, senza che si vedessero né cantori né strumenti: una musica dolce e incantevole come se Orfeo e Anfione ne fossero stati gli ispiratori. Tra le arie che vennero cantate, ve ne fu una che piacque particolarmente a Psiche. Ve ne dirò le parole, che ho tradotto nella nostra lingua quanto meglio ho potuto:

L'Universo intero ubbidisce all'Amore;
Bella Psiche consegnategli il cuore.
Ogni altro dio fa a questo dio la corte,
E ha della sua fiamma meno dolce potere.
Dei giovani cuori è il bene supremo:
Amate, amate, tutto il resto è meno.

Privi d'amore tanti stupendi oggetti,
Fregi d'oro, boschi, parchi, fontane,
Non hanno che una pallida avvenenza,
E delle sue pene meno dolce piacere.
Dei giovani cuori è il bene supremo:
Amate, amate, tutto il resto è meno.

Non appena la musica cessò, fu detto a Psiche che era tempo di riposarsi. Fu presa allora da un po' di inquietudine, accompagnata da timore, quale le ragazze provano di solito il giorno delle nozze, senza sapere perché. Comunque la bella fece quello che si voleva. Viene messa a letto, e tutti si ritirano. Un momento dopo, colui che doveva possederla arrivò, e le si avvicinò. Non si è mai venuti a conoscenza di quello che si dissero, e nemmeno di altre circostanze ben più importanti di questa: si è notato soltanto che l'indomani le Ninfe ridevano tra loro, e che Psiche arrossiva vedendole ridere. La bella non se ne dette gran pena, e non parve più triste del solito.

Tornando alla prima notte di nozze, l'unica cosa che la metteva in imbarazzo era che il marito l'avesse lasciata prima di giorno, e le avesse detto che per molti motivi non voleva esserle noto, e che la pregava di rinunciare alla curiosità di vederlo. Fu proprio quello che gliene diede ancor più. «Quali possono essere questi motivi? diceva tra sé la giovane sposa, e perché si nasconde con tanta cura? Di certo l'oracolo ci ha detto il vero, quando l'ha ritratto come qualcosa di veramente terribile; per quanto al tatto e dal suono della voce non mi sia affatto sembrato che si trattasse di un mostro. Tuttavia gli dèi non sono mendaci, bisogna che mio marito abbia qualche difetto particolare: se così fosse, sarei davvero sventurata». Queste riflessioni temperarono per qualche istante la gioia di Psiche. Infine le parve opportuno non pensarci più, e non guastare da sola le dolcezze del suo matrimonio. Non appena lo sposo l'ebbe lasciata, aprì le tende. Cominciava appena a spuntare il giorno. Nell'attesa la nostra eroina si mise a fantasticare sulle sue avventure, in particolare quelle dell'ultima notte. Non erano davvero le più strane a cui fosse andata incontro, però ritornava sempre su quel marito che non voleva esser visto. Psiche si immerse tanto in quelle fantasticherie che finì col dimenticare i suoi dispiaceri passati, gli spaventi dei giorni precedenti, il commiato dei genitori, e i genitori stessi; e in quel mentre si addormentò. Subito il sogno le raffigura il marito con l'aspetto di un giovincello tra i quindici e i sedici anni, bello come l'Amore, e con tutta l'apparenza di un dio. In un trasporto di gioia la bella lo abbraccia: lui vuole sfuggirle, lei grida; ma nessuno accorre al rumore. «Chiunque siate, gli dice, e non potete essere che un dio, siete nelle mie mani, o incantevole sposo, e vi vedrò finché mi parrà». Svegliatasi per l'emozione, le rimase solo il ricordo di una piacevole illusione; e poiché, invece di un giovane marito, la povera Psiche vide in quella stanza solo fregi dorati, che non erano quello che cercava, le sue inquietudini ricominciarono. Il Sonno ebbe ancora una volta pietà di lei; la risprofondò negli incanti dei suoi papaveri: e la bella concluse così la sua prima notte di nozze.

Quando era già tardi, le Ninfe entrarono, e la trovarono ancora profondamente addormentata. Nessuna gliene chiese il motivo, e nemmeno come avesse passato la notte, piuttosto se volesse alzarsi, e in che modo gradisse essere vestita. Così dicendo, le vengono mostrati centinaia di abiti, per lo più assai ricchi. Sceglie il più semplice, si alza, si fa vestire con precipitazione, e dimostra alle Ninfe la sua impazienza di vedere le rarità di quella bella residenza. Viene quindi condotta in ogni stanza: non c'è saletta né salottino che non visiti, e in cui non trovi nuovo motivo di ammirazione. Da lì passa alle terrazze, e da quelle terrazze le Ninfe le fanno notare l'architettura dell'edificio, per quanto una ragazza la possa concepire. Si ricorda di non aver guardato abbastanza certi arazzi. Allora rientra, come una ragazzina che voglia vedere tutto in una sola volta, e che non sappia su cosa soffermarsi. Le Ninfe facevano una certa fatica a seguirla, giacché l'avidità dei suoi occhi la spingeva a correre continuamente di stanza in stanza e a osservare frettolosamente le meraviglie di quel palazzo, dove, per incantesimo profetico, quello che ancora non era e quello che non sarebbe mai stato si incontravano.

Psiche dappertutto vede la sua figura;
Senza contare specchi e acque di cristallo,
Che per quei tratti impressi sembrano anche più belli.

I luoghi in cui la bella sostò più a lungo furono le gallerie. Lì le rarità, i quadri, i busti, non di mano degli Apelle o dei Fidia, ma di mano stessa delle fate, che sono state le maestre di quei grandi uomini, formavano un insieme di oggetti che abbagliava la vista, e che non mancava di piacerle, di incantarla, di provocarle rapimento, estasi; di modo che Psiche, passando da un'estremità all'altra, rimase a lungo immobile, e sembrò la più bella statua di quei luoghi. Dalle gallerie passa di nuovo nelle stanze, per osservarne le ricchezze, i mobili preziosi, gli arazzi di ogni genere, e altri lavori ispirati dalla figlia di Giove.

Sembrava che quel palazzo fosse un tempio, e Psiche la dea a cui era consacrato. Ma per paura che lo stesso oggetto, ripresentandolesi così spesso, le venisse a noia, le fate l'avevano diversificato, sapete infatti che la loro immaginazione è feconda. In una stanza, era rappresentata in guisa di amazzone; in un altra, di Ninfa, di pastorella, di cacciatrice, di greca, di persiana, in mille modi diversi e tanto piacevoli che la bella fu curiosa di provarli, un giorno l'uno, un giorno l'altro, più per divertimento e per gioco che per trarne alcun vantaggio, visto che la sua bellezza bastava a se stessa. Ciò avveniva sempre con grande soddisfazione da parte sua, molte lodi da parte delle Ninfe, un estremo piacere da parte del mostro, ossia del marito, che aveva mille modi per contemplarla senza mostrarsi. Psiche si fece quindi imperatrice, semplice pastorella, quello che le garbò. Questo non senza che le Ninfe le dicessero che era bella con ogni genere d'abito, e che lei stessa se lo dicesse a sua volta. «Ah! se mio marito mi vedesse così agghindata!» esclamava spesso quando si trovava sola. In quel momento il marito la vedeva forse da qualche posto da cui non poteva esser visto; e, oltre al piacere di vederla, aveva quello di apprendere i suoi più riposti pensieri, e di sentirla esprimere un augurio in cui l'amore aveva voce almeno quanto la buona opinione di sé. Insomma, non passò quasi giorno in cui Psiche non cambiasse d'abito.

Psiche all'inizio passeggiava esclusivamente nei giardini, non osando fidarsi dei boschi, benché le si assicurasse che vi avrebbe incontrato solo delle Driadi e nemmeno un Fauno. Col tempo, divenne più ardita. Un giorno in cui la bellezza di un ruscello l'aveva attratta, si lasciò portare insensibilmente dalle sinuosità dell'onda. Dopo molte giravolte, arrivò alla sorgente. Era una grotta abbastanza spaziosa, dove, in una vasca scolpita dalle sole mani della Natura, fluiva lungo un masso un'acqua argentata che, col suo rumore, invitava a un dolce sonno. Psiche non poté trattenersi dall'entrare nella grotta. Mentre ne visitava gli anfratti, la luce, che andava sempre più scemando, venne infine a mancarle tutt'a un tratto. C'era proprio di che aver paura; ma non ne ebbe il tempo. Una voce che le era familiare subito la rassicurò: era quella del suo sposo. Le si avvicinò, la fece sedere su un sedile coperto di muschio, si mise ai suoi piedi; e, dopo averle baciato la mano, le disse sospirando: «È necessario ch'io debba alla bellezza di un ruscello un così piacevole incontro? Perché non all'amore? Ah! Psiche, Psiche, mi è chiaro che questa passione e i vostri giovani anni non intrattengono ancora tra loro alcun rapporto. Se amaste, cerchereste la solitudine e il silenzio con maggior cura di quella con cui ora li evitate. Cerchereste gli antri selvaggi, e avreste ben presto imparato che tra tutti i luoghi in cui si sacrifica al dio degli amanti, quelli che più gli piacciono sono quelli dove si può sacrificargli in segreto: ma voi non amate».

«Cosa volete che ami?» rispose Psiche.

«Un marito, disse, che vi figurerete a modo vostro, e a cui darete il genere di bellezza che vi parrà».

«Sì: ma forse, ribatté la bella, in questo non mi incontrerò con la Natura, giacché vi è molta fantasia. Ho sentito dire che non solo ogni nazione ha i suoi gusti, ma anche ogni persona. Un'amazzone si proporrebbe un marito le cui grazie farebbero tremare, un marito che somiglierebbe a Marte; io me ne proporrei uno simile all'Amore. Una persona malinconica darebbe certo a quel marito un aspetto serio; io che sono allegra gliene darei uno vivace. Insomma, crederei di farvi cosa grata attribuendovi una bellezza delicata, e forse vi farei torto».

«Comunque sia, disse il marito, non avete atteso fin qui per forgiarvi un'immagine del vostro sposo: vi prego di dirmi quale sia».

«Nel mio animo, proseguì la bella, avete un'aria insieme dolce e furba; tutti i lineamenti sottili; l'occhio ridente e assai sveglio; freschezza e giovinezza, non ci si può ingannare su questi due punti: ma non so se siete Etiope o Greco; e quando ben mi sono fatta di voi la migliore idea che mi è possibile, la vostra condizione di mostro viene a guastar tutto. Per questo la cosa migliore e più rapida è, a parer mio, di permettere che io vi veda».

Suo marito le tenne stretta la mano, e le disse con molta dolcezza: «È una cosa che non è possibile, per motivi che non posso nemmeno dirvi». «Allora non posso amarvi», riprese lei piuttosto bruscamente. Ne ebbe rimorso, tanto più che lo aveva detto contro il suo pensiero. Ma che volete! l'errore era fatto. Invano volle porvi rimedio con qualche carezza: suo marito aveva il cuore così stretto che stette abbastanza a lungo senza poter parlare. Ruppe alla fine il silenzio con un sospiro, a cui Psiche rispose non appena lo udì, anche se con una qualche diffidenza. Le parole dell'oracolo le tornavano in mente. In che modo accordarle con quella dolcezza appassionata che il suo sposo le mostrava? Colui che avvelenava, che bruciava, che faceva delle torture i propri giochi, sospirava per una semplice parola! Alla nostra eroina sembrava davvero strano; e, a dir la verità, una tale tenerezza in un mostro era una cosa piuttosto nuova. Dai sospiri giunse alle lacrime, e dalle lacrime ai lamenti. Tutto questo piacque estremamente alla bella; ma, poiché diceva delle cose troppo penose, non poté sopportare che continuasse, e gli mise prima la mano sulla bocca, poi la bocca stessa; e con un bacio, molto meglio di quanto avrebbe fatto con tutte le parole del mondo, gli assicurò che, per quanto invisibile e per quanto mostro pretendesse di essere, lei non mancava di amarlo. Così si svolse l'avventura della grotta. Ne capitarono loro molte altre simili.

La nostra eroina non perse la memoria di quello che le aveva detto il suo sposo. Le sue fantasticherie la conducevano spesso fino ai luoghi più remoti di quella bella residenza, e con tale successo che la notte la sorprendeva prima che avesse potuto raggiungere l'abitazione. Subito il marito veniva da lei su un cocchio circondato di tenebra; e, facendo sedere accanto a sé la nostra giovane sposa, andavano a spasso al suono delle fontane. Vi lascio pensare se le dichiarazioni, i giuramenti, i colloqui pieni di passione, si rinnovassero, e di tanto in tanto anche i baci; non come tra marito e moglie, non c'è nulla di più insipido, ma tra innamorata e innamorato, e, per così dire, tra persone che siano ancora solo alla speranza.

Pure qualcosa mancava alla soddisfazione di Psiche. Capirete che intendo parlare della fantasia del marito, ossia di quell'ostinazione a rimanere invisibile. L'intera posterità se ne è stupita. Perché una decisione così stravagante? Ci possono essere persone brutte che amano mostrarsi: non è raro incontrarne; ma che chi è bello si nasconda, è un fatto prodigioso in natura, e forse era tutto quello che c'era di mostruoso nella persona del nostro sposo. Dopo averne cercato il motivo, ecco cos'ho trovato in un manoscritto di cui ho da poco preso conoscenza.

I nostri amanti conversavano come al loro solito, e la giovane sposa, che non faceva che pensare al modo di vedere suo marito, non perdeva una sola occasione di parlargliene. Da un discorso all'altro, giunsero alle meraviglie di quella residenza. Dopo che la bella ebbe fatto una lunga enumerazione dei piaceri che vi trovava, così diceva, da ogni lato, risultò che a parer suo vi mancava l'elemento principale. Al marito era fin troppo chiaro dove avesse in animo di arrivare; ma, poiché tra innamorati le contese sono talvolta utili a più di una cosa, volle che si spiegasse, e le chiese quale potesse mai essere quell'elemento di così grande importanza, visto che aveva dato ordine alle fate che non mancasse nulla.

«Non so cosa farmene delle fate per questo, ribatté la bella; volete farmi davvero felice? Ve ne indicherò un mezzo rapidissimo: basta che... Ma ve l'ho detto così tante volte inutilmente, che non oserei più dirvelo».

«No, no, riprese il marito, non preoccupatevi di essere

importuna: acconsento che voi mi trattiate come si fa con gli dèi; si compiacciono di farsi chiedere cento volte una stessa cosa: chi vi dice ch'io non sia della loro stessa natura?»

La nostra eroina, incoraggiata da quelle parole, gli rispose: «Poiché me lo permettete, vi dirò francamente che tutti i vostri palazzi, tutti i vostri mobili, tutti i vostri giardini, non possono ripagarmi di un momento della vostra presenza, e voi volete che io ne resti priva del tutto: giacché non posso chiamare presenza un bene a cui gli occhi non hanno alcuna parte».

«Cosa! non sono adesso vicino a voi nel corpo, riprese il marito, e non mi toccate forse?»

«Vi tocco, replicò lei, e sento chiaramente che avete una bocca, un naso, degli occhi, un volto, il tutto proporzionato a dovere, e, secondo quanto immagino, provvisto di lineamenti che non hanno uguale al mondo; ma fintanto che non ne sarò certa, questa presenza nel corpo di cui mi parlate è presenza nello spirito per me».

«Presenza nello spirito!» ribatté lo sposo. Psiche gli impedì di continuare, e gli disse interrompendolo: «Comunicatemi almeno le ragioni che vi rendono così ostinato».

«Non ve le dirò tutte, riprese lo sposo; ma, per accontentarvi in qualche modo, esaminate la cosa da voi, sarete costretta a confessarmi che è conveniente per entrambi rimanere nello stato in cui ci troviamo. Prima di tutto, siate certa che dal momento in cui non avrete più nulla da desiderare, vi annoierete. E come non vi annoiereste? Anche gli dèi si annoiano; sono costretti a trovarsi di tanto in tanto dei motivi di desiderio e di inquietudine, tant'è vero che la completa soddisfazione e il disgusto si tengono per mano! Per quanto mi riguarda, mi dà un piacere estremo il vedervi in pena; tanto più che la vostra immaginazione si forgia unicamente mostri (voglio dire immagini della mia persona) piacevolissimi. E, per dirvi una ragione più precisa, voi non dubitate certo che ci sia in me qualcosa di soprannaturale. Necessariamente sono un dio, o sono un demone, o allora un mago. Se scoprite che sono un demone, mi odierete; e se sono un dio, cesserete di amarmi, o perlomeno non mi amerete più con lo stesso ardore, perché si è ben lungi dall'amare gli dèi con la stessa violenza degli uomini. Quanto al terzo, ci sono dei maghi piacevoli: posso essere di questi; e forse sono tutti e tre insieme. Quindi la cosa migliore per voi è l'incertezza, e che dopo il possesso abbiate ancora motivo di desiderare: è un segreto di cui non ci si era ancora avveduti. Fermiamoci qui, se volete darmi retta: so dei fatti d'amore, e devo saperne».

Psiche si appagò di queste ragioni, o, se non se ne appagò, fece finta di appagarsene. Nel frattempo inventava mille giochi per svagarsi.

Le vennero persino insegnati i segreti della poesia. Quella corruttrice dei cuori riuscì a guastare quello della nostra eroina, e le fece contrarre una malattia che i medici chiamano glucomoria, che le alterò i sensi, e la strappò quasi a se stessa. Parlava, pur essendo sola,

Come fanno gli amanti
Nei versi e nei romanzi;

andava a fantasticare ai bordi delle fontane, a lamentarsi con i sassi, a chieder consiglio agli antri selvaggi: era lì che il marito la aspettava. Non vi fu cosa in natura a cui non parlasse della propria passione. «Ahimè! diceva agli alberi, posso incidere sulla vostra corteccia il mio nome soltanto, perché non so quello della persona che amo».

Dopo gli alberi, si rivolgeva ai ruscelli: questi erano i suoi principali confidenti:

Mostratemi ruscelli, l'oggetto del mio amore;
Guidate a lui i miei passi, voi dalle onde pure.
Rende forse il suo sonno in queste stanze oscure
A voi dolce tributo per il dolce rumore?

Invano per saperlo Psiche vi fa la corte,
Invano viene a voi, a dirvi le sue avventure.
Non osate mostrare quel nemico del giorno,
Che in qualche angolo ride del tormento che porto.

Vola via insieme all'ombra, e mi lascia chiamare.
Ahimè! per caso uso la parola volare:
Perché non so nemmeno tuttora se ha le ali.

Seguo le vostre sponde invano e ovunque cerco:
Perché soltanto gli antri notizie me ne han dato
E quel che più mi è caro ai miei occhi è negato.

Siate pur certi che le pene di cui Psiche parlava avevano i loro piaceri: le attraversava spesso senza accorgersi della durata, non dirò delle ore, ma dei soli; di modo che si può dire che quello che mancava alla sua gioia formasse una parte delle dolcezze che amando assaporava; cento volte felice se avesse seguito i consigli del suo sposo, e avesse capito il vantaggio e il beneficio di non raggiungere la suprema felicità! Perché, non appena ci si arriva, è d'obbligo che si ridiscenda, visto che la Fortuna non è d'indole da lasciar riposare la sua ruota. È donna, e anche Psiche lo era, ovverosia incapace di rimanere in uno stesso stato. La nostra eroina lo fece ben vedere in seguito.

Suo marito, che sentiva avvicinarsi quel fatale momento, non andava più a trovarla con la sua abituale allegria. Ciò fece temere alla giovane sposa qualche raffreddamento. Per accertarsene (giacché vogliamo sapere tutto, persino le cose che ci fanno dispiacere) disse al suo sposo: «Da dove viene la tristezza che noto da qualche tempo in tutti i vostri discorsi? Non vi manca nulla, e sospirate. Cosa fareste allora se foste al mio posto? Non cominciate forse a esser sazio? In verità, lo temo; non che sia diventata meno bella, ma, come dite voi stesso, sono più vostra di quanto ero. Sarebbe possibile, dopo tanti vezzeggiamenti e giuramenti, ch'io avessi perso il vostro amore? Se mi è capitata questa sventura, non voglio più vivere».

Non aveva concluso queste parole, che il mostro mandò un sospiro, sia che fosse stato toccato dalle cose che Psiche aveva detto, sia che avesse un presentimento di quello che doveva accadere. Poi si mise a piangere, ma con molta tenerezza; infine, cedendo al dolore, si lasciò cadere mollemente sul seno della giovane sposa, che, dal canto suo, per unire le proprie lacrime a quelle del marito, chinò dolcemente il capo, di modo che le loro bocche si incontrarono, e i nostri amanti, non avendo il coraggio di separarle, rimasero a lungo senza dir nulla.

Uscendo da quell'estasi, la prima cosa che fece Psiche fu di passare la mano sugli occhi del suo sposo, per sentire se fossero umidi; giacché temeva che fosse una finzione. Avendoli trovati in buono stato e come li voleva, ovverosia bagnati dalle lacrime, riprovò i propri sospetti, e non osò smentire una testimonianza di passione molto più certa di tutte le affermazioni a parole, giuramenti e altro. Ciò le fece attribuire il cattivo umore del marito a qualche difetto di carattere, o allora a cose che non la riguardavano affatto. Quanto a lei, dopo tante prove, la potenza delle sue doti le sembrò troppo consolidata, e il mostro troppo innamorato, per poter temere qualsivoglia cambiamento. Lui, invece, si sarebbe augurato che si preoccupasse, giacché era l'unico modo di renderla assennata, e di mettere un freno alla sua curiosità. Le disse molte cose a questo proposito, per metà seriamente e per metà scherzosamente; a tutte Psiche replicava assai bene; e il marito continuava a inveire contro le donne troppo curiose.

«Come siete strano con la vostra curiosità! gli disse la moglie. Forse che aspirare a vedervi significa offendervi, dal momento che voi stesso dite di essere così piacevole? Ebbene, se cercherò di soddisfarmi, cosa avverrà?»

«Vi lascerò», disse il marito.

«E io vi tratterrò», ribatté la bella.

«E se avessi giurato sullo Stige?» continuò lo sposo.

«E chi è questo Stige? disse la nostra eroina. Volentieri vi chiederei se è più potente di quella che chiamiamo bellezza. Se lo fosse, potreste sopportare che io errassi per l'Universo, e che Psiche si lamentasse di essere stata abbandonata dal marito sotto pretesto di curiosità, e per non mancare di parola allo Stige? Non posso credervi così irragionevole. E lo scandalo, e la vergogna?»

«È chiaro che non mi conoscete, ribatté lo sposo, per invocare lo scandalo e la vergogna: sono cose di cui non mi dò alcuna pena. Quanto ai vostri lamenti, chi vi ascolterà? E cosa direte? Vorrei proprio che uno degli dèi fosse così temerario da accordarvi la sua protezione! Vedete, Psiche, questo non è affatto uno scherzo: vi amo quanto si può amare, ma non consideratemi più vostro amico dal momento in cui mi avrete visto. So che ne parlate solo per scherzo e non con il reale proposito di darmi un simile dispiacere; tuttavia ho motivo di temere che vi venga consigliato di farlo. Non saranno le Ninfe: si guardano bene dal tradirmi, e dal rendervi questo cattivo servizio. La loro qualità di semidee impedisce loro di essere invidiose; inoltre sono tutte in mio potere in base a dei patti troppo particolari. Diffidate dell'esterno. Ci sono già due persone ai piedi di questo monte che vengono a rendervi visita. Voi e io faremmo volentieri a meno di questa prova di benevolenza. Io le caccerei, giacché mi contrariano, se il Destino, che è padrone di ogni cosa, me lo permettesse. Non vi nominerò queste persone. Vi chiamano da ogni lato. Se il Destino dovesse portare le loro voci fino a voi, cosa che non posso impedire, non scendete, lasciatele gridare, e che vengano come potranno».

Detto questo la lasciò, senza volerle dire quali persone fossero, benché la bella promettesse con grandi giuramenti di non andare da loro, e tanto meno di prestar loro fede. Ecco Psiche in un bell'impaccio, come vedete. Due curiosità insieme! C'è donna che vi resisterebbe? Su quest'ultimo punto esaurì tutti i suoi lumi e le sue congetture. «Questa visita mi stupisce, diceva passeggiando un po' in disparte dalle Ninfe. Non saranno forse i miei genitori? Ahimè! mio marito è davvero crudele per rifiutare a due persone che non ce la fanno più la soddisfazione di vedermi. Se quelle buone persone sono ancora in vita, non possono essere molto lontane dalla conclusione del loro corso. Quale consolazione per loro se sapessero come sono provvista di ogni bene, e se, prima di scendere nella tomba, vedessero almeno un saggio delle dolcezze e dei privilegi di cui godo, per portarne con loro qualche ricordo tra i morti! Ma se sono loro, perché mio marito si dà pena? Non mi hanno mai ispirato altro che l'obbedienza. Vedrete che sono le mie sorelle. Non deve preoccuparsi nemmeno di loro. Le poverine hanno come unico pensiero quello di far contenti i loro mariti. O dèi! sarei felice di condurle in tutti i luoghi di questa bella residenza, e soprattutto di mostrar loro la commedia e il mio guardaroba. Devono avere dei figli, se la morte non le ha private, dopo la mia partenza, di quei dolci frutti del matrimonio: come saranno contente di portar loro mille piccoli fronzoli e gioielli di pregio di cui non faccio alcun conto, e che io e le Ninfe calpestiamo, tanto questa abitazione ne è piena!»

Così ragionava Psiche, senza che le fosse possibile formulare alcun giudizio certo su quelle due persone: c'erano persino degli intervalli nei quali credeva che si potesse trattare di qualcuno dei suoi innamorati. Con quest'idea, diceva a voce un po' più bassa: «Non devi allarmartene, incantevole sposo, lasciali venire: te li sacrificherò nel modo più crudele che mai donna abbia escogitato, e tu ne avrai la soddisfazione, fossero anche figli di re».

Queste riflessioni furono interrotte dallo Zefiro, che Psiche vide arrivare a grandi passi e alquanto accaldato. Le si avvicinò con l'abituale rispetto, le disse che le sue sorelle si trovavano ai piedi di quella montagna; che avevano varie volte attraversato il boschetto senza che fosse loro possibile andar oltre, perché i draghi le fermavano con grande spavento; che del resto era pietoso sentirle chiamare; che quasi non avevano più voce, e che le Eco non si occupavano d'altro che di ripetere il nome di Psiche. Il povero Zefiro credeva di far bene: il suo padrone, che aveva vietato alle Ninfe di dare quel funesto annuncio, non si era ricordato di parlargliene. Psiche lo ringraziò amabilmente, come faceva ogni cosa, e gli disse che avrebbe forse avuto bisogno del suo ministero. Non appena si fu ritirato, la bella, mettendo da parte le minacce del suo sposo, non pensò più ad altro che ai mezzi per ottenere da lui che le sue sorelle venissero come lei trasportate in cima a quella rupe. Meditò una concione a questo proposito, non mancò di servirsene, e di scegliere il momento giusto, e di inframmezzare il tutto di carezze: siate certi che non omise nulla di quello che poteva contribuire alla sua rovina. Vorrei ricordarmi delle parole di quella concione; vi trovereste un'eloquenza, non proprio da oratore, e nemmeno da persona che tutta la vita non abbia fatto che ascoltare. La bella fece presente, tra l'altro, che la sua felicità sarebbe stata imperfetta finché fosse rimasta segreta. A che pro tutti quei magnifici abiti? Sapeva benissimo che era in grado di farne a meno; se aveva creduto opportuno di fargliene dono, doveva essere più per sfoggio che per necessità. Perché tutte le rarità di quella residenza, se non le era permesso di farsene onore? Giacché per quanto la riguardava non erano più rarità: lo smalto delle aiuole, quello dei prati, e quello delle pietre preziose cominciavano a essere uguali per lei; la loro differenza dipendeva oramai soltanto dallo sguardo altrui. Non si doveva biasimare un'ambizione di cui trovava esempio in tutto quello che c'è di più grande al mondo. I re si compiacciono di fare sfoggio delle loro ricchezze, e di mostrarsi talvolta in tutto lo splendore e la gloria di cui godono. Persino Giove fa altrettanto. Quanto a lei, ciò le era vietato, benché ne avesse più bisogno di chiunque altro: perché, dopo le parole dell'oracolo, che idea si poteva avere della qualità della sua sorte? Nessun'altra, se non che viveva rinchiusa in qualche tana, dove si nutriva delle prede che il marito le portava, divenuta compagna degli orsi: sempre che quello stesso marito avesse atteso fin lì per divorarla. Che era suo interesse, per il suo stesso onore, distruggere quell'idea, e che lei ne parlava molto più per lui che per sé; benché, a dire il vero, le fosse increscioso passare per oggetto di pietà, dopo essere stata oggetto di invidia. E come poteva sapere che i suoi genitori non ne fossero morti, o non ne sarebbero morti di dolore? Se le sue sorelle la amavano, perché lasciar loro quell'afflizione? E se avevano altri sentimenti, c'era forse modo migliore di punirle che renderle testimoni della sua gloria? È in sostanza quello che disse Psiche.

Il marito le rispose:

«Sono le migliori ragioni del mondo, ma non mi persuaderebbero, se avessi la libertà di resistervi. Siete caduta proprio nei tre difetti che sono soliti nuocere maggiormente alle persone del vostro sesso, la curiosità, la vanità, e il troppo spirito. Non rispondo ai vostri argomenti, sono troppo sottili; e giacché volete la vostra rovina, e anche il Destino la vuole, vi metterò ordine e comanderò allo Zefiro di portarvi le vostre sorelle. Volesse la Sorte che le lasciasse cadere lungo il cammino!»

«No, no, riprese Psiche un po' risentita, poiché la loro visita vi affligge tanto, non datevene più pena: vi amo troppo per volervi costringere a essere compiacente».

«Voi mi amate troppo? ribatté lo sposo; voi, Psiche, mi amate troppo? E come volete che lo creda? Sappiate che i veri innamorati si curano soltanto del loro amore. Che il mondo parli, discuta, creda quel che vorrà; che li si compianga, che li si invidi, è tutto uguale per loro, ovverosia indifferente».

Psiche gli assicurò che quelli erano proprio i suoi sentimenti, ma che bisognava scusare un po' la sua giovinezza, senza parlare dell'affetto che aveva sempre avuto per le sorelle; non che volesse insistere ancora sul permesso di vederle. Mentre diceva di non chiederlo, le sue carezze lo chiedevano, e infine l'ottennero. Lo sposo le disse di disporre a suo piacimento di quelle sorelle tanto amate; che per dargliene agio, sarebbe rimasto qualche giorno senza farle visita. E quando la nostra eroina gli chiese se avrebbe approvato che offrisse loro qualche dono: «Non solo a loro, le disse lo sposo, ma alla loro famiglia, alla loro parentela. Svagatele come vi parrà, date loro diamanti e perle, date loro tutto, poiché tutto vi appartiene. È sufficiente per me che vi asteniate dal crederle». Psiche promise, e non mantenne.

Il mostro partì e lasciò la moglie prima del solito: così che essendoci ancora molta strada da fare prima dell'aurora, la nostra eroina ne compì una parte fantasticando sulla visita che era in procinto di ricevere, l'altra parte dormendo. E al risveglio si stupì molto che le Ninfe conducessero da lei le sorelle. La gioia di Psiche non fu da meno del suo stupore: ne diede mille segni, mille baci, che le sorelle ricevettero come meglio poterono, e con tutta la dissimulazione di cui furono capaci. Di già l'invidia si era impossessata dei cuori di quelle due persone. Come? Le avevano fatte aspettare che Psiche fosse sveglia? Era forse di un altro sangue, aveva più meriti delle sorelle maggiori? La minore una dea, e loro delle misere regine? La più piccola stanza di quel palazzo valeva dieci volte i regni dei loro mariti! Passino ancora le ricchezze, ma la divinità, era troppo. Cosa? Le mortali non erano degne di servirla? Si vedevano una dozzina di Ninfe intorno a una toletta, intorno a uno stivaletto! E che stivaletto! Valeva tutto quello che loro erano costate in abiti dacché erano al mondo. Ecco ciò che si agitava nel cuore di quelle due donne, o per meglio dire di quelle furie: non dovrei più chiamarle altrimenti.

Questo primo incontro si svolse tuttavia in modo conveniente, grazie alla franchezza di Psiche e alla dissimulazione delle sue sorelle. La minore non finì di vestirsi, tale era l'impazienza della bella di mostrare loro la propria beatitudine! Cominciò dal punto più importante, ovverosia dagli abiti, e dall'armamentario che il gentil sesso porta con sé. Era riposto in magazzini di cui si scorgeva a malapena la fine; sapete che quest'armamentario è cosa infinita. Là si trovava in abbondanza quello che contribuisce non solo al decoro, ma anche alla raffinatezza: tenute da giorno e da notte, bacili e vasche d'oro cesellato, strumenti del lusso, laboratori – non per i belletti: a cosa sarebbero serviti a Psiche? e poi l'uso ne era allora sconosciuto. L'artificio e la menzogna non regnavano ancora come fanno in questo secolo. Non si erano ancora viste donne come quelle che hanno trovato il segreto per diventare vecchie a vent'anni e apparire giovani a sessanta, e che mediante tre o quattro scatole, una di salute, l'altra di freschezza, e la terza di vermiglio, fanno sopravvivere il loro fascino come possono. Di certo l'Amore è loro obbligato del daffare che si danno. I laboratori in questione servivano quindi solo per i profumi: ce n'erano in acqua, in essenze, in polveri, in pastiglie, e di mille specie di cui non so i nomi, e che non ne ebbero forse mai. Se tutto l'impero di Flora, le due Arabie, e i luoghi da cui nasce il balsamo venissero distillati, non se ne farebbe un assortimento di odori come quello. In un altro punto si trovavano pile di gioielli, ornamenti e catene di pietre preziose, braccialetti, collane, e altri congegni che si fabbricano a Citera. Vennero svolti i fili di perle; vennero spiegati gli abiti tempestati di diamanti; c'era di che armare di tutto punto un milione di belle. Non che Psiche non potesse fare a meno di quelle cose, come ho già detto; non era di quelle conquistatrici a cui è necessario un po' di aiuto: ma, per il prestigio e per la forma, suo marito voleva così.

Le sorelle sospiravano alla vista di quegli oggetti: ognuno era un serpente che rodeva loro l'anima. Appena uscite da quell'arsenale, furono condotte nelle stanze, poi nei giardini, e dovunque inghiottivano nuovo veleno. Una delle cose che causò loro maggior dispetto fu che in loro presenza la nostra eroina ordinasse agli Zefiri di raddoppiare la frescura abituale di quel sito, di penetrare fino in fondo ai boschi, di avvertire gli usignuoli che si tenessero pronti, e che le sue sorelle sarebbero andate a passeggiare verso sera nel tal luogo. «Le manca solo, si dissero all'orecchio le sorelle, di comandare le stagioni e gli elementi».

Nel frattempo le Ninfe non erano inutili; preparavano gli altri piaceri, ognuna secondo le sue mansioni: chi le merende, chi la sinfonia, chi ancora i divertimenti teatrali. Piacque a Psiche che queste mettessero in commedia la sua avventura. Vi si rappresentarono i più considerevoli tra i suoi innamorati, ad eccezione del marito, che non apparve in scena: le Ninfe erano troppo accorte per renderlo noto. Ma, giacché era necessaria una conclusione all'opera, e che quella conclusione poteva essere solo un matrimonio, si fece sposare la bella per rappresentanza, e i rappresentanti furono i Giochi e le Risa: ma non venne nominato il marito.

Fu per le due sorelle il primo motivo di dubitare del fascino di quello sposo. Si erano malignamente informate delle sue qualità, immaginando che si dovesse trattare di un anziano re che, non potendo di meglio, divertiva la moglie con i gioielli. Ma Psiche ne aveva detto loro meraviglie; che non era più vecchio della più giovane di loro; che aveva l'aspetto di un Marte, eppure molta dolcezza nei modi; i lineamenti del volto piacevoli; galante soprattutto. Avrebbero giudicato loro stesse; non in questo viaggio: era assente; gli affari del suo Stato lo trattenevano in una provincia di cui aveva dimenticato il nome. Per il resto, che si guardassero bene dall'interpretare l'oracolo alla lettera: quelle qualità di incendiario e di avvelenatore erano soltanto un enigma che avrebbe spiegato loro un giorno o l'altro, quando gli affari dello sposo glielo avrebbero permesso. Le due sorelle ascoltavano queste cose con una rabbia che arrivava fino alla disperazione. Tuttavia dovettero trattenersi, per il loro onore, e anche per conservare un certo credito nell'animo della minore: le loro intenzioni lo rendevano necessario. Le maledette donne si erano proposte di tentare ogni mezzo per indurre la sorella a perdersi, sia dandole delle cattive impressioni del marito, sia rinnovando nell'animo di lei il ricordo di uno dei suoi innamorati.

Otto giorni trascorsero in continui divertimenti, sempre mutevoli: le nostre invidiose si guardavano bene dal domandare due volte una stessa cosa; sarebbe stato far piacere alla sorella, che, dal canto suo, le colmava di attenzioni. Meno avevano motivo di annoiarsi, e più si annoiavano. Si sarebbero congedate già dal secondo giorno, non avessero avuto la curiosità di vedere quel marito, che non credevano né così bello né così amabile come Psiche diceva. Molte ragioni le portavano a giudicarlo in questo modo: prima di tutto le parole dell'oracolo; quella presunta assenza che avveniva proprio nel periodo della loro visita; quella provincia di cui Psiche aveva dimenticato il nome; l'impaccio in cui Psiche si trovava parlando del marito: ne parlava solo con esitazione, giacché era di troppo nobile origine e troppo giovane per poter mentire con convinzione. Le sorelle traevano profitto da ogni cosa. L'invidia apriva loro gli occhi: è un demone che non si lascia sfuggire nulla, e che trae conclusioni da ogni cosa, proprio come la gelosia.

Allo scadere degli otto giorni, Psiche congedò le sorelle maggiori con molti doni e preghiere di far ritorno: non le avrebbero più fatte aspettare come avevano fatto; avrebbe cercato di ottenere dal marito che i draghi venissero incatenati; non appena fossero arrivate ai piedi della rupe, sarebbero state trasportate sulla sommità, sia dallo Zefiro in persona, sia dal suo alito: dovevano soltanto abbandonarsi all'aria. I doni che fece loro Psiche furono essenze e pietre preziose, molte rarità per i mariti, ogni sorta di giocattoli per i figli; quanto alle persone a cui la bella doveva i natali, due fiale di un elisir capace di ringiovanire la vecchiaia in persona.

Partite le sorelle e tornato il marito, Psiche gli raccontò tutto quello che era successo, e lo ricevette con tutte le attenzioni che l'assenza è solita generare tra sposi novelli, tanto che il mostro, non trovando diminuito l'amore della moglie né accresciuta la sua curiosità, si mise in animo di temere invano quelle sorelle, e si lasciò persuadere tanto che gradì le loro visite, e contribuì a tutto quello che sua moglie chiese a quel riguardo.

Le sorelle non trovarono conveniente rivelare quelle meraviglie; sarebbe stato contribuire da sole alla gloria della minore. Dissero che il loro viaggio era stato inutile, che non avevano visto Psiche, ma che speravano di vederla per mezzo di un giovanotto chiamato Zefiro, che si aggirava senza sosta intorno alla roccia, e che si sarebbero certo accattivato, se solo avessero voluto prendersene il disturbo.

Quando erano sole, e nessuno poteva sentirle, si lamentavano tra loro della felicità della sorella:

«Se suo marito, diceva l'una, è ben fatto quanto è ricco, nostra sorella può vantarsi che la moglie di Giove non sia felice quanto lei. Perché la sorte le ha dato un tale vantaggio su di noi? Meritavamo forse meno di quella svanitella? E non avevamo forse altrettanta bellezza e maggior spirito di lei?»

«Vorrei che sapeste, diceva l'altra, che genere di marito

ho sposato: ha sempre una dozzina di medici intorno a sé. Non so come non li faccia dormire con lui: perché, di farmi quest'onore, gli capita solo di rado, e per ragioni di Stato; sempre che Esculapio glielo consigli».

«La mia condizione, continuava la prima, è ancora peggiore; giacché non solo mio marito mi priva delle attenzioni che mi sono dovute, ma ne fa partecipi altre persone. Se il vostro sposo ha una dozzina di medici intorno a sé, io posso dire che il mio ha il doppio di amanti, che, grazie a Lucina, hanno tutte il dono della fecondità. La famiglia reale sarà tra breve così ampia che si avrebbe di che fare un'importante colonia».

È così che le nostre invidiose si rinsaldavano nel loro scontento e nel loro proposito.

Non era ancora passato un mese quando proposero un secondo viaggio. I genitori lo approvarono vivamente; i mariti non lo disapprovarono: era tutto tempo passato senza le mogli. Quindi partono, lasciano il seguito all'ingresso del bosco, arrivano ai piedi della rupe senza ostacoli e senza draghi. Lo Zefiro non si mostrò, e non mancò di trasportarle.

La perfida coppia portava con sé
L'invidia miserabile e curiosa
Pallido demone che la felicità
Nutre di fiele e di malinconia.

Ciò non le rese più pesanti; al contrario, dato che la magrezza è inseparabile dall'invidia, il carico divenne ancora minore, e in poche ore si trovarono nel palazzo della sorella. Vennero ricevute talmente bene che il loro dispiacere ne aumentò di metà. Psiche, conversando con loro, non si ricordò in che modo avesse ritratto il marito la prima volta; e, per un difetto di memoria in cui cade abitualmente chi non dice la verità, lo fece più giovane di metà, di una bellezza delicata, e non più un Marte, ma un Adone che avesse appena smesso gli abiti da paggio. Le sorelle, stupite da quelle contraddizioni, non seppero a tutta prima cosa pensarne. Ora sospettavano la sorella di prendersi gioco di loro, ora di mascherare i difetti del marito. Alla fine la rigirarono tanto che la povera sposa confessò la cosa com'era. Subito insinuarono in lei il loro veleno; ma in modo tale che Psiche non poté accorgersene.

«Ogni gentildonna, le dissero, deve accontentarsi del marito che gli dèi le hanno dato, qualunque esso sia, e non spingersi oltre ciò che è gradito a quel marito. Se tuttavia colui che avete sposato fosse un mostro, vi compiangeremmo; tanto più che potreste restarne incinta; e che dispiacere dare alla luce dei figli su cui la luce si posa solo con orrore, e che fanno arrossire voi e la natura!»

«Ahimè! disse la bella con un sospiro, non ci avevo ancora riflettuto».

Le sorelle, dopo aver invocato dei perfidi motivi perché non se ne preoccupasse, si separarono da lei per un po', in modo da lasciar agire il loro veleno.

Quando fu sola, tutti i suoi timori, tutti i suoi sospetti, le tornarono in mente. «Ah! sorelle mie, esclamò, in quale afflizione mi avete messa! Le persone ricche desiderano avere dei figli: io che non sono circondata d'altro che da pietre preziose, devo fare voti opposti. È davvero una grande infelicità possedere tanti tesori e temere la fecondità».

Restò qualche tempo come sepolta in questo pensiero, poi ricominciò con maggiore veemenza di prima. «Cosa? Psiche popolerà di mostri l'Universo intero? Psiche a cui tante volte è stato detto che l'avrebbe popolato di Amori e di Grazie? No, no, morirò piuttosto che espormi più a lungo a un simile rischio. Sia quel che sia, voglio vederci chiaro; e se scopro che mio marito è come temo, si trovi pure moglie; io non vorrei esserlo per un solo istante del più ricco mostro della natura».

Le nostre due furie, che non si erano allontanate tanto da non poter vedere l'effetto del veleno, udirono più che per metà queste parole, e si avvicinarono. Psiche rivelò loro ingenuamente la decisione che aveva preso. Per rafforzare quel sentimento, le due sorelle lo combatterono; e, non contente di combatterlo, fecero inoltre mille scene volte ad accrescere la curiosità e l'inquietudine: si parlavano all'orecchio, alzavano le spalle, lanciavano sguardi impietositi sulla sorella.

La povera sposa non poté resistere a tutto questo. Alla fine le pressò in tal modo, che dopo un numero infinito di precauzioni, le dissero sottovoce: «Acconsentiamo ad avvertirvi che sul far del giorno abbiamo visto un drago nei cieli. Volava con una certa fatica, appoggiato allo Zefiro, che volava a sua volta accanto a lui. Lo Zefiro lo ha sostenuto fino all'ingresso di una spaventosa caverna. Lì il drago lo ha congedato, e si è steso sulla sabbia. Siccome non eravamo lontane, lo abbiamo visto cibarsi di ogni sorta di piccoli animali (sapete che i viali di questo palazzo ne pullulano); dopo questo pasto e avendo mandato un sibilo, si è trascinato sul ventre dentro alla caverna. Noi, che eravamo stupite e tutte tremanti, ci siamo allontanate da quel luogo facendo meno rumore possibile, e abbiamo fatto il giro della rupe, per paura che il drago ci sentisse quando vi avremmo chiamata. Vi abbiamo persino chiamata meno forte di quanto avessimo fatto alla visita precedente. Ai nostri primi accenti, un dolce alito è venuto a trasportarci, senza che lo Zefiro fosse apparso».

Erano tutte menzogne, tuttavia Psiche vi prestò fede: chi è in pena crede volentieri a quello che teme. Da quel momento la nostra eroina cessò di assaporare la propria beatitudine, ed ebbe in mente soltanto un drago immaginario il cui pensiero non la abbandonò più. Era quello, a parer suo, il degno sposo che gli dèi le avevano dato, con cui aveva avuto delle conversazioni tanto toccanti, passato ore tanto piacevoli, assaporato tanto dolci piaceri. Non le sembrava più strano che temesse di esser visto: era giudizioso da parte sua. Tuttavia c'erano dei momenti in cui la nostra eroina dubitava. Le parole dell'oracolo non le sembravano per nulla adeguate al ritratto di quel drago. Ma ecco come conciliava le due cose: «Mio marito è un demone o un mago che diventa ora drago, ora lupo, ora avvelenatore e incendiario, ma sempre mostro. Mi strega lo sguardo, e mi dà ad intendere che sono in un palazzo, servita da Ninfe, circondata di magnificenza, che ascolto musiche, che assisto a commedie; e tutto questo, sogno: non c'è nulla di reale, se non che dormo con un mostro o con una specie di mago; l'uno non è meglio dell'altro».

La disperazione di Psiche andò tanto oltre che le sorelle ebbero ogni motivo di rallegrarsene; cosa che quelle miserabili donne si guardarono bene dal dimostrare. Al contrario, fecero le afflitte: si diedero persino da fare per consolare la minore, ovvero per rattristarla ancor più, e farle vedere che, poiché aveva bisogno di essere consolata, era davvero infelice. La nostra eroina, ingegnosa nel tormentarsi, fece quello che poté per soddisfarle. Le vennero in mente mille idee, e altrettante decisioni diverse, la meno funesta delle quali era quella di affrettare i suoi giorni, senza cercare di vedere il marito. «Me ne andrò, diceva, tra i morti, con la soddisfazione di essermi fatta violenza per compiacerlo». La curiosità tuttavia fu più forte, insieme al dispetto per essere servita ai piaceri di un mostro. Come mostrarsi ora? Bisognava uscire dal mondo, ma bisognava uscirne da una via onorevole: ossia quella di uccidere chi si sarebbe rivelato come colui che aveva abusato della sua bellezza, e di uccidersi poi. Psiche non poté immaginare nulla di più adeguato né di più vantaggioso; quindi non andò oltre. Restavano solo da trovare i mezzi per mettere in atto la cosa; lì stava la difficoltà. Perché, prima di tutto, vedere il marito non era possibile: le fiaccole venivano portate via non appena lei si metteva a letto; ucciderlo, ancora meno: non c'era in quel luogo felice alcun veleno, né pugnale, né altro strumento di vendetta e di disperazione. Le nostre invidiose vi provvidero, e promisero alla povera sposa di portarle quanto prima una lampada e un pugnale: avrebbe nascosto l'uno e l'altra fino all'ora in cui il Sonno prendeva possesso di quel palazzo, e teneva in suo potere il mostro e le Ninfe; giacché quello di dormire bene era uno dei piaceri di quella bella residenza. Con questo proposito, le due sorelle partirono.

Durante la loro assenza Psiche badò bene di affliggersi, e ancor meglio badò di dissimulare la sua afflizione. Tutte le arti di cui le donne sono solite servirsi quando vogliono ingannare i mariti, la bella le impiegò: era tutto un abbraccio e una carezza, continue compiacenze, dichiarazioni e giuramenti di non andare contro la volontà del suo caro sposo; nulla fu omesso, non solo nei riguardi del marito, ma nei riguardi delle Ninfe: le più perspicaci ne furono ingannate. Perché, se si trovava sola, l'inquietudine la riprendeva. Talora faticava a immaginare che un marito che da ogni sorta di indizi aveva motivo di credere giovane e ben fatto, che aveva la pelle morbida e un carattere così dolce, un tono di voce così piacevole, una conversazione così incantevole, che un marito che amava la moglie e la trattava come un'innamorata, che un marito, dicevo, che era servito dalle Ninfe e che portava con sé tutti i piaceri, fosse una qualche specie di mago o di drago. Quella che la bella aveva trovato così deliziosa al tatto, e così degna dei suoi baci, era dunque la pelle di un serpente? Si era mai donna ingannata in tal modo? Altre volte rammentava l'apparato funebre che aveva fatto da cerimonia per le sue nozze, gli orribili ospiti di quella rupe, soprattutto il drago che le sorelle avevano visto, e che, siccome era sostenuto dallo Zefiro, non poteva essere altri che suo marito. Quest'ultimo pensiero aveva sempre la meglio sugli altri, vuoi per una particolare fatalità, vuoi perché era il peggiore, e proprio lì si dirige naturalmente il nostro animo.

In capo a cinque o sei giorni, le due sorelle ritornarono. Si erano abbandonate all'aria come se si fossero volute lasciar cadere. Subito una piacevole brezza le aveva sollevate e portate in cima alla roccia. Psiche domandò loro immediatamente dove fossero la lampada e il pugnale.

«Eccoli dissero: e vi assicuriamo
Del chiarore del lume;
È ottimo il pugnale,
Ben temprato e affilato;
Noi che vi amiamo e nulla trascuriamo
Se è in gioco il vostro bene,
Di avvelenar la lama avemmo cura:
Potete star sicura;
È perso il vostro sposo,
Il Mostro non appena
Dal pugnale sia leso».
Un moto di pietà a queste parole
Toccò il cuore alla bella.

«Disse, vi rendo grazie,
Di tutte queste prove d'amicizia».

Psiche disse queste parole abbastanza freddamente, cosa che fece loro temere che avesse cambiato idea; ma ben presto riconobbero che l'animo della minore era sempre nella stessa disposizione, e che quel sentimento di pietà, che non aveva padroneggiato, era consueto in chi è sul punto di fare del male a qualcuno. Quando le nostre due furie ebbero messo la sorella in procinto di perdersi la lasciarono, e non sostarono a lungo nei dintorni di quella montagna. Il marito giunse verso sera, pieno di una straordinaria malinconia, che doveva essere un presentimento di quanto si preparava contro di lui: ma le carezze della moglie lo rassicurarono. Si coricò dunque, e si abbandonò al sonno non appena coricato. Ecco Psiche in un bell'impaccio. Poiché non si conosce l'importanza di un'azione se non quando si è sul punto di eseguirla, in quel momento considerò la propria con tutte le sue più nefaste conseguenze, e si trovò combattuta tra non so quante passioni opposte quanto violente. Il timore, il dispetto, la pietà, la collera e la disperazione, la curiosità soprattutto, tutto ciò che porta a commettere un misfatto e tutto ciò che ne distoglie, si impadronì del cuore della nostra eroina, e ne fece il teatro di mille diverse agitazioni. Ogni passione la attirava a sé. Tuttavia fu necessario decidersi. Fu in favore della curiosità che la bella si dichiarò: perché, quanto alla collera, le fu impossibile ascoltarla, quando pensò che stava per uccidere suo marito. Non si giunge mai a tali estremi senza grandi scrupoli, e senza dover molto combattere. Che si faccia il broncio come più ci pare, che si litighi, che ci si separi, che ci si dichiari di odiarsi, resta pur sempre un germe d'amore tra due persone che sono state tanto strettamente unite. Queste difficoltà trattennero per qualche tempo la povera sposa. Alla fine le superò, si alzò senza rumore, prese il pugnale e la lampada che aveva nascosto, avanzò più silenziosamente che poté verso la parte del letto dove il mostro si era coricato, portando avanti un piede, poi l'altro, e vegliando a poggiarli con cautela, come se camminasse su punte di diamante. Tratteneva persino il respiro, e temeva quasi che i suoi pensieri la tradissero. Poco ci mancò che pregasse la sua ombra di non far rumore nell'accompagnarla.

A passi tremanti e sospesi
Arriva infine dove riposa
Lo sposo suo con le braccia stese,
Sposo più bello di ogni cosa.
Era infatti l'Amore: il suo fresco incarnato
Col suo splendore, il suo candore
Rende il giglio geloso, vergognosa la rosa.
Ma prima di parlarvi del colore,
Per andare con ordine nel fatto,
Vi dovrei piuttosto aver descritto,
La postura del dio. Il suo collo è inclinato.
È in tal modo che il Sonno nel suo antro è sdraiato;
E non dovevo tacerlo.
Le braccia seminude scoprivano le grazie,
Non di un Ercole o di un Atlante,
Di un Pan, di un Fauno o di un Silvano
Quelle di un'Amazzone ancor meno;
Piuttosto di una Venere a vent'anni.
I suoi capelli sparsi e ondeggianti,
E che le mani della Natura
Hanno arricciato alla ventura,
Quelle di Flora profumato,

Celavano bellezze degne di apprezzamento;
Ancor più facilmente Psiche ne era preda
Perché ad una nascosta ne sospettava cento.
E anella, e boccoli, e nodi
Ricevettero a turno i sospiri di Psiche:
Ognuno ebbe singolo omaggio.
Però qualcosa danneggiò i capelli:
La bellezza di quel viso.
Cosa dirvene? E in che modo
Parlarne con sufficiente dignità?
Supplite voi alla mia impotenza:
In un giorno intero non vi avrei
Ritratto le bellezze di colui
Che delle bellezze ha l'intendenza.
Cosa dire dei tratti che albergano le Risa?
Di quelli che gli Amori tra loro hanno diviso;
Degli occhi, lucenti meraviglie,
Che sono le porte ai desideri?
E poi delle labbra vermiglie,
Che sono le fonti dei piaceri?

Psiche restò come rapita alla vista del suo sposo. Subito fu certa che fosse l'Amore; perché, quale altra divinità le sarebbe parsa tanto gradevole? Tutta la voluttà e il trasporto che la bellezza, la giovinezza, l'incanto divino che comunica a queste cose il dono di piacere, e che una persona fatta per piacere può causare agli occhi e allo spirito, Cupido li fece sentire in quel momento alla nostra eroina. Dormiva proprio come un dio, ovverosia profondamente, mollemente reclinato su un cuscino, un braccio sulla testa, l'altro braccio abbandonato sulla sponda del letto, semicoperto da un velo di garza, come usa fare sua madre, e anche le Ninfe, e talvolta le pastorelle. La gioia di Psiche fu grande, se si deve chiamare gioia quello che è più propriamente estasi: per quanto questa parola sia debole e non esprima nemmeno la più piccola parte del piacere che la bella ne ebbe. Benedisse mille volte il difetto del suo sesso, fu molto soddisfatta di essere curiosa, davvero rattristata di non aver violato fin dal primo giorno i divieti che le erano stati imposti, e i propri giuramenti. Non c'era motivo, a parer suo, che gliene venisse alcun male; al contrario, era un bene, e giustificava le carezze che fin lì aveva creduto di fare a un mostro. La povera donna si pentiva di non avergliene fatte di più: si vergognava del suo poco amore, tutta disposta a riparare quella colpa se il marito lo avesse desiderato e anche nel caso in cui non lo desiderasse.

Le ci volle non poco ritegno per non gettar via e lampada e pugnale e abbandonarsi al proprio trasporto. In verità il pugnale le cadde di mano, ma la lampada no: ne aveva troppo bisogno, e non aveva ancora visto tutto quello che c'era da vedere. Una simile occasione non si presentava tutti i giorni, quindi bisognava servirsene. Così fece, spinta a mettere fine al proprio piacere con il piacere stesso: ora la bocca del marito le chiedeva un bacio, e ora gli occhi; ma il timore di svegliarlo la fermava subito. Stentava a credere a quello che vedeva, si passava la mano sugli occhi, per paura che fosse un sogno e un'illusione; poi ricominciava a osservare il marito. «Dèi immortali! diceva tra sé, è così che sono fatti i mostri? Come è fatto allora quello che chiamiamo Amore? Come sei fortunata, Psiche! Ah! divino sposo, perché mi hai rifiutato così a lungo la conoscenza di questa felicità? Temevi forse che morissi di gioia? Era forse per piacere a tua madre o a qualcuna delle tue innamorate? Perché sei troppo bello per il solo ruolo di marito. Cosa? Volevo ucciderti? Cosa? Mi è venuta quest'idea? Oh dèi! Fremo d'orrore a questo ricordo.

Non bastava, crudele Psiche, esercitare la tua rabbia contro te sola? L'Universo non avrebbe perso nulla; e senza il tuo sposo cosa diverrebbe? Folle che sono! Mio marito è immortale: non dipendeva da me che non lo fosse».

Dopo queste riflessioni, le venne voglia di guardare più da vicino quello che aveva già visto fin troppo. Inclinò un po' lo strumento fatale che le aveva fin lì reso tanto utilmente servizio. Cadde da quello una goccia d'olio ardente sulla coscia del suo sposo. Il dolore svegliò il dio. Vide la povera Psiche che, tutta confusa, teneva la lampada; e, ancor più grande sventura, vide anche il pugnale caduto vicino a lui. Dispensatemi dal raccontarvi il resto: sareste mossi a troppo grande compassione dal racconto che dovrei farvi.

Qui finiscon di Psiche felicità e gloria:
Anche la vostra gioia potrebbe finire qui.
Ma non è a mio talento concludere una storia
Che finisce così.

[...]

LIBRO SECONDO

La criminale Psiche non ebbe il coraggio di dire una sola parola. Poteva gettarsi in ginocchio davanti al marito; poteva raccontargli in che modo fossero andate le cose; e, se non fosse riuscita a giustificare interamente il proprio proposito, ne avrebbe almeno riversato la colpa sulle sorelle. Ad ogni modo poteva chiedere perdono, prostrata ai piedi dell'Amore, baciandoglieli con segni di pentimento, bagnandoli con le sue lacrime. C'era anche un altro partito da prendere; ossia sollevare il pugnale dalla punta, e presentarlo al marito, scoprendosi il seno, e invitandolo a trafiggere un cuore che gli si era rivoltato contro. Lo sgomento e la sua coscienza la privarono dell'uso della parola e di quello dei sensi. Rimase immobile; e, abbassando gli occhi, attese con angoscia mortale il proprio destino. Cupido, esasperato dalla collera, non sentì neppure la metà del dolore che la goccia d'olio gli avrebbe causato in un altro momento. Lanciò alcune occhiate folgoranti sulla sventurata Psiche; poi, senza farle neppure la grazia di rimproverarle il suo crimine, il dio volò via e il palazzo sparì. Non più Ninfe, non più Zefiro: la povera sposa si ritrovò sola sulla rupe, mezza morta, pallida, tremante, e così posseduta dal suo tremendo dolore, che rimase a lungo con gli occhi fissi al suolo priva di coscienza, e senza accorgersi di essere nuda. I suoi abiti di ragazza erano ai suoi piedi: vi posava lo sguardo, e non li scorgeva. Nel frattempo l'Amore era rimasto nell'aria, per vedere a quali estremi la sua sposa potesse ridursi, non volendo che si lasciasse andare ad alcuna violenza contro la sua vita; vuoi che l'ira del dio non avesse interamente estinto in lui la compassione, vuoi che riservasse Psiche a delle lunghe pene, e a qualcosa di più crudele del suicidio. La vide cadere svenuta sulla dura pietra: questo lo toccò, ma non tanto da costringerlo a non ricordare più la colpa della sua sposa.

Psiche ritornò in sé solo molto tempo dopo. Il suo primo pensiero fu di correre verso un precipizio. Lì, osservando gli abissi, la loro profondità, gli spuntoni delle rocce pronte a farla a pezzi, alzando talvolta gli occhi verso la Luna, che la illuminava: «Sorella del Sole, le disse, che l'orrore del crimine non ti impedisca di guardarmi. Sii testimone della disperazione di una sventurata; e fammi la grazia di raccontare a colui che ho offeso le circostanze del mio trapasso, ma non raccontarle alle persone a cui devo la luce. Nel tuo corso tu vedi dei miserabili: dimmi, ce n'è uno la cui sciagura non sia lieve in confronto alla mia? Alte rocce, che or ora servivate da fondamenta a un palazzo di cui ero padrona, chi avrebbe detto che la natura vi avesse fatte per servirmi adesso a uno scopo tanto diverso?»

A queste parole, guardò ancora il precipizio; e al tempo stesso la morte le si mostrò sotto il suo aspetto più orrendo. Molte volte volle lanciarsi, e molte volte un sentimento naturale glielo impedì. «Quale fato è il mio! disse. Ho una certa bellezza, sono giovane; solo un momento fa possedevo il più piacevole degli dèi, e sto per morire! Sto per darmi io stessa la morte! Davvero l'aurora non deve più spuntare per Psiche? Cosa? Questi sono gli ultimi istanti che le Parche mi hanno dato? Se almeno la mia nutrice mi chiudesse gli occhi! Se non fossi privata della sepoltura!»

Queste irresolutezze e questi ritorni verso la vita, che fanno la sofferenza di chi muore, e da cui nemmeno i più disperati sono esenti, alimentarono una lotta crudele nel cuore della nostra eroina. «Dolce luce, esclamò, com'è difficile lasciarti! Ahimè! in quali luoghi andrò quando da sola mi sarò bandita dalla tua presenza? Caritatevoli figlie degl'inferi, aiutatemi a spezzare i lacci che mi legano; venite, venite a raffigurarmi quello che ho perduto».

Si raccolse allora in se stessa, e l'immagine della sua sventura, soffocando infine quel resto d'amore per la vita, l'obbligò a lanciarsi con tale prontezza e violenza, che lo Zefiro, che la osservava e che aveva ordine di trasportarla quando il colmo della disperazione l'avesse condotta a quel punto, non ebbe quasi il tempo di porvi rimedio. Psiche non era più, se avesse aspettato ancora un momento. La trasse dal baratro, facendole prendere nell'aria una strada diversa da quella che aveva scelto, la allontanò da quei luoghi funesti, e andò a posarla con i suoi abiti sulla sponda di un fiume la cui riva, straordinariamente alta e molto scoscesa, poteva passare per un precipizio ancora più orribile del primo. È abitudine degli sventurati interpretare ogni cosa in modo sinistro. Psiche si mise in animo che il suo sposo, esacerbato dal risentimento, l'avesse fatta trasportare sulla sponda di un fiume unicamente perché si annegasse, giacché quel genere di morte era maggiormente in grado di soddisfarlo dell'altro, in quanto era più lento, e di conseguenza più crudele. Poteva anche darsi che quelle rocce non dovessero essere macchiate dal suo sangue. Come poteva sapere che suo marito non le avesse destinate ad un uso affatto opposto? Era forse un ricovero amoroso, dove l'infante di Cipro, temendo la madre, ospitava segretamente le sue innamorate, così come vi aveva ospitato la sposa; giacché il luogo era appartato e inaccessibile: avrebbe quindi commesso un sacrilegio, se avesse fatto servire alla sua disperazione quello che serviva solo ai piaceri. Ecco come ragionava la povera Psiche, ingegnosa nel farsi del male, ma molto distante dall'intenzione che aveva avuto l'Amore, a cui il luogo dove la bella si trovava in quel momento era venuto in mente in modo fortuito, o che l'aveva forse lasciato alla discrezione dello Zefiro. Voleva farla soffrire; tanto lungi era dall'esigere da lei una morte così pronta. Con quest'idea, vietò allo Zefiro di lasciarla (di qualsiasi occasione si trattasse, se anche Flora gli avesse dato appuntamento) fintanto che quella prima violenza fosse divampata. Mi sono cento volte stupito che lo Zefiro non se ne innamorasse. È vero che Flora ha grandi meriti: inoltre calcare le orme di un padrone, e di un padrone come l'Amore, sarebbe stato da parte sua di una perfidia troppo grande, e persino inutile.

Con l'occhio costantemente fisso su Psiche, e vistala guardare il fiume in modo davvero pietoso, sospettò qualche altro pensiero disperato; e, per non venire sorpreso ancora una volta, avvertì subito il dio di quel fiume, che, per un caso fortunato, riuniva la sua corte a due passi da lì, e aveva allora con sé la maggior parte delle sue Ninfe. Quel dio era di temperamento freddo, e non si curava molto di ingraziarsi la bella o suo marito. Tuttavia, il timore che egli ebbe di poter essere diffamato dai poeti se la prima bellezza del mondo, figlia di re, e moglie di un dio, fosse annegata in casa sua, e di poter essere chiamato fratello dello Stige, quel timore, dicevo, lo costrinse a ordinare alle sue Ninfe di raccogliere Psiche, e di portarla verso l'altra riva, che era meno alta e più amena di quella, vicina ad alcune case. Le Ninfe gli obbedirono con molto piacere. Si recarono tutte nel luogo in cui si trovava la bella, e si nascosero sotto la riva. Psiche faceva allora delle riflessioni sulla sua avventura, senza sapere quali congetture fare sulle intenzioni del marito, né a quale morte risolversi. Alla fine, traendo dal cuore un profondo sospiro: «Ebbene! disse, metterò fine alla mia vita fra le acque: vogliano soltanto i Fati che questo supplizio ti sia gradito!» Immediatamente si gettò nel fiume, davvero stupita di scoprirsi subito tra le braccia di Cimodoce e della gentile Nisea. [...] Fu il più felice incontro della terra. Nisea e Cimodoce la tenevano tra le braccia, mentre per l'abbattimento e la stanchezza Psiche lasciava andare la testa languidamente, ora contro l'una, ora contro l'altra, bagnando loro di volta in volta il seno con le sue lacrime. Non appena furono a riva, quelle due Ninfe, che erano state nel novero delle sue favorite (in quanto prudenti e discrete tra tutte le Ninfe del mondo) fecero segno alle loro compagne di ritirarsi; e, senza venir meno al rispetto con cui la servivano nella fortuna, presero i suoi abiti dalle mani dello Zefiro, che si ritirò ugualmente, e chiesero a Psiche se non volesse concedere loro ancora una volta l'onore di vestirla. Psiche per tutta risposta si gettò ai loro piedi, e li baciò. Questa eccessiva mortificazione causò loro molta confusione e pietà. Lo stesso Amore ne fu toccato più che da nessun'altra cosa avvenuta alla nostra eroina dal momento della sua disgrazia. Non l'aveva persa d'occhio, traendo una certa soddisfazione alla vista del male che si faceva, perché poteva avere origine soltanto da un buon principio. Cupido assaporava dai cieli quel crudele piacere. Il battito delle sue ali obbligò Nisea e Cimodoce a girare la testa: scorsero il dio; e, per considerazione almeno quanto per rispetto, ma prima di tutto per far piacere alla bella, si ritirarono a loro volta.

«Ebbene! Psiche, disse l'Amore, cosa dici della tua sorte? È forse impunemente che si cerca di uccidere il padrone degli dèi? Eri impaziente di essere annientata: eccoti accontentata. Sai come sono fatto; mi hai visto: ma a cosa può servirti? Ti avverto che non sei più mia sposa».

Fin lì la povera Psiche l'aveva ascoltato senza alzare lo sguardo: alla parola sposa disse:

«Ahimè! Sono ben lungi dall'assumere questa qualità; non oso nemmeno sperare che mi accettiate come schiava».

«E nemmeno mia schiava, replicò l'Amore, è di mia madre che lo sei; ti dò a lei. E guardati bene dall'attentare alla tua vita; voglio che tu soffra, ma non voglio che tu muoia, te la caveresti troppo rapidamente. Se hai il proposito di farmi cosa grata, vendicami di quei due demoni delle tue sorelle; non dare ascolto né alla considerazione del sangue né alla pietà; sacrificamele. Addio Psiche: la scottatura che mi ha fatto la lampada non mi consente di parlarti più a lungo».

Fu allora che l'afflizione della nostra eroina riprese vigore. «Esecrabile lampada! Maledetta lampada! Scottare un dio così sensibile e così delicato, che non può sopportare alcunché! L'Amore! Piangi, piangi, Psiche; non riposarti né giorno né notte: cerca sui monti e nelle valli un'erba per guarirlo, e portagliela. Se non avesse avuto tanta fretta di dirmi addio, vedrebbe l'estremo dolore che mi causa il suo male, e ne proverebbe sollievo; ma se n'è andato! Se n'è andato senza lasciarmi alcuna speranza di rivederlo!»

Nel frattempo l'aurora venne a illuminare la sciagura della nostra bella, e portò quel giorno grandi novità. Venere, tra l'altro, venne avvisata di quanto era capitato a Psiche; e guardate un po' come le cose coincidono. I medici avevano ordinato a quella dea di fare delle abluzioni per certi vapori che la disturbavano. Faceva il bagno fin dalle primissime luci del giorno, poi si rimetteva a letto. È in quel fiume che faceva di solito le sue abluzioni, a causa della qualità rinfrescante delle sue acque. Credo di avervi anche detto che il dio del fiume ne partecipava un po'. Un'oca ciarliera che era al corrente di queste cose, e che, mentre si trovava nascosta tra i gladioli, aveva visto Psiche giungere a riva, e aveva poi sentito i rimproveri del marito, non mancò di andare a riferire a Venere l'intera avventura punto per punto. Venere non perde tempo; manda i suoi uomini in ogni direzione con l'ordine di condurle viva o morta la sua schiava Psiche. Poco ci mancò che quegli uomini non la trovassero. Non appena lo sposo l'ebbe lasciata, Psiche si vestì, o, per meglio dire, si gettò addosso gli abiti: erano quelli che aveva smesso sposandosi, abiti lugubri e ordinati dall'oracolo, come potete ricordare. In questo stato decise di andare per il mondo, alla ricerca di un'erba per la scottatura del marito, per poi cercare il marito stesso. [...]

Con questo proposito, si rimette in cammino; e quando una persona del suo sesso si trovò a passare (aveva cura di tenersi lontana dagli uomini), la pregò di dirle da che parte si andasse a certi regni, situati in una contrada che si trovava tra tale e tale regione, insomma dove regnavano le sorelle di Psiche. Il nome di Psiche era più noto di quello di quei regni: in tal modo quindi la donna capì cosa le venisse chiesto, e indicò alla nostra pastorella parte della strada che bisognava fare.

Al primo crocicchio che incontrò, i suoi terrori si rinnovarono. Poiché gli uomini inviati da Venere per arrestarla avevano fatto alla regina un pessimo resoconto delle loro ricerche, quella dea non trovò altro espediente che di far ricercare Psiche per pubblica grida. Il banditore degli dèi è Mercurio: è uno dei suoi mille mestieri. Venere lo colse di buon umore, e, dopo essersi lasciata rubare da quel dio due o tre baci e un paio di orecchini, fece con lui un accordo, in base al quale si incaricò di bandire Psiche a tutti i crocevia dell'Universo, e di farvi piantare dei pali sui quali sarebbe stato affisso questo cartello:

Dalla regina di Citera,
Siano avvisati nei due emisferi
Gli umani tutti debitamente
Che ha perso una certa schiava bionda,
Che di suo figlio dice di esser moglie,
E che ora vaga per il mondo.
Chi il suo rifugio a Venere indicherà,
(Giacché è cosa che la tocca)
Avrà tre baci dalla sua bocca;
Qualcosa in più, chi la consegnerà.

La nostra pastorella incappò dunque in uno di quei pali: ce n'erano a tutti i crocicchi un po' frequentati. Dopo sei giorni di fatiche, arrivò nel regno della sorella maggiore. Quella malaugurata donna sapeva già, grazie ai cartelli, ciò che era capitato alla sorella. Quel giorno era uscita per vederne uno. La soddisfazione che ne trasse fu davvero abbastanza grande da meritare che la assaporasse a piacimento. Quindi rimandò in città la maggior parte del suo seguito, e decise di passare la notte in una casa di campagna dove si recava talvolta, situata al di sopra di un prato assai ameno e assai vasto. Lì si espandeva la sua gioia quando la nostra pastorella passò. La maledetta regina aveva voluto che la si lasciasse sola. Due o tre dei suoi servitori e altrettante donne passeggiavano a cinquecento passi da lei, e conversavano forse del loro amore, più interessati a quello che dicevano che a quello che pensava la padrona.

Psiche la riconobbe già a una certa distanza. L'altra era talmente intenta a rallegrarsi del cartello che la sorella si gettò alle sue ginocchia prima che la scorgesse. Che temerarietà per una pastorella! Cogliere di sorpresa Sua Maestà! Strapparla alle sue fantasticherie! Gettarsi alle sue ginocchia senza avvertirla! Bisognava castigare quella spavalda.

«E chi sei, insolente, per osare avvicinarmi in questo modo?»

«Ahimè, Signora, sono vostra sorella, un tempo sposa di Cupido, ora schiava, che non sa quasi cosa fare di sé. La curiosità di vedere mio marito lo ha fatto andare tanto in collera che mi ha scacciata. "Psiche, mi ha detto, non meritate di essere amata da un dio. Procuratevi uno sposo o un innamorato, come riterrete opportuno, perché per tutta la vita sarete estranea al mio cuore. Se lo avessi dato alla vostra sorella maggiore, lo avrebbe conservato, e non sarebbe caduta in errore come avete fatto voi; non sarei malato di una scottatura che mi causa dolori estremi, e da cui per molto tempo non guarirò. Voi avete soltanto bellezza; confesso che ciò fa nascere l'amore; ma, per farlo durare, ci vuole altro; ci vuole quello che ha vostra sorella, spirito, bellezza e accortezza. Vi ho detto le ragioni che impedivano che mi lasciassi vedere: vostra sorella si sarebbe arresa; da parte vostra invece, c'è stata solo leggerezza d'animo, spirito di contraddizione, ostinazione. Non mi stupisco più che mia madre abbia disapprovato il nostro matrimonio: vedeva i vostri difetti; se le propongo di approvare che io sposi vostra sorella, sono certo che lo gradirà. Se vi tenessi in considerazione, avrei cura di punirvi io stesso; lascio la cosa a mia madre: saprà assolvere il compito. Siate sua schiava, poiché non meritate di essere mia sposa. Vi ripudio, e vi dò a lei. Il vostro incarico sarà, se mi dà retta, di badare a una certa specie di oche che fa allevare nella sua fattoria di Amatunte. Andate da lei immediatamente, portatele queste lettere, e passate dal regno di vostra sorella. Le direte che l'amo, e che, se vuole sposarmi, tutti questi tesori sono suoi. Vi ho trattata come una sventata e come una bambina. La tratterò in un altro modo, e le permetterò di vedermi finché vorrà. Basta solo che venga e si abbandoni all'alito dello Zefiro, come ha già fatto: avrò cura che venga trasportata nel mio palazzo. Dimenticate completamente le nostre nozze: non voglio che ve ne resti alcunché, nemmeno l'abito che ora portate; spogliatevene all'istante, eccone un altro". Ho dovuto obbedire. Ecco, Signora, qual è la mia sorte».

La sorella, che già si credeva tra le braccia dell'Amore, allettata da questa testimonianza del proprio merito e da mille altri piacevoli pensieri, non esitò a risolversi in cuor suo a lasciare marito e figli. Pure davanti a Psiche fece le boccucce; e guardando la sorella minore con volto da matrona: «Non vi avevo forse detto anch'io, le rispose, che una donna onesta deve accontentarsi del marito che gli dèi le hanno dato, comunque sia fatto, e non spingersi più in là di quanto quel marito vuole che si spinga? Se mi aveste dato retta, non andreste raminga come fate. Ecco cosa vuol dire una gioventù sconsiderata, che vuole agire di testa propria, e che non dà retta ai consigli. Siete ancora fortunata a esservela cavata a così buon mercato. Avreste meritato che vostro marito vi facesse rinchiudere in una torre. Orbene, non discutiamo più di una colpa passata. Quello che dovete fare è mostrarvi il meno possibile; e, poiché Amore vuole che non vi allontaniate dalle oche, non dovete lasciarle. Vi è persino troppo sfarzo nel vostro abito. Non si sente la criminale abbastanza contrita. Tagliatevi questi capelli, e indossate un sacco; ve ne farò dare uno: lascerete qui questo abbigliamento». Psiche la ringraziò. «Poiché volete sempre, aggiunse la facitrice di rampogne, seguire il vostro estro, vi abbandono, e vi lascio andare dove vi parrà. Quanto alle proposte dell'Amore, faremo ciò che ci parrà opportuno fare». In questa si girò verso i suoi uomini, e lasciò Psiche, che non se ne curava granché e a cui era chiaro che la sorella maggiore aveva abboccato all'amo; perché per poco non si sollevava da terra, impaziente di esser sola per dare libero corso alla sua gioia.

Psiche, difilato, se ne andò a fare la stessa ambasciata all'altra sorella. Questa sorella non aveva più marito. Era andato all'altro mondo a marce forzate, e per una strada più breve di quella che percorre la gente comune: gliela avevano indicata i medici. Benché non fosse passato più di un mese dacché era vedova, la cosa era già visibile; ovverosia la sua persona era in migliori condizioni: voi forse l'intendevate diversamente. Di modo che, per questa secondogenita, più giovane di due anni, sposata più di recente, e meno volte madre dell'altra, riacquistare il proprio fascino non era una faccenda tanto lunga: poteva presentarsi all'Amore molto più in fretta e più audacemente. L'altra doveva fare restauri da ogni parte: si ricorse ai bagni, ai chimici, alle imbellettatrici. Ciò stupì il re suo marito. La civetteria cresceva a vista d'occhio, i civettoni non comparivano. Non c'era ingrediente, né acqua, né essenza, che non si sperimentasse: ma era tutto un mascherare la cosa. Il fascino della povera donna era troppo inoltrato nelle cronache del tempo passato perché lo si potesse richiamare tanto facilmente. Mentre fa i suoi preparativi, la seconda sorella la precede, se ne va diritta a quella montagna di cui abbiamo tanto parlato, arriva sulla sommità senza incontrare alcun drago. Ciò le piacque molto: credette che Amore le risparmiasse quegli spaventi per un particolare privilegio, girò verso il punto in cui lei e la sorella erano solite presentarsi, e, per venire trasportata più facilmente dallo Zefiro, si piantò su una rupe che sovrastava gli abissi di quei luoghi.

«Amore, disse, eccomi giunta: quella sventata della nostra sorella minore mi ha assicurato che volevi sposarmi. Io non aspettavo altro, e immaginavo che l'avresti ripudiata a causa mia; perché è una scervellata. Guarda come ti sono già ubbidiente. Non farò come ha fatto mia sorella Psiche. Lei ha voluto vederti a ogni costo; io voglio tutto ciò che si vuole; che ti mostri, che non ti mostri, mi riterrò felicissima. Se mi accarezzi, vedrai come so risponderti; se non mi accarezzi, il mio defunto marito mi ci ha completamente abituata. Ti farò ridere del suo regime di vita e ti racconterò cento cose divertenti: con me non ti annoierai. Mia sorella Psiche era solo una bambina che non sapeva nulla; io sono uno spirito fatto. Oh dèi! sento già un dolce alito. È quello del tuo servitore Zefiro. Perché non hai mandato lui in persona? Mi avrebbe trasportata più in fretta; sarei più in fretta tra le tue braccia, e saresti più in fretta tra le mie: sostengo che per te sia lo stesso; e, poiché provi amore, devi provare anche impazienza. Addio, miserabili mortali che gli uomini amano; vi piacerebbe essere amate come me da un dio senza peli sulle guance: non è per voi; vi basti invocarmi, e io provvederò alle vostre necessità amorose».

Dicendo queste parole, si abbandonò all'aria come al solito; e, invece di esser trasportata nel palazzo dell'Amore, cadde prima sullo spuntone di un masso, e poi su un altro, di roccia in roccia: ognuno si portò via il suo pezzo; se la rimandavano l'un l'altro come un balocco, cosicché arrivò nel miglior modo del mondo nel regno di Proserpina.

Qualche giorno più tardi la sorella maggiore andò a piantarsi sulla stessa roccia. Questa fece la sua arringa allo Zefiro. «Innamorato di Flora, gli gridò, lascia i tuoi amori, e vieni a portarmi nel palazzo del tuo padrone. Non ferirmi per via; sono delicata. Se infatti vuoi mandarmi solo il tuo alito, basterà; d'altronde non amo essere toccata, soprattutto dagli uomini: per quanto riguarda l'Amore, quanto gli parrà. Bada soprattutto a non rovinarmi l'acconciatura». Dette che ebbe queste parole, trasse uno specchio dalla tasca, e stette per un po' a guardarsi, ravviando un capello qui, poi uno lì, talvolta nulla; non senza inumidirsi le labbra, e con tante moine che se l'Amore fosse stato presente ne avrebbe riso. Ripose lo specchio, accusando, più gradevolmente che poté, lo Zefiro di essere un poltrone, che si curava solo dei suoi amori, e trascurava quelli del suo padrone: faceva per burla, a lasciarla sotto il sole? Proprio mentre concludeva questi rimproveri, un lieve Euro che si era fortuitamente smarrito si trovò a passare a quattro passi da lei: figuratevi la gioia. La nostra presunta fidanzata prende lo slancio; ma, invece di andare a raggiungere l'Amore come pensava, va a raggiungere la sorella, dritta per la strada che l'altra aveva tracciato, senza deviare di un solo passo. Sono le Eco di quelle rocce che ci hanno comunicato la morte delle due sorelle. La raccontarono qualche tempo dopo allo Zefiro. Lui, immediatamente, andò a portare la notizia al figlio di Venere, che gli fece un gran bel regalo.

Psiche nel frattempo continuava a cercare l'Amore, sempre nel suo abito da pastorella. Aveva una tale grazia su di lei che, se la sua nemica l'avesse vista con quell'abito, gliene avrebbe dato uno da dea in cambio. Le afflizioni, le fatiche, il timore, lo scarso riposo e nutrimento, avevano però ridotto le sue doti; tanto che, senza una straordinaria intensità di bellezza, non sarebbe più stata che l'ombra di quell'oggetto che aveva tanto fatto parlare di sé nel mondo. Buon per lei che avesse fascino da mietere per il tempo e per il dolore, e ancora d'avanzo per sé. La cosa più crudele della sua avventura erano i timori che le venivano causati. Ora sentiva dire che Venere la faceva cercare da altri uomini; a volte persino che era caduta nelle mani della sua nemica, che, a forza di tormenti, l'aveva resa irriconoscibile. Un giorno si allarmò tanto che si precipitò in una cappella dedicata a Cerere come in un rifugio che per buona sorte le si offrisse. Quella cappella era vicina a un campo dove era appena stato tagliato il grano. Lì i contadini dei paraggi offrivano tutti gli anni le primizie del loro raccolto. C'era un grande mucchio di mannelli all'ingresso del tempio. La nostra pastorella si prostrò davanti all'immagine della dea; poi le appese al braccio una corona di fiori, che aveva appena colto affrettatamente e senza scegliere. Erano di quei fiori che crescono in mezzo al grano. Psiche aveva sentito dire dai sacrificatori del suo paese che piacevano a Cerere, e che chi volesse ottenere qualche cosa dagli dèi non doveva entrare in casa loro a mani vuote. Dopo la sua offerta, si rimise in ginocchio, e fece così la sua preghiera:

«Divinità più necessaria al mondo, nutrice degli uomini, proteggimi da quella che non ho mai offeso: tollera solo che io mi nasconda per qualche giorno tra i mannelli che sono sulla porta del tuo tempio, e che viva del grano che ne cadrà. Citerea si lamenta del fatto che suo figlio mi abbia voluto bene; ma, visto che non me ne vuole più, non è già una soddisfazione sufficiente per lei, e una sofferenza sufficiente per me? Tanto grande dev'essere la collera degli dèi? Se è vero che la Giustizia si è ritirata tra di loro, devono prendere in considerazione l'innocenza di una persona che ha reso loro obbedienza sposandosi. Ho forse alterato l'oracolo? Mi sono servita di qualche artificio per farmi amare? Cosa posso farci se un dio mi vede? Se mi rinchiudessi in una torre, non mi vedrebbe forse? Ero tanto lungi dal credere che sposandolo avrei fatto dispiacere a sua madre, che credevo di sposare un mostro. Si rivelò che era l'Amore, e che ero piaciuta a quel dio. È dunque un crimine essere gradevole? Ahimè! non lo sono più, e non lo sono mai stata per causa mia. Non si scoprirà che io abbia impiegato né leziosaggini né parole ammaliatrici. Venere ha ancora sullo stomaco la dissennatezza dei mortali che hanno abbandonato il suo culto per onorarmi. Si lamenti dunque dei mortali; ma di me, è un'ingiustizia. Ho detto loro che mi facevano un torto. Se gli uomini sono sconsiderati, ciò non significa che io sia colpevole».

È così che la nostra pastorella si giustificava con Cerere. Vuoi che le dee siano d'intesa, o che questa fosse arrabbiata perché la si era chiamata nutrice, o che il cielo voglia che le nostre preghiere siano davvero delle preghiere, e non delle apologie, quella di Psiche non venne ascoltata affatto. Cerere le gridò dalla volta della cappella di ritirarsi al più presto e di lasciare il cumulo di mannelli come stava; altrimenti Venere ne avrebbe avuto notizia. Perché rompere con una dea sua amica a favore di una mortale? Venere non gliene aveva dato alcun motivo. Si dicesse pure tutto ciò che si voleva sul suo comportamento, era una donna perbene, che le doveva dei favori, in verità, così come a Bacco, ma sapeva riconoscerlo, e lo divulgava ovunque.

Per Psiche fu un grande dispiacere vedersi esclusa da un rifugio dove avrebbe creduto di venire accolta meglio che in nessun altro al mondo. In effetti se Cerere, di natura benefica e che non menava vanto di bellezza, le rifiutava la sua protezione, non c'era motivo che delle dee per quanto poco galanti e d'indole gelosa le accordassero la loro. Interessare gli dèi, significava esporsi a qualcosa di peggio della persecuzione di Venere: bisognava prima sapere che genere di riconoscenza avrebbero preteso dalla bella. La cosa più opportuna restava ancora quella di rivolgersi soltanto alle divinità del suo sesso, sia per impedire la maldicenza che per non dare ombra a suo marito. In questa le venne in mente Giunone. Psiche credette che essendoci una certa emulazione tra Citerea e questa dea, e per il credito e per la bellezza, la regina degli dèi sarebbe stata assai contenta di trovare un'occasione di nuocere alla sua concorrente, secondo gli usi di corte, e il giuramento che le donne fanno venendo al mondo. Non fu difficile per la nostra pastorella trovare Giunone. La gelosa moglie di Giove scende spesso sulla terra, e viene a chiedere ai mortali notizie del marito. Quando Psiche la incontrò, le cantò un inno in cui veniva menzionata solo la potenza di quella dea; così facendo commise un errore: sarebbe stato molto meglio diffondersi sulla sua bellezza; la lode ne è ben più piacevole. È ai re che non si parla d'altro che del loro prestigio: con le regine, bisogna congratularsi d'altro, se si vuole far bene. Così la sposa di Cupido fu respinta ancora una volta. Con la differenza che questa andò un po' peggio della prima. Perché, alle considerazioni di Cerere, Giunone aggiunse che bisognava punire quelle mortali a cui gli dèi fanno la corte, e obbligare i loro civettoni a restare a casa. Cosa venivano a fare in mezzo agli uomini? Come se non ci fossero in cielo bellezze a sufficienza per loro! Non che ne parlasse nel proprio interesse, giacché poco si curava di queste cose, e non temeva nessuno sul versante del fascino. La regina degli dèi non diceva tutto: c'era ancora una ragione più pressante di questa, si potrebbe dire qualche scintilla di quel fuoco di cui si avvertono il meno possibile i vicini. Una donna giudiziosa non deve contrariare il figlio di Venere: può essere certa che un giorno o l'altro non avrà bisogno di lui? Apparentemente l'ira degli dèi contro Psiche durava ancora: dunque la cosa più sicura era non entrare nelle loro controversie.

La nostra pastorella, rigettata da tante parti, non seppe più a chi rivolgersi. Restavano in verità Diana e Pallade; ma, avendo fatto entrambe voto di verginità, non avrebbero gradito le preghiere di una donna e avrebbero creduto di lordarsi le orecchie ascoltandole. Tuttavia, giacché Diana dava degli oracoli, la pastorella credette che almeno quella dea non sarebbe stata tanto scontrosa da rifiutargliene uno, e lei non le avrebbe domandato altro. Venivano dati per giunta in un luogo vicinissimo: non sarebbe stata una grande deviazione. Il luogo si trovava all'ingresso di una foresta estremamente solitaria e adatta alla caccia.

Diana aveva lì un tempio di cui faceva una delle sue dimore di svago. Si facevano all'incirca duemila passi nel bosco; poi si arrivava a una radura che fungeva come da sagrato al tempio. Era piccolo ma di assai bella architettura.

Psiche tuttavia si rinsaldò nei propri propositi. Chiese informazioni sul più vicino tempio di Citerea, decisa, se la dea non vi si fosse trovata, a imbarcarsi e ad andare a Cipro. Le venne detto che a tre o quattro giornate da lì ce n'era uno assai famoso e assai frequentato, che portava l'iscrizione: *Alla Dea delle Grazie.* A quanto pare Venere vi si trovava bene, e vi teneva spesso il proprio tribunale di persona, a giudicare dai miracoli che vi accadevano, e dal grande concorso di persone che vi accorrevano da ogni lato. C'era persino chi si vantava di averla vista parecchie volte. La nostra pastorella si mette in cammino, più felice, le sembrava, di quanto fosse prima dell'oracolo. Perché sapeva almeno quello che voleva fare, sarebbe uscita dall'irresolutezza e dall'incertezza, che sono i peggiori di tutti i mali, e avrebbe potuto vedere l'Amore, dato che non c'era motivo che sua madre venisse così spesso in un luogo senza condurlo con sé. Anche supponendo che la povera sposa avesse questa soddisfazione soltanto in presenza di una suocera che la odiava, e che, lungi dal riconoscerla come nuora, l'avrebbe trattata da schiava, era pur sempre qualcosa: le circostanze sarebbero potute cambiare; la compassione, la vista della bella, la sua umiltà, la sua dolcezza, la poca libertà di conversare con lei, tutto questo sarebbe stato in grado di riaccendere il desiderio del dio. Ad ogni modo lo avrebbe visto, ed era molto: qualsiasi pena le sarebbe stata dolce, se le avesse potuto procurare un quarto d'ora di quel piacere. Così si lusingava Psiche: povera infelice che non immaginava quanto l'odio delle donne sia violento. Ahimè! La bella non sapeva quello che il Destino le preparava. Il cuore tuttavia cominciò a batterle non appena si avvicinò alla regione in cui si trovava il tempio. Molto prima che vi si arrivasse, si respirava un'aria odorosa, sia a causa delle persone che venivano a offrire profumi alla dea, e che erano profumate a loro volta, sia perché la strada era fiancheggiata di aranci, di gelsomini, di mirti, e tutto il paese cosparso di fiori.

Si scorgeva il tempio da lontano, benché fosse situato in una valle; ma quella valle era spaziosa, più lunga che larga, cinta da poggi meravigliosamente ameni. Noleggiavano non so quanti Amori; chi più chi meno, secondo il carico del vascello; ogni Amore aveva il suo cigno, che attaccava alla barca, e, montatovi sopra, lo guidava con un nastro. Seguivano due altre navicelle: una carica di musica, l'altra di gioielli e di arance dolci. Così andava la barca assai allegramente. Da ogni lato del canale si stendevano dei prati verdi come smeraldo fine, e contornati da deliziosi luoghi ombrosi. Non c'erano altre strade: quelle erano talmente frequentate che Psiche ritenne adeguato camminare solo di notte. Sul far del giorno arrivò in un luogo detto le due sepolture. Ve ne dirò il motivo, perché l'origine del tempio ne dipende.

Un re di Lidia, chiamato Filocarete, pregò un tempo i Greci di dargli moglie. Non gli importavano le sue origini, purché vi si trovasse la bellezza: una ragazza è nobile quando è bella. I suoi ambasciatori dicevano che il loro principe era di gusti estremamente raffinati. Gli vennero mandate due giovinette; una si chiamava Mirti, l'altra Megano. Questa era molto alta, di bella figura, i tratti del volto bellissimi, e tanto ben proporzionati da non trovarvi nulla da ridire, l'animo assai dolce; ciò nonostante, spirito, bellezza, figura, la sua persona non toccava affatto, per mancanza di una Venere che desse rilievo a queste cose. Mirti, al contrario, in questo eccelleva. Non aveva una bellezza perfetta come quella di Megano: persino un critico mediocre vi avrebbe trovato materia di esercizio. In compenso, non c'era il più piccolo punto su di lei che non avesse la sua Venere, se non due, oltre a quella che animava l'intero corpo. Quindi il re la preferì a Megano, e volle che la si dicesse Afrodisia, sia a causa di quel fascino, sia perché nel nome Mirti si sentiva la pastorella, o la ninfa tutt'al più, e non era abbastanza sonoro per una regina. La gente di corte, per piacere al principe, chiamò Megano Anafrodite. Questa ne concepì un tale dispiacere che poco tempo dopo morì. Il re la fece seppellire con onore. Afrodisia visse molto a lungo, e sempre felice, giacché possedeva interamente il cuore del marito: gliene vennero offerti molti altri che rifiutò. Poiché le Grazie erano causa della sua felicità, si credette in obbligo di una qualche riconoscenza verso la loro dea, e persuase il marito a farle edificare un tempio, dicendo che si trattava di un voto che aveva fatto. Filocarete approvò la cosa: vi esaurì tutte le sue ricchezze, poi contribuirono i sudditi. La devozione fu tale che le donne acconsentirono che si vendessero le loro collane, e, quando non ne ebbero più, seguirono l'esempio di Rodopea. Mirti ebbe la soddisfazione, prima di morire, di vedere compiersi il suo voto. Ordinò per testamento che le si costruisse una tomba quanto più vicino al tempio si poteva, fuori dal sagrato però, vicino alla strada più frequentata. Lì sarebbero state racchiuse le sue ceneri, e la sua avventura scritta nel punto più in vista. Filocarete, che le sopravvisse, eseguì queste volontà. Fece innalzare alla sua sposa un mausoleo degno di lei e anche di se stesso; perché il suo cuore doveva tenere compagnia a quello di Afrodisia. E, per rendere più celebre il ricordo della cosa, e la gloria di Mirti maggiore, vennero trasportate in quel luogo le ceneri di Megano. Furono messe in una tomba magnifica quasi quanto la prima, sull'altro lato della strada: i due sepolcri si fronteggiavano. Si vedeva Mirti sul suo, circondata di Amori che le adagiavano il corpo e la testa su dei cuscini. Megano, dall'altra parte, la si vedeva sdraiata su un fianco, un braccio sotto la testa, in atto di versare lacrime, nella posizione in cui era morta. Sul bordo del mausoleo nel quale riposava la regina dei Lidi, si leggevano queste parole:

Qui riposa Mirti, che giunse alla regalità grazie al suo fascino, e ne acquistò il nome di Afrodisia.

Su uno dei lati, che guardava la strada, c'erano queste altre parole:

Voi che andate a visitare questo tempio, fermatevi un istante, e ascoltatemi. Da semplice pastorella qual ero nata, mi sono vista regina. Ciò che mi ha procurato questo bene, non è tanto la bellezza quanto le grazie. Sono piaciuta, e tanto basta. È quanto avevo da dirvi. Onorate la mia tomba con qualche fiore; e per ricompensa, voglia la dea delle grazie che piacciate!

Sul bordo dell'altra tomba c'erano queste parole:

Qui si trovano le ceneri di Megano che non riuscì a conquistare il cuore che disputava, benché possedesse una perfetta bellezza.

Sul lato della tomba si trovavano queste altre parole:

Se i re non mi hanno amata, non è ch'io non fossi abbastanza bella per meritare che gli dèi mi amassero; ma non ero, si dice, abbastanza graziosa. È possibile? Sì, è possibile, e al punto che mi si preferì la mia compagna. Ne acquistò il nome di Afrodisia, io quello di Anafrodite. Ne sono morta di dispiacere. Addio, passante; non ti trattengo oltre. Sii più felice di quanto non sia stata io, e non darti la pena di offrire lacrime alla mia memoria. Se non ho fatto la gioia di nessuno, neppure voglio turbare la gioia di nessuno.

Psiche non mancò di piangere. «Megano, disse, non capisco nulla della tua avventura. Ammetto che Mirti avesse delle grazie: non è averne ugualmente l'essere bella come eri tu? Addio Megano: non rifiutare le mie lacrime, sono abituata a versarne». Poi andò a gettare dei fiori sulla tomba di Afrodisia. Compiuta questa cerimonia, il giorno era ormai abbastanza alto perché potesse osservare il tempio a suo piacimento. Era di una squisita architettura, e aveva altrettanta grazia che maestà. L'architetto si era servito dell'ordine ionico a causa della sua eleganza. Ne risultava una Venere quale non saprei ritrarvi. La fronte corrispondeva perfettamente al corpo. Sul timpano del frontone si vedeva la nascita di Citerea raffigurata in altorilievo. La dea era seduta in una conchiglia, nelle condizioni di chi abbia appena fatto il bagno, e stia or ora uscendo dall'acqua. Una delle Grazie le premeva i capelli ancora tutti bagnati; un'altra teneva degli abiti pronti con cui vestirla, non appena la terza avesse finito di asciugarla. La dea guardava il figlio, che già minacciava l'Universo con una delle sue frecce. Due Sirene tiravano la conchiglia; ma, poiché quel congegno era grande, lo Zefiro lo spingeva un po'. Legioni di Giochi e di Risa passeggiavano nei cieli; perché Venere nacque con tutto il suo corteggio, già grande, già formata, già pronta a ricevere amore e a darne. Si vedeva da lontano il popolo di Pafo sulla riva, tendeva le mani, le alzava al cielo, rapito d'ammirazione. Le colonne e la trabeazione erano di un marmo più bianco dell'alabastro. Sul fregio una lapide di marmo nero recava quale iscrizione del tempio: *Alla Dea delle Grazie.* Due putti semisdraiati sull'architrave facevano pendere da due cordoni una medaglia a due teste: erano quelle dei fondatori. Tutt'intorno alla medaglia si vedeva scritto: *Filocarete e Mirti Afrodisia, sua sposa, hanno dedicato questo tempio a Venere.* Sulla base delle due colonne più vicine alla porta, erano incise queste parole: *Opera di Lisimante*, nome dell'architetto, apparentemente.

Prima di entrare nel tempio, vi dirò due parole del sagrato. Consisteva in portici o gallerie basse, e al di sopra degli appartamenti davvero magnifici, stanze dorate, salette e bagni, insomma mille luoghi in cui chi portava denaro trovava come impiegarlo; chi non ne portava, veniva rimandato indietro.

Psiche, vedendo quelle meraviglie, non poté trattenersi dal sospirare: si ricordò del palazzo di cui era stata padrona.

Lungo uno dei lati del santuario era stato innalzato un trono dove Venere, semisdraiata su cuscini odorosi, riceveva, quando veniva in quel tempio, le adorazioni dei mortali, e distribuiva le sue grazie come meglio le pareva. Il tempio veniva aperto di buon mattino, affinché il popolo fosse sfollato quando sarebbero entrate le persone di qualità.

Ciò non servì a nulla quel giorno; perché non appena Psiche apparve, ci si riunì intorno a lei. Si credette che fosse Venere, che per qualche segreto disegno o per rendersi più familiare, forse anche per galanteria, portasse un abito da semplice pastorella. Al rumore di questa meraviglia, i più pigri accorsero senza indugio.

La povera Psiche andò a mettersi in un angolo del tempio, vergognosa e confusa di tanti onori dei quali aveva ogni motivo di temere il seguito, ma senza poter tuttavia fare a meno di compiacersene. Arrossiva a ogni istante, girava talvolta il capo, mostrava di voler fare la sua preghiera: tutto questo invano; fu costretta a dire chi fosse. Alcuni le credettero; altri persistettero nella loro opinione. La folla intorno a lei era talmente grande che, quando Venere arrivò, la dea fece fatica a passare. Era già stata avvertita dell'evento; cosa che la fece accorrere col volto in fiamme, come una Megera, e non più la regina delle Grazie, ma delle Furie. Tuttavia, per paura di una sedizione, si contenne. Dopo che le sue guardie le ebbero fatto largo, andò a prendere posto sul trono, dove ascoltò alcuni supplici con una certa distrazione. La parte migliore degli uomini era rimasta vicino a Psiche insieme alle donne meno graziose, o prive di pretese e prive di interesse. Le altre avevano subito preso partito per la dea, essendo buona politica tra le persone di questo sesso che si sono messe in posizione di vantaggio fare la guerra alle nuove venute, come a chi strappi loro, per così dire, il pane di mano. Non saprei assicurarvi di preciso se abbiano preso quest'usanza dagli scrittori, o se gli scrittori l'abbiano presa da loro.

Poiché la nostra pastorella non osava avvicinarsi, la dea la convocò. Un nugolo di uomini l'accompagnò; e la cosa somigliava più a un trionfo che a un omaggio. La povera Psiche non era affatto colpevole di quegli onori: al contrario, se le avessero dato retta, non l'avrebbero guardata; faceva, da parte sua, tutto quello che una supplice deve fare. La presenza di Venere le aveva fatto dimenticare la sua arringa. È vero che non ne ebbe bisogno, perché, non appena Venere la vide, le diede appena il tempo di prosternarsi: scese dal trono. «Voglio, disse, ascoltarvi in privato. Venite a Pafo; vi farò posto sul mio carro».

Psiche diffidò di questa dolcezza; ma che volete! non era più tempo di pensare; e poi era soprattutto a Pafo che sperava di rivedere il suo sposo. Per timore che potesse fuggire, Venere la fece uscire insieme a lei; [...] la fece effettivamente salire sul suo carro, ma con tre divinità del suo seguito poco graziose: c'è ogni specie di gente a corte. Queste divinità erano la Collera, la Gelosia e l'Invidia: mostri usciti dagli abissi, spietati littori che non andavano mai senza le loro fruste, e la cui sola vista era un supplizio. Venere se ne andò per altra via. Quando Psiche si vide nei cieli, e in tale cattiva compagnia, fu colta da un tremito, le si rizzarono i capelli, la voce le si arrestò in gola. Rimase a lungo senza poter parlare, immobile, mutata in pietra, e più statua che essere davvero animato: la si sarebbe creduta morta, non fosse che per qualche sospiro che le sfuggì. Le diverse pene dei condannati le sfilarono dinanzi agli occhi; la sua immaginazione gliele raffigurò più crudeli ancora di quanto siano: non ce ne fu alcuna che il timore non le facesse patire anticipatamente. Infine, gettandosi ai piedi di quelle tre Furie: «Se qualche pietà, disse, alberga nei vostri cuori, non fatemi languire oltre: ditemi a quale tormento sono condannata. Vi è forse stato dato ordine di gettarmi in mare? Ve ne risparmierò la fatica, se volete, e mi ci scaraventerò io stessa». Le tre figlie dell'Acheronte non le risposero nulla, e si limitarono a guardarla di traverso.

Era ancora ai loro piedi quando il carro atterrò. Posò il suo carico in un luogo deserto, nella corte posteriore di un palazzo che Venere aveva fatto costruire tra due montagne, a metà strada tra Amatunte e Pafo. Quando Citerea era stanca delle brighe di corte, si ritirava in quel luogo con cinque o sei delle sue confidenti. Lì, nessuno andava a trovarla. Dei maldicenti dicono tuttavia che certi amici particolari avessero la chiave del giardino.

Venere era già arrivata quando il carro apparve. I tre satelliti condussero Psiche nella stanza in cui Venere si rimetteva in ordine. Quello stesso timore che aveva fatto dimenticare alla nostra pastorella l'arringa che aveva preparato, gliene rinfrescò la memoria. Benché le grandi passioni turbino lo spirito, non vi è nulla che lo renda più eloquente di loro. La nostra infelice si prosternò a quattro passi dalla dea, e le parlò in questo modo: «Regina degli Amori e delle Grazie, ecco la sventurata schiava che cercate. Come sola ricompensa per avervela consegnata vi chiedo il permesso di guardarvi. Se non è un sacrilegio per una miserabile mortale quale sono portare lo sguardo su Venere, e discutere del fascino di una dea, trovo che la cecità degli uomini sia ben grande per poter stimare in me delle doti mediocri, dopo che sono apparse loro le vostre. Mi sono inutilmente opposta a questa follia: mi hanno reso degli onori che ho rifiutato, e che non meritavo. Vostro figlio si è lasciato influenzare in mio favore dai resoconti favolosi che gli sono stati fatti. I Fati mi hanno data a lui senza chiedermi il mio consenso. In tutto questo ho mancato, poiché mi giudicate colpevole. Avrei dovuto nascondere delle fattezze che erano causa di tanti errori, avrei dovuto sfigurarle: bisognava morire, poiché mi avevate in avversione: non l'ho fatto. Imponetemi delle punizioni quanto più severe vorrete, le soffrirò senza proteste, troppo felice di vedere la vostra divina bocca aprirsi per pronunciare la sentenza del mio destino».

«Sì Psiche, ribatté Venere, vi darò questo piacere. La vostra finta umiltà non mi tocca affatto. Bisognava avere questi sentimenti e dire queste cose prima di essere in mio potere. Quando eravate al riparo dagli attacchi della mia collera, il vostro specchio vi diceva che non c'era nulla da vedere oltre a voi. Ora che mi temete, mi trovate bella. Presto vedremo chi avrà il sopravvento. La mia bellezza non perisce, e la vostra dipende da me: la distruggerò quando mi parrà. Cominciamo da questo corpo di alabastro di cui mio figlio ha vantato le meraviglie, e che chiama il tempio del candore. Prendete le vostre verghe, figlie della Notte, e imporporatemelo tanto che quel candore non trovi neppure un rifugio nel suo stesso tempio».

A quell'ordine così crudele Psiche impallidì, e cadde ai piedi della dea, senza dare alcun segno di vita. Citerea si sentì commossa; ma qualche demone si oppose a quel moto di pietà, e la fece uscire. Non appena fu uscita, i ministri della sua vendetta presero dei rami di mirto; e, tappandosi le orecchie oltre che gli occhi, lacerarono l'abito della nostra pastorella: innocente abito, ahimè! chi ne aveva fatto dono credeva di procurargli una sorte che tutti avrebbero invidiato. Psiche riprese i sensi solo ai primi attacchi del dolore. Il vallone risuonò delle grida che fu costretta a mandare: mai le Eco avevano ripetuto tanto pietosi accenti. Non vi fu un solo punto risparmiato in tutto quel bel corpo, che prima di quegli istanti poteva dirsi in effetti il tempio del candore:

I gigli gli facevano da trono e da cuscino.
Torme intere di Amori, da Psiche di famiglia,
Vennero cacciati da quell'asilo.
Per loro anche piangere fu vano:
Nulla addolcì le tre figlie d'inferno;
I loro cuori furono d'acciaio,
Le loro mani furono di ferro.
Per quanto già soffrisse dovettero le pene

Della bella portare le sorelle inumane
A temere che Cloto arrivasse tra loro.
Ah! troppo spietato Amore!
Dov'eri? di', crudele! di', barbaro!
Sei tu, è il tuo piacere che causò il suo dolore:
Sì, tigre, sei tu il solo che può dirsene autore;
Nulla avrebbe patito senza il tuo strano sdegno.
La voce delle grida sue si è sparsa lontano;
E tu non la sentivi!
Durante i suoi tormenti dormivi, lo scommetto;
Quella tua scottatura non era nulla infatti.
Mille volte di più ne ha sofferto la bella
Senza averlo altrettanto meritato.
Avresti dovuto vedere
Quell'alabastro che si imporporava;
E chiamare una schiera di Risa:
Delle pene di un corpo che avevi idolatrato
Vi sareste insieme divertiti.
Ahimè! Amore, ho torto: hai pianto alla notizia
Del dolore, del tormento di Psiche;
E per la sua bellezza le hai fornito un unguento
Che l'ha fatta guarire in un momento.

Tale fu la prima punizione che Psiche soffrì. Quando Citerea fu di ritorno, la trovò distesa sui tappeti di cui quella stanza era adorna, sul punto di spirare, stremata. La povera Psiche fece uno sforzo per alzarsi, e cercò di contenere i singhiozzi. Citerea le ordinò di baciare le crudeli mani che l'avevano ridotta in quello stato. Obbedì senza indugio, e non diede prova di alcuna riluttanza. E poiché non era intenzione della dea farla morire così presto, la lasciò guarire. Tra le ancelle di Venere ce n'era una che tradiva la padrona, e che andava a riferire all'Amore quale trattamento venisse fatto a Psiche, e quali fatiche le venissero imposte. L'Amore non mancava di provvedere. Quella volta le inviò un balsamo eccellente tramite quella con cui era d'accordo, con l'ordine di non dire da parte di chi, per paura che Psiche potesse credere che suo marito si fosse placato, e ne traesse conseguenze troppo vantaggiose. Il dio non era ancora guarito dalla sua scottatura, e rimaneva a letto. L'opera del suo balsamo irritò Venere, alla cui insaputa la cosa veniva condotta, e che, non sapendo a cosa imputare quel miracolo, risolse di disfarsi di Psiche per altre vie.

Al di sotto di una delle due montagne che nascondevano la casa da destra e da sinistra, si trovava una volta antica quanto l'Universo. Lì sgorgava un'acqua che aveva la proprietà di ringiovanire: è quella che si chiama ancor oggi la Fonte di Giovinezza. Nei primi tempi del mondo tutti i mortali erano liberi di andare ad attingervi. L'abuso che essi fecero di quel tesoro obbligò gli dèi a toglierne loro l'uso. Plutone, principe dei luoghi sotterranei, affidò la guardia di quell'acqua a un drago enorme. Non dormiva, e divorava chi era tanto temerario da avvicinarsi. Alcune donne vi si arrischiarono, preferendo morire piuttosto che prolungare un cammino che non aveva più né giorni felici né innamorati per loro.

Trascorsi cinque o sei giorni, Citerea disse alla sua schiava: «Va' subito alla Fonte di Giovinezza, e portami una brocca d'acqua. Non è per me, come puoi ben credere, ma per due o tre delle mie amiche che ne hanno bisogno. Se tornerai senza portare quell'acqua, ti farò nuovamente soffrire lo stesso supplizio che hai sofferto».

La donna del seguito, di cui ho parlato, che era al soldo di Cupido, andò ad avvertirlo. Questi le ordinò di dire a Psiche che il modo per addormentare il mostro era di cantargli alcune lunghe storie che dapprima gli piacessero, e poi l'annoiassero; e, non appena si fosse addormentato, attingere dell'acqua con risolutezza. Psiche s'incammina dunque con la sua brocca. Nessuno osava avvicinarsi all'antro di più di venti passi. L'orribile custode di quel palazzo occupava la maggior parte del tempo l'ingresso. Aveva la scaltrezza di far scivolare la coda tra le sterpaglie, in modo tale che non la si scorgesse; poi, non appena qualche animale si trovava a passare, fosse un cervo, un cavallo, o un bue, il mostro la ritraeva in multiple volute, e la attorcigliava intorno alle gambe dell'animale con tanta rapidità e forza da farlo crollare, gli si gettava sopra, e poi se ne cibava. Pochi viaggiatori venivano sorpresi: il posto era più noto e più malfamato delle vicinanze di Scilla e Cariddi. Quando Psiche si recò a quella fontana, il mostro se la godeva al sole, che ora dorava le sue scaglie, ora le faceva apparire di mille colori. Psiche, che sapeva quale distanza bisognasse lasciare tra lui e lei (giacché non poteva spingersi molto lontano, poiché la Sorte l'aveva legato con catene di diamante) Psiche, dicevo, non si spaventò granché: era abituata a vedere dei draghi. Nascose quanto meglio poté la brocca:

Drago, drago gentile che le fauci spalanchi,
Mi mandano gli dèi: ti porto in questi luoghi
Il messaggio che presto una bella serpente,
Che sotto il sole muta come te di colore,
Dividerà con te la tua incombenza.
Ti deve annoiare quest'esistenza:
Amore ti darà compagnia.
Drago, drago gentile, cos'altro potrei dirti
Per lusingarti e insieme compiacerti?
Come oro fino riluce la tua groppa;

Hai gli occhi scintillanti come brace;
Tu puoi ringiovanire senza cambiare pelle.
Felice tu che hai vicina a te quest'acqua!
Se ti vuoi arricchire, lascia che la si attinga;
Quale che sia il tributo, ti verrà corrisposto:
So di più d'uno che per questo agio
Si spoglierebbe certo di ogni cosa.

Psiche cantò molte altre cose che non avevano alcun nesso, e che di conseguenza gli uccelli di quei luoghi non poterono tenere a mente, né riferirci. Il drago la ascoltò dapprima con grandissimo piacere. Alla fine cominciò a sbadigliare, e poi si addormentò. Psiche coglie rapida l'occasione: bisognava passare tra il drago e una delle pareti dell'ingresso; c'era a malapena spazio per una persona. Poco ci mancò che la bella, per lo spavento che provò, lasciasse cadere la brocca; cosa che sarebbe stata peggiore della goccia d'olio. Quest'addormentato non era fatto come l'altro: la sua ira e i suoi rimproveri consistevano nel fare a pezzi la gente. La nostra eroina venne a capo della sua impresa con grande fortuna. Riempì la brocca, e se ne tornò trionfante.

Venere sospettò che qualche potenza divina l'avesse assistita. Sapere quale, era il punto. Suo figlio non si muoveva dal letto. Né Giove né alcuno degli dèi avrebbe lasciato Psiche in quella schiavitù; le dee sarebbero state le ultime a soccorrerla. «Non immaginare di essertela cavata, le disse Venere: ti darò delle disposizioni così difficili che finirai col venir meno a qualcuna; e per castigo subirai la morte. Vai a prendermi un po' di lana di quelle pecore che pascolano oltre il fiume; voglio farmene fare un abito». Erano le pecore del Sole; avevano tutte le corna, furiose all'ultimo grado, e rincorrevano i lupi. La loro lana era di un color fuoco così vivo da abbagliare la vista. Pascolavano allora sull'altra riva di un fiume estremamente largo e profondo, che attraversava il vallone a mille passi o poco più dal castello. Per buona sorte della nostra bella, Giunone e Cerere vennero a trovare Venere nel momento in cui aveva appena dato quest'ordine. Le avevano già fatto visita altre due volte da quando il figlio era malato, e avevano anche visto l'Amore. Quest'ultima visita impedì a Venere di badare a quanto sarebbe accaduto, e diede alla nostra eroina un'opportunità di eseguire quella disposizione. Altrimenti sarebbe stato impossibile, non essendoci ponte, né battello, né gondola sul fiume.

La donna del seguito che era d'accordo, disse a Psiche: «Abbiamo qui dei cigni che gli Amori hanno addestrato a farci da gondole: ne prenderò uno; attraverseremo il fiume in questo modo. Devo tenervi compagnia, per il motivo che vi dirò: è che quelle pecore sono custodite da due giovani fanciulli Silvani che cominciano già a correre dietro alle pastorelle e alle Ninfe. Passerò per prima, e distrarrò i due giovani Fauni, che non mancheranno di rincorrermi con la sola intenzione di scherzare, perché mi conoscono, e sanno che appartengo a Venere. Alla peggio me la caverò con due baci; voi nel frattempo passerete».

«Fin qui tutto bene, ribatté Psiche; ma come mi avvicinerò alle pecore? Mi conoscono forse anche loro, sanno che appartengo a Venere?»

«Prenderete la loro lana tra i rovi, replicò la donna; ve ne lasciano quando è matura e comincia a cadere: tutta quella contrada ne è piena».

Proprio come la cosa era stata concertata riuscì. Solo che, invece di due baci, ne costò quattro.

Mentre la nostra pastorella e la sua compagna eseguono la loro impresa, Venere prega le due dee di sondare i sentimenti del figlio. «A sentirlo sembra, disse loro, che sia assai in collera con Psiche; tuttavia non manca di assisterla sottomano; per lo meno c'è motivo di crederlo. Mi siete amiche entrambe, sviatelo da questo amore. Fategli presente il dovere di un figlio. Ditegli che si fa torto. Si aprirà certo più con voi di quanto non farebbe con sua madre».

Giunone e Cerere promisero di adoperarvisi. Andarono a trovare il malato. Questi non le appagò, e nascose loro più che poté il proprio pensiero. Tuttavia, per quanto poterono congetturare, quella passione gli stava ancora a cuore. Si lagnò persino che si pretendesse di guidarlo come un bambino. Lui un bambino! Non si teneva dunque conto che abbatteva gli Ercoli, e che le sue uniche trottole erano stati i loro cuori! «Dopo tutto questo, diceva, mi si terrebbe ancora sotto tutela! Si crederebbe di soddisfarmi con le girandole e le farfalle, io che sono il dispensatore di un bene al cui confronto la gloria e le ricchezze sono balocchi! Trattenere la mia parte di questa felicità è proprio il meno che io possa fare! Non dovrei sposarmi, io che ne ho fatti sposare tanti altri?»

Le dee condivisero i suoi sentimenti, e tornarono a dire a Venere come si fosse svolta la loro ambasceria. «Come amiche vi consigliamo, aggiunsero, di lasciare agire vostro figlio come gli parrà: è ormai in età di governarsi». «Che sposi Ebe, ribatté Venere; che scelga tra le Muse, tra le Grazie, tra le Ore; lo consento». «Scherzate? disse Giunone. Vorreste dare in moglie a vostro figlio una persona del vostro seguito? E per giunta Ebe che ci versa da bere? Per quanto riguarda le Muse, una preziosa non è cosa per l'Amore, lo farebbe irritare. La bellezza delle Ore è assai variabile: non si accontenterà neppure di quella». «Ma insomma, replicò Venere, tutte queste persone sono delle dee, e Psiche una semplice mortale. È un partito davvero vantaggioso per mio figlio la figlia minore di un re i cui Stati sarebbero contenuti nel cortile di questo castello?» «Non disprezzate tanto Psiche, disse Cerere: potreste fare di peggio che prenderla per nuora. La bellezza è rara tra gli dèi; le ricchezze e la potenza non lo sono. Ho molto viaggiato, come sapete, ma non ho mai visto una persona così perfetta». Giunone fu costretta a confessare che aveva ragione; ed entrambe consigliarono Citerea di accasare il figlio. Che piacere sarebbe stato tenere tra le braccia un piccolo Amore che avrebbe somigliato al padre! Venere fu urtata da quell'osservazione: il rossore le salì alla fronte. «Vi si addice più che a me, riprese piuttosto bruscamente. Mi sono guardata per tutta la mattina, ma non mi è affatto sembrato di aver già l'aria di una nonna». Queste parole non rimasero senza risposta; e le tre amiche si separarono litigando.

Una volta che Cerere e Giunone furono salite sui loro carri, Venere andò a fare delle rimostranze al figlio; e guardandolo con aria sprezzante:

«Vi si addice davvero, disse, volervi sposare, voi che cercate soltanto il piacere! Da quando vi è venuta, ditemi, un'idea così giudiziosa? Guardate un po' qui, vi prego, che uomo dabbene e che individuo grave e ritirato! Francamente, vorrei avervi visto padre di famiglia per qualche tempo: come fareste? Pensate, pensate ad assolvere le vostre funzioni, e siate il dio degli innamorati: la qualità di sposo non fa per voi. Siete sovraccarico di faccende da ogni parte: l'impero d'Amore va in decadenza; tutto langue; nulla si conclude: e voi consumate il tempo in inutili proposte di matrimonio! Sono ormai tre mesi che siete a letto, più malato di fantasia che di una scottatura. Certo, siete stato ferito in un'occasione davvero gloriosa per voi! Che onore, quando si dirà che vostra moglie è stata la causa di quest'incidente! Fosse un'innamorata, passi. Cosa! Mi porterete qui una matrona che passerà nove mesi all'anno a lagnarsi di continuo? Io me la porterò al ballo? Sapete cosa vi dico? O rinunciate a Psiche, o non voglio più che passiate per mio figlio. Credete forse che io non possa fare un altro Amore, e che abbia dimenticato in che modo si fanno: voglio che sappiate che ne farò uno quando mi parrà. Sì, ne farò uno, mille volte più grazioso di voi, e metterò nelle sue mani il vostro impero. Mi si diano all'istante quest'arco e queste frecce, e tutto l'armamentario con cui vi ho attrezzato; tanto più che ormai vi è inutile: ve lo restituirò quando metterete giudizio».

L'Amore si mise a piangere; e prendendo le mani della madre, le baciò. Non era ancora parlare come doveva. Citerea fece tutto quello che poté per obbligarlo a dare la sua parola che avrebbe rinunciato a Psiche, cosa che non volle mai fare. Uscì minacciandolo.

Per portare al colmo la collera della dea, Psiche arrivò con un pacchetto di lana pesante quanto lei. Da quel lato le cose si erano svolte con molto successo. Il cigno aveva fatto il suo dovere meravigliosamente bene, e i due Silvani il loro: dovere di correre, e nient'altro; eccetto che danzarono qualche canzone con la donna del seguito, le sottrassero qualche bacio, le diedero qualche ciuffo di timo e di maggiorana, e forse la rovesciarono sull'erba; il tutto con la più grande onestà del mondo. Psiche nel frattempo faceva il suo. Non una delle pecore si allontanò dal gregge per venire verso di lei. I rovi si lasciarono togliere il loro bel vestito senza pungerla una sola volta. Psiche riattraversò per prima.

Al suo ritorno, Citerea le chiese come avesse fatto ad attraversare il fiume. Psiche rispose che non ce n'era stato bisogno, e che il vento aveva mandato dei fiocchi di lana dalla sua parte. «Non credevo, riprese Citerea, che la cosa fosse tanto facile. Mi sono sbagliata nei miei provvedimenti, è chiaro; la notte ci suggerirà qualcosa di meglio».

Il figlio di Venere, che non pensava ad altro che a trarre Psiche da tutti quei pericoli, e che forse aspettava solo la guarigione e il ritorno delle forze per riconciliarsi con lei, aveva prima di tutto richiamato lo Zefiro, e fatto venire nelle vicinanze una fata che faceva parlare i sassi. Nulla le era impossibile: si faceva beffe del destino, aveva a sua disposizione i venti e gli astri, faceva andare il mondo secondo il suo estro. Citerea non sapeva che fosse venuta. Quanto allo Zefiro, lo scorse, e non ebbe alcun dubbio che fosse stato lui ad assistere Psiche. Ma, dopo aver pensato durante la notte a una disposizione che credeva al di fuori di ogni possibilità, disse l'indomani al figlio: «L'agente generale dei vostri affari non è distante da questo castello; gli avete vietato di allontanarsi. Vi sfido tutti, per quanti siate. Sarete sia l'uno che l'altro persone abili se impedirete che la vostra bella soccomba alla disposizione che oggi le darò».

Così dicendo, fece venire Psiche, le comandò di seguirla, e la condusse nel cortile del castello. Lì, sotto una specie di loggia, erano ammucchiati alla rinfusa quattro diversi tipi di grani, che erano stati dati alla dea per il mangime dei suoi piccioni. Non era propriamente un mucchio, ma una montagna. Occupava il magazzino per tutta la larghezza, e toccava il soffitto. Citerea disse a Psiche: «Voglio d'ora in avanti nutrire i miei piccioni solo di miglio o di frumento puro: perciò separa questi quattro tipi di grani; fanne quattro mucchi ai quattro angoli del cumulo, un mucchio per ogni specie. Vado ad Amatunte per certi affari di piacere: tornerò verso sera. Se al mio ritorno non trovo il compito svolto, e se un solo chicco fosse confuso, ti abbandonerò ai ministri della mia vendetta». A queste parole sale sul suo carro, e lascia Psiche disperata. Effettivamente quella disposizione era una fatica non erculea, bensì demoniaca.

Non appena l'Amore lo seppe, mandò ad avvisare la fata, che, con i suoi suffumigi, con i suoi cerchi, con le sue parole, costrinse tutte le formiche del mondo ad accorrere intorno al mucchio, tanto quelle che abitavano alle estremità della terra che quelle delle vicinanze. Ci fu una tale formica che fece quel giorno quattromila leghe. Era un piacere vederne orde e carovane arrivare da ogni lato.

Le formiche fecero ritorno con la stessa rapidità con cui erano venute, e non aspettarono di essere ringraziate. «Vivete felici, disse loro Psiche: vi auguro dei magazzini che non si svuotino mai. Se è un piacere tormentarsi per i beni mondani, tormentatevi, e vivete felici».

Quando Venere fu di ritorno, e scorse i quattro cumuli, il suo stupore non fu poco; la sua collera fu ancora maggiore. Non si osava avvicinarsi a lei, e neppure guardarla. Non ci furono né Amori né Grazie che non fuggissero. «Cosa! disse Citerea tra sé, una schiava mi resisterà? Le fornirò ogni giorno nuova materia di trionfi? E chi avrà più timore di Venere? Chi adorerà la sua potenza? Perché, della bellezza non parlo più; è Psiche ad esserne dea. O Fati, cosa vi ho fatto? Giunone si è vendicata di Io e di molte altre; non c'è donna che non si vendichi: Citerea soltanto si vede privata di questo dolce piacere. E tuttavia devo venirne a capo. Non siete ancora giunta al termine, Psiche; mio figlio vi fa un torto; più si ostina a proteggervi, e più mi ostinerò a perdervi».

Questa decisione non ebbe tutto l'effetto che Venere si era ripromessa. Di lì a due giorni fece chiamare Psiche; e, dissimulando il suo dispetto: «Poiché nulla vi è impossibile, le disse, ve ne andrete nel regno di Proserpina. E non sperate di sfuggirmi quando sarete fuori di qui: in qualsiasi luogo della terra siate, vi troverò. Se tuttavia non volete far ritorno dagli inferi, ne sono contentissima. Porterete i miei ossequi alla regina di quei luoghi, e le direte che la prego di darmi una scatola del suo belletto; ne ho bisogno, come vedete: la malattia di mio figlio mi ha trasformata. Recatemi, senza tardare, quello che vi verrà dato, e non toccatelo».

Psiche partì all'istante. Non si lasciò che parlasse con nessuno. Si recò dalla fata che suo marito aveva fatto venire: quella fata si trovava nelle vicinanze, senza che nessuno ne sapesse nulla. Per paura di destare sospetto, non tenne un lungo discorso alla nostra eroina. Le disse soltanto: «Vedete da qui una vecchia torre, andatevi diritta, ed entratevi. Verrete a sapere quello che dovete fare. Non preoccupatevi dei rovi che ostruiscono la porta; si scosteranno da soli».

Psiche ringrazia la fata, e va al vecchio edificio. Quando fu entrata, la Torre le parlò: «Buongiorno Psiche, le disse; che il vostro viaggio sia propizio! È per me un grandissimo onore ricevervi tra le mie mura: mai nulla di tanto incantevole vi era entrato. Conosco il motivo che vi porta. Molte strade conducono agli inferi; non prendetene alcuna di quelle che solitamente si prendono. Scendete nel sotterraneo che vedete, e munitevi prima di quello che si trova ai vostri piedi: questo canestro vi aiuterà a portarlo».

Subito Psiche abbassò lo sguardo, e, poiché la cima della Torre era scoperta, vide per terra una lampada, sei palle di cera, un grosso mucchio di spago, un canestro con due denari.

«Avete bisogno di tutte queste cose, proseguì la Torre. Che la profondità di questo sotterraneo non vi spaventi, benché abbiate quasi mille gradini da scendere: questa lampada vi aiuterà. Seguirete alla sua luce una galleria che si trova sul fondo, e che vi condurrà fin sulla riva dello Stige. Dovrete dare a Caronte uno di questi denari per il passaggio, sia al ritorno che all'andata. È un vecchio che non ha alcuna considerazione per le belle, e che non vi lascerà salire sulla sua barca senza pagare il dazio. Passato il fiume, incontrerete un asino zoppo e stremato dalla vecchiaia, con un miserabile che lo sprona. Questi vi pregherà di dargli per pietà un po' di spago, se ne avete nel vostro canestro, per legare certi pacchetti di cui il suo asino sarà carico. Guardatevi dall'accordargli quello che vi chiederà. È un tranello che vi tende Venere. Lo spago vi serve ad altro; perché subito entrerete in un labirinto le cui strade sono assai facili da seguirsi all'andata; ma, quando si fa ritorno, è impossibile distinguerle: cosa che voi però farete grazie al vostro spago. La porta al di qua del labirinto non ha portinaio; quella al di là ne ha uno. È un cane con tre fauci, più grande di un orso. Distingue al fiuto i morti dai vivi (perché ci sono persone che come voi hanno da fare in quei luoghi). Il portinaio lascia passare i primi e strangola gli altri prima che passino. Gli impasterete le tre fauci gettando in ognuna una delle vostre palle di cera, lo stesso al ritorno. Avranno inoltre il potere di addormentarlo. Non appena sarete uscita dal labirinto, due demoni dei Campi Elisi verranno dinanzi a voi e vi condurranno fino al trono di Proserpina. Addio, incantevole Psiche: che il vostro viaggio sia propizio!»

Psiche ringrazia la Torre, prende il canestro con l'attrezzatura, scende nel sotterraneo, e, per farla breve, arriva sana e salva al di là del labirinto, nonostante gli Spettri che si presentarono sulla sua strada.

Non sarà fuor di proposito dirvi che vide sulle rive

dello Stige gente di ogni condizione giungere da ogni lato. C'erano sulla barca, quando la bella attraversò, un re, un filosofo, un generale d'armata, non so quanti soldati, insieme ad alcune donne. Il re si mise a piangere per il fatto di dover lasciare una dimora dove si trovavano dei così begli oggetti. Il filosofo, al contrario, ringraziò gli dèi di esserne uscito prima di vedere un oggetto a tal punto capace di sedurlo, e a cui poteva a quel punto avvicinarsi senza alcun pericolo. I soldati litigarono tra di loro per sedersi più vicino a lei, senz'alcun rispetto del re, né alcun timore del generale, che non aveva il suo bastone del comando. La cosa avrebbe condotto alla rissa e a far capovolgere la navicella, se Caronte non avesse dato l'altolà a colpi di remo. Le donne circondarono Psiche, e si consolarono dei privilegi che avevano perso, vedendo che ben altri ne perdeva la nostra eroina: giacché non disse a nessuno di esser viva. Tuttavia il suo abito stupì la compagnia, perché tutti gli altri portavano solo un lenzuolo. Non appena fu uscita dal labirinto, i due demoni la avvicinarono e le fecero vedere le singolarità di quei luoghi.

Conta il regno dei morti più di una via d'accesso.
Non c'è strada che sia agli uomini più nota.
Da ogni parte del mondo si arriva all'oltretomba.
Tisifone ne tiene le porte sempre aperte.
Fame, disperazione, dolori, l'età tarda,
Portano da ogni dove a quel triste passaggio;
E una volta varcato, le figlie del Destino
Filano una lunga notte senza mattino.
Tuttavia ad Orfeo meritò la sua lira
Di veder senza danno il tenebroso impero.
Psiche per le sue grazie ottenne quel favore.
Provò per lei Plutone un rapido fervore.

Proserpina al timore di essere spodestata,
Le porse in un istante lo scrigno col belletto.
La schiava di Venere, senza guida o soccorso,
Arrivò fino ai luoghi dove scorre lo Stige.
La crudele nemica vegliò affinché Cerbero
Lanciasse a Psiche sguardi infiammati di collera.
Dai mostri infernali nulla fu risparmiato;
Vide quel che già tanti autori hanno narrato.
Mille orridi spettri, le Idre, le Arpie,
I Gerioni a tre corpi, i Tizi e i loro mani,
Presentano ai suoi occhi i fantasmi illusori
Di corpi che all'istante svaniscono in vapori.
Le regioni assegnate alle ombre criminali,
Disperazione, grida e gli eterni dolori,
Quello che presto o tardi è corredo ai malvagi,
La riempion di paura, di orrore per quei luoghi.
Lì, su un ponte di bronzo, Salmoneo l'orgoglioso,
Triste capo di un gruppo condannato ai tormenti,
Si sforza di passare in luoghi meno ingrati,
E dappertutto incontra però continui fuochi.
Tantalo allo Stige porta invano la bocca,
Sempre vicino a un bene che tuttavia non tocca;
E Sisifo in sudori ricerca vanamente
Di fermare il suo masso perlomeno un istante.
Lì nel vetro importuno di uno specchio che sempre
Le sorelle di Psiche si trovano di fronte,
La rivedono quelle, felice e tra le braccia
Non di un mostro pauroso ma di un dio di bellezza.
Dovunque se ne vada la genia maledetta,
Viene a porsi lo specchio sempre sul lato opposto.
Per trarle dall'errore, accorre la minore;
Ma la coppia le sfugge non appena compare.
Lì accanto Psiche vede l'immortale incombenza

Che cinquanta sorelle svolgono senza sosta.
Le compiange la bella, e non senza un fremito
Vede tanti infelici in un costante gemito.
Trova ognuno la pena ormai giunta all'estremo.
Issione reclama la sorte di Prometeo.
Tantalo accetterebbe, per placare la fame,
Che Plutone lo getti tra fiamme senza fine.
In un luogo distinto stanno quelli il cui cuore
Ha violato i diritti della fiamma d'amore,
Che hanno offeso Cupido, disprezzato i suoi altari,
Rifiutato il tributo che egli impone ai mortali.
Lì soffre un mondo intero di ingrate, di preziose;
Lì Megera punisce ogni lingua indiscreta,
In specie chi si macchia del più nero misfatto,
Vantandosi di un bene che non gli fu concesso;
Da crudeli avvoltoi è rosa la spietata;
In un fiume di ghiaccio l'incostante è affondata;
L'insensibile espia in un luogo infuocato,
Davanti ai pretendenti, i mali che ha causato.
Ministri, confidenti, perfidi servitori,
Colpiti dalle Eumenidi ne stancano le fruste.
Hanno accanto gli autori delle nozze forzate,
Il pretendente avaro, la dama interessata;
La razza dei censori, all'amore ribelle;
Chi infine coi suoi versi diffamò delle belle.

Venere, con le sue carezze, aveva spinto Mercurio a pregare, da parte della dea, tutte le potenze degli inferi di spaventare tanto la sua nemica con la vista di quei fantasmi e di quei supplizi, da farla morire di apprensione, e morire così bene che la cosa fosse irrecuperabile, e che restasse di quella bellezza solo un'ombra lieve. «Dopo di che, diceva Citerea, permetto a mio figlio di esserne innamorato e di andare a trovarla agli inferi per rinnovarle le sue carezze».

Cupido non mancò di provvedere, e, non appena Psiche ebbe attraversato il labirinto, la fece guidare (come credo di avervi detto) da due demoni dei Campi Elisi (questi non sono malvagi). La rassicurarono, e le riferirono quali fossero i crimini di quanti vedeva tra i tormenti. La bella ne fu pienamente confortata, non trovando nulla che avesse qualche rapporto con la sua avventura. Dopo tutto, la colpa che aveva commesso non meritava una simile punizione. Se la curiosità rendesse la gente infelice fino nell'altro mondo, non ci sarebbe vantaggio a esser donna.

Passando vicino ai Campi Elisi, poiché il numero dei beati è stato in ogni tempo assai ridotto, Psiche non faticò a notare coloro che fino a quel momento avevano fatto valere la potenza del suo sposo, gente del Parnaso per lo più. Si trovavano in bei luoghi ombrosi, e si recitavano a vicenda le loro poesie, facendosi instancabilmente continue lodi.

Infine la bella venne portata di fronte al tribunale di Plutone. Tutta la corte di quel dio rimase sorpresa. Dopo Proserpina non si ricordavano di aver visto altro oggetto che avesse loro toccato il cuore, se non questo. Proserpina stessa ne fu gelosa; perché suo marito guardava già la bella in modo diverso da quanto abbia abitudine di fare con chi si avvicini al suo tribunale, e non dipendeva da lui se non si sbarazzava di quell'aria terribile che è suo appannaggio. Soprattutto faceva piacere vedere Radamante raddolcirsi. Plutone fece cessare per qualche istante le sofferenze e i lamenti degli infelici, affinché Psiche avesse un'udienza più favorevole. Ecco pressappoco come parlò, rivolgendo la parola ora a Plutone e a Proserpina congiunti, ora a questa dea soltanto:

Voi a cui tutto si piega, deità di cui le leggi
Trattano in modo uguale i re e i pastori,
Né voglia di vedere, né quella di esser vista,
Mi fanno visitare una corte a me ignota:
Ho imparato fin troppo, ahimè, dalle sventure,
Quanto tali piaceri generino dolori.
Vedete davanti a voi la schiava sciagurata
Che Venere ha dannato a pianti senza fine.
Non basta alla sua ira il male che ho sofferto:
Fino agli inferi ancora vuol che cerchi un belletto.
Voi che siete regina, fate che mi sia dato;
Porta il vostro nome e questo mi stupisce.
Ma non ve ne offendete, dea dai dolci tratti:
Fin troppo ci si accorge che non vi è destinato.
Piacere senza cipria è facile alle dee;
Per chi non può invecchiare è inutile quell'arte.
Dovrei piuttosto io, nello stato in cui sono,
Porre riparo ai torti che mi han fatto i tormenti.
Ma ormai non ho più cura di una beltà fatale.
Sovente la natura è troppo liberale;
La Sorte avesse fatto che i miei tratti ora spenti,
Fossero sempre apparsi in questo triste stato!
Che follia era l'invidia delle mie due sorelle!
Dapprima mi nutrii di frivole speranze.
Poi l'Amore mi amò; lo amai senza vederlo.
Lo vidi, mi fuggì, più nulla lo commosse;
Mi fece rovinare dal colmo della gloria.
Ricordi di quel tempo, via dalla mia memoria.
Quello che segue è noto. In questi luoghi adesso
Vengo per ottenere un prezioso belletto.
Io non merito certo questo raro favore;
Ma con la mia preghiera porto il nome d'Amore.
Conoscete quel dio: chi mai non lo conosce?

Se scende a compiacervi in fondo a queste terre,
Ripagate sua moglie con il vostro belletto:
Possa in cambio durare tra voi la dolce fiamma!
Siate così felici che l'invidia si desti
In colui che ebbe in sorte i domini celesti!

Questa arringa ebbe tutto il successo che Psiche poteva augurarsi. Non vi fu né demone né ombra che non compatisse la sventura di quell'afflitta, e che non biasimasse Venere. La pietà entrò per la prima volta nel cuore delle Furie, e chi aveva tanto motivo di compiangersi mise da parte il sentimento del proprio male per compiangere la sposa di Cupido. Plutone fu sul punto di offrirle ricovero nei suoi Stati; ma è un rifugio al quale gli sventurati fanno ricorso solo il più tardi possibile. Proserpina sventò il colpo. La gelosia la possedeva a tal punto che, senza considerare che un'ombra sarebbe stata incapace di nuocerle, raccomandò alle Parche di non recidere avventatamente i giorni di quella persona, e di prendere bene le misure affinché la si rivedesse agli inferi solo vecchia e coperta di rughe. Poi, senza tardare oltre, mise tra le mani di Psiche una scatola ben chiusa, con il divieto di aprirla, e con l'incarico di assicurare Venere della sua amicizia. Quanto a Plutone, non poté assistere senza dispiacere alla partenza della nostra eroina, e al dono che le veniva fatto. «Ricordatevi, le disse, quanto vi sia costato esser curiosa. Andate, e non accusate Plutone del vostro destino».

Finché durò il paese dei morti, la scatola fu al sicuro. Psiche si guardava bene dal toccarla: temeva che, in mezzo a un così gran numero di persone che non avevano niente da fare, vi fosse chi poteva osservare le sue azioni. Non appena ebbe raggiunto il nostro mondo, e credette, poiché si trovava nel passaggio sotterraneo, di avere per soli testimoni le pietre che lo sostenevano, eccola tentata al suo solito. Ebbe voglia di sapere cosa fosse quel belletto che Proserpina le aveva affidato. Come trattenersi? Era una donna e si sarebbe lasciata sfuggire una simile soddisfazione? A chi lo avrebbero detto quelle pietre? Probabilmente nessun altro era sceso sotto quella volta da quando era stata costruita. E poi a spingerla non era una semplice curiosità, era un desiderio naturale e davvero innocente di porre rimedio allo sfacelo in cui erano cadute le sue doti. I tormenti, il sole, mille altre cose l'avevano a tal punto trasformata, che lei stessa non si riconosceva più. Bisognava abbandonare le pretese che le restavano sul cuore del marito, oppure porre in qualche modo rimedio a quelle perdite. Dove trovarne uno migliore di quello che aveva in suo possesso, applicarsi un po' del belletto che portava a Venere? Non che avesse intenzione di abusarne, né di piacere ad altri che al marito, gli dèi lo sapevano: che solo ingannasse l'Amore, le sarebbe bastato. Ogni artificio è permesso quando si tratta di riconquistare uno sposo. Se Venere l'aveva creduta così ingenua da non osare toccare quel belletto, si era sbagliata di grosso: ma, che lo toccasse o meno, Citerea l'avrebbe comunque sospettata; dunque sarebbe stato inutile astenersene. Psiche ci ragionò tanto che si attirò una nuova sventura. Tuttavia una certa apprensione la tratteneva: guardava la scatola, vi accostava la mano, poi la ritraeva, e subito ve la riaccostava. Dopo una lotta che fu abbastanza lunga, la vittoria rimase, secondo il suo solito, a quella malaugurata curiosità. Psiche aprì tremante la scatola, e appena l'ebbe aperta ne uscì un vapore fuligginoso, un fumo nero e penetrante che si diffuse in meno di un istante su tutto il volto della nostra eroina, e su una parte del suo seno. Il segno che vi lasciò fu così violento, che Psiche sospettò subito qualche sinistro incidente, tanto più che restava nella scatola solo un nerume che la tingeva tutta. Psiche allarmata, e quasi avendo sentore di quello che le era capitato, si affrettò a uscire da quel sotterraneo, impaziente di trovare una fontana, dalla quale poter apprendere in quale stato quel vapore l'avesse ridotta. Quando fu nella Torre, e si presentò alla porta, le spine che la ostruivano, e che si erano scostate da sole per lasciar passare Psiche la prima volta, non riconoscendola più, la fermarono. La Torre dovette chiederle il suo nome. La nostra infelice glielo disse sospirando: «Cosa! Siete voi, Psiche! Chi vi ha tinto il volto in questo modo? Andate in fretta a lavarvi, e guardatevi bene dal presentarvi in questo stato a vostro marito». Psiche corre a un ruscello non lontano da lì, con il cuore che le batteva tanto da farle mancare il respiro a ogni passo. Arrivò infine sulla riva del ruscello e, dopo essersi chinata, vi scorse la più bella Mora del mondo. Non aveva né il naso né la bocca come li hanno quelle che vediamo; ma era comunque una Mora.

Psiche, stupita, volse il capo per vedere se dietro di lei non si specchiasse qualche Africana. Non vedendo nessuno, e certa della sua sventura, le ginocchia cominciarono a cederle, le braccia le caddero. Tuttavia cercò inutilmente di cancellare quel nerume con l'onda. Dopo essersi lavata a lungo senza approdare a nulla: «O Fati! esclamò, mi condannate a perdere così la bellezza? Citerea, Citerea, quale soddisfazione vi attende! Quando mi presenterò tra le vostre schiave, esse mi respingeranno; sarò il disonore della vostra corte. Cosa ho fatto per meritare una tale vergogna? Non vi bastava che avessi perso i miei genitori, mio marito, le ricchezze, la libertà, senza che perdessi anche l'unico bene grazie al quale le donne si consolano di qualsiasi sventura? Cosa! Non potevate aspettare che gli anni vi facessero vendetta? È cosa tanto in fretta passata la bellezza delle mortali! La malinconia avrebbe prestato soccorso al tempo. Ma ho torto di accusarvi, sono io sola a essere causa della mia sciagura; è questa incorreggibile curiosità che, non paga di avermi privato del favore di vostro figlio, mi priva anche del modo di riconquistarlo. Ahimè! Sarà quel figlio il primo a guardarmi con orrore, e a fuggirmi. L'ho cercato per tutto l'Universo e temo di trovarlo. Cosa! Mio marito mi fuggirà? Mio marito che mi trovava così incantevole? No, no, Venere, non avrete questo piacere, e, poiché mi è proibito affrettare i miei giorni, mi ritirerò in qualche luogo deserto dove nessuno mi vedrà; finirò i miei giorni tra i serpenti e tra i lupi: ve ne sarà pure uno abbastanza pietoso da divorarmi».

Con quest'intento corre fino a una foresta vicina, s'inoltra nel più profondo, sceglie come principale ricovero un antro spaventoso. Lì non fa altro che sospirare e versare lacrime: le guance le si fanno scarne, gli occhi le si affossano; non era più quella di cui Venere era diventata gelosa: vi era al mondo tale o talaltra mortale che l'avrebbe guardata senza invidia.

L'Amore cominciava allora a uscire, e, poiché era guarito tanto dalla collera che dalla scottatura, pensava ormai solo a Psiche. Psiche doveva essere la sua unica gioia; doveva abbandonare i suoi templi per servire Psiche: decisioni da innamorato novello. I mariti hanno di questi ritorni, ma li fanno durare poco. Questo marito non poneva più alcun limite alla sua passione, e neppure alla buona accoglienza che aveva deciso di fare alla moglie. La sua intenzione era di gettarsi ai suoi piedi, di chiederle perdono, di dichiararle che non sarebbe più ricaduto in simili stranezze. Finché durava il giorno conversava tra sé di queste cose; giunta la notte, continuava, e continuava ancora nel sonno. Non appena l'Aurora cominciava a spuntare, la pregava di ricondurgli Psiche, giacché la fata gli aveva assicurato che sarebbe ritornata dagli inferi. Non appena si alzava il sole, il nostro sposo lasciava il letto, per evitare le visite della madre, e andava a passeggiare nel bosco nel quale la bella Etiope aveva scelto il suo ricovero: lo trovava adatto a nutrire le fantasticherie di un innamorato.

Un giorno Psiche si era addormentata all'ingresso della sua caverna. Era sdraiata su un fianco, il viso rivolto a terra, con il suo fazzoletto sopra e inoltre un braccio sul fazzoletto, per maggior precauzione, e per impedire con maggior sicurezza che la si vedesse. Se avesse potuto avvolgersi nella tenebra l'avrebbe fatto. L'altro braccio era steso lungo la coscia; non aveva la stessa rotondità di un tempo: in che modo una persona che viveva solo di frutti selvatici, e che non mangiava nulla che non fosse inzuppato di pianto, sarebbe potuta essere florida? La delicatezza e il candore vi erano sempre. L'Amore la scorse da lontano: ebbe un trasalimento che gli disse che quella persona era Psiche. Più si avvicinava, e più si confermava in quell'opinione; chi altri infatti avrebbe avuto una figura tanto ben fatta? Quando si trovò abbastanza vicino per osservare il braccio e la mano non ebbe più dubbi: non che la magrezza non lo frenasse, ma si rendeva conto che una persona afflitta non poteva essere in migliori condizioni. La sorpresa del dio non fu poca; quanto alla gioia, ve la lascio immaginare. Un innamorato creato dai nostri romanzieri sarebbe rimasto due ore a osservare l'oggetto della sua passione senza osare toccarlo, e neppure interromperne il sonno: l'Amore si comportò altrimenti. Si inginocchiò dapprima accanto a Psiche, e le sollevò una mano, che stese sulla sua; poi, valendosi dell'autorità di un dio e di quella di un marito, vi impresse due baci. Psiche era talmente abbattuta che si svegliò soltanto al secondo bacio. Non appena scorse l'Amore, si alzò, fuggì nel suo antro, andò a nascondersi nel punto più profondo, tanto commossa da non sapere cosa fare. Lo stato in cui aveva visto il dio, quella posizione da supplice, quel bacio il cui calore le faceva capire che si trattava di un vero bacio d'amore, e non di un bacio di semplice galanteria, tutto ciò le dava coraggio: ma mostrarsi così nera e sfigurata a quello di cui voleva riconquistare il cuore, non era possibile. Nel frattempo l'Amore si era avvicinato alla caverna, e, ripensando all'ebano della persona che aveva visto, credeva di essersi sbagliato, e gli rincresceva un po' di aver preso un'Etiope per la sua sposa. Quando fu nell'antro: «Bella Mora, le gridò, non sapete proprio chi io sia, per fuggirmi in questo modo; incontrarmi non fa paura. Ditemi cosa cercate in queste province; vengono qui in pochi e solo per amare: se è questo a condurvi, ho di che appagarvi. Avete bisogno di un innamorato? Sono il dio che li crea. Cosa? non mi rispondete! Mi fuggite!» «Ahimè! disse Psiche, non vi fuggo; sottraggo soltanto alla vostra vista un oggetto che temo fuggireste voi stesso».

Quella voce così dolce, così piacevole, e un tempo familiare al figlio di Venere, egli la riconobbe subito. Corse nell'angolo dove si era rifugiata la sua sposa. «Cosa? siete voi! disse, cosa? mia cara Psiche, siete voi!» Subito si gettò ai piedi della bella. «Ho sbagliato, continuò stringendoli: il mio capriccio è la causa per cui una persona innocente, una persona che era nata per conoscere solo i piaceri, ha patito pene che nemmeno i colpevoli patiscono: e io non ho rivoltato il cielo e la terra per impedirlo! Non ho riportato il caos nel mondo! Non mi sono dato la morte, nonostante io sia un dio! Ah! Psiche, come avete motivo di detestarmi! Bisogna che io muoia e che ne trovi i mezzi, per quanto impossibile la cosa possa essere».

Psiche gli cercò una mano per baciarla. L'Amore lo intuì, e alzandosi: «Ah! esclamò, quanta dolcezza sommate al resto dei vostri incanti! So quali sono stati i vostri sentimenti; la natura intera me li ha detti: non vi è sfuggita una sola parola di lamento contro questo mostro che era indegno del vostro amore». E poiché Psiche aveva trovato la sua mano: «No, proseguì, non accordatemi simili favori; non ne sono degno: chiedo come sola grazia una punizione che voi stessa mi imporrete. Mia Psiche, mia cara Psiche, ditemi, a cosa mi condannate?» «Vi condanno a essere amato dalla vostra Psiche eternamente, disse la nostra eroina, perché di amarla vi pregherebbe a torto: non è più bella».

Queste parole furono pronunciate con un tono di voce così commovente che l'Amore non poté trattenere le lacrime. Inondò di pianto una delle mani di Psiche, e, stringendo quella mano tra le sue, tacque a lungo, e con quel silenzio si espresse meglio che se avesse parlato: torrenti di lacrime fecero quanto torrenti di parole non avrebbero saputo fare. Psiche, incantata da quell'eloquenza, vi rispose da persona che ne conosceva ogni aspetto. E osservate, vi prego, che cosa sia amare: la coppia di innamorati più in accordo e più appassionata che ci fosse al mondo si serviva dell'occasione per versare lacrime e mandare sospiri. Beati amanti, voi soli conoscete il piacere!

Quella conversazione di lacrime divenne alla fine conversazione di baci: sorvolo un po' su questo punto. L'Amore pregò la sua sposa di uscire dall'antro, perché venisse a conoscenza della trasformazione che era avvenuta sul suo volto, e per portarvi rimedio se si poteva. Psiche gli disse ridendo: «Mi avevate rifiutato, se ve ne ricordate, la soddisfazione di vedervi quando ve l'ho chiesta; potrei rendervi la pariglia a ben miglior diritto, e con più ragione di quanta ne aveste voi; ma preferisco distruggermi nel vostro animo piuttosto che non assecondarvi. D'altronde è necessario che cerchiate un rimedio alla passione che vi abita; vi fa litigare con vostra madre, e vi fa abbandonare la cura dei mortali e la guida del vostro impero». Così dicendo, gli diede la mano per condurlo fuori dall'antro.

L'Amore si lamentò dell'idea di Psiche, e le giurò sullo Stige che l'avrebbe amata in eterno, bianca o nera, bella o non bella; perché non era solo il suo corpo a farlo innamorare, erano il suo spirito e la sua anima sopra ogni altra cosa. Quando furono usciti dall'antro e l'Amore ebbe portato lo sguardo sulla sua sposa, indietreggiò di tre o quattro passi, tutto sorpreso e tutto stupito. «Vi avevo pur assicurato, gli disse Psiche, che questa vista sarebbe stata un rimedio per il vostro amore: non me ne lamento, e non vi vedo alcuna ingiustizia. La maggior parte delle donne invocano la testimonianza del Cielo quando ciò avviene: dicono che si deve amarle per loro stesse, e non per il piacere di vederle; che non si sentono affatto in dovere con chi cerca solo la propria soddisfazione; che questo genere di passione che ha come solo oggetto ciò che tocca i sensi non deve trovare posto in un'anima nobile, e non è degna di esser ricambiata; è amare come amano gli animali, quando invece bisognerebbe amare come spiriti staccati dal corpo. I veri innamorati, gli innamorati che meritano di essere amati, si mettono il più possibile in questa condizione: si affrancano dalla tirannia del tempo, si rendono indipendenti dal caso e dalla malignità degli astri, mentre gli altri sono sempre in allarme, sia per i capricci della fortuna, sia per quelli delle stagioni. Quand'anche non avessero nulla da temere da quel lato, gli anni fanno loro una continua guerra, non c'è in un giorno un solo istante che non distrugga una parte del loro piacere: è fatale che vada sempre diminuendo, e altre ragioni assai belle e assai poco persuasive. Voglio opporne una sola a quelle donne. La loro bellezza e la loro giovinezza hanno fatto nascere la passione che si prova per loro, è naturale che il contrario l'annienti. Non vi chiedo dunque più amore; abbiate solo amicizia, o, se non ne sono degna, un po' di compassione. È proprio della condizione di un dio quale siete avere come schiave delle persone del mio sesso: concedetemi la grazia di essere una di loro».

Dopo questo discorso l'Amore trovò la moglie più bella di quanto non l'avesse ancora trovata. Le si buttò al collo. «Mi avete chiesto, ribatté, solo amicizia, io vi prometto amore. E consolatevi; vi resta più bellezza di quanta ne abbiano tutte le mortali riunite. È vero che il vostro volto ha cambiato colorito, ma non ha affatto cambiato lineamenti: e non tenete conto del resto del corpo? Quanto avete perso del giglio e dell'alabastro in confronto a quello che ve ne è rimasto? Andiamo da Venere. Il vantaggio che ha appena riportato, benché sia piccolo, la farà contenta, e ci riconcilierà tutti: altrimenti ricorrerò a Giove, e lo pregherò di restituirvi il vostro vero colorito. Se dipendesse da me, sareste già quello che eravate quando mi faceste innamorare: questo sarebbe il più bell'istante della vostra esistenza; ma un dio non può disfare quello che un altro dio ha fatto. Giove è il solo a cui questo privilegio sia accordato. Se non vi restituisce tutti i vostri gigli, senza che ne vada perso uno solo, farò perire la razza degli animali e degli uomini. Cosa faranno poi gli dèi? Quanto alle rose, è affar mio, e quanto alla floridezza, la gioia la riporterà. Non è ancora abbastanza, voglio che l'Olimpo vi riconosca come mia sposa».

Psiche si sarebbe gettata ai suoi piedi, se non avesse saputo come si debba agire con l'Amore. Si accontentò quindi di dirgli arrossendo: «Se potessi essere vostra moglie senza essere bianca, sarebbe molto più rapido e molto più sicuro». «La cosa vi è garantita, ribatté l'Amore; l'ho giurato sullo Stige: ma voglio che siate bianca. Andiamo a presentarci a Venere».

Psiche si lasciò condurre, benché avesse molta ripugnanza a mostrarsi, e poca speranza nel successo. La sottomissione ai voleri del suo sposo le chiudeva gli occhi: si sarebbe decisa, per assecondarlo, a cose più difficili. Lungo la strada gli raccontò le principali avventure del suo viaggio, la meraviglia di quella Torre che le aveva fornito degli stratagemmi; l'Acheronte, lo Stige, l'asino zoppo, il labirinto e le tre fauci del suo portinaio; i fantasmi che aveva visto, la corte di Plutone e di Proserpina; infine il suo ritorno e la sua curiosità che lei stessa giudicava degnissima di punizione. Stava concludendo il racconto quando arrivarono al castello che si trovava a metà strada tra Pafo e Amatunte. Venere passeggiava nel parco. Le venne riferito da parte d'Amore che aveva un'Africana piuttosto ben fatta da presentarle: avrebbe potuto farne una quarta Grazia, non solo bruna come le altre, ma tutta nera. Citerea ripensava allora alla sua gelosia; alla passione di cui suo figlio era malato e che, tutto considerato, non era un crimine; alle pene a cui aveva condannato la povera Psiche, pene crudelissime, e che facevano pietà persino a lei. Inoltre l'assenza della sua nemica aveva fatto raffreddare la sua collera, di modo che nulla le impediva di arrendersi alla ragione. Era nel momento più favorevole che si fosse potuto scegliere per accomodare le cose. Nel frattempo tutta la corte di Venere era accorsa a vedere quel miracolo, quel nuovo tipo di Mora: si faceva a gara a guardarla più da vicino. Per quanto stupore la sua vista causasse, se ne traeva piacere, e si sarebbe volentieri data mezza dozzina di bianche per quella nera. Del resto, sia che il colore avesse trasformato la sua espressione, sia che vi fosse parte d'incantesimo, nessuno si ricordò di aver mai visto nulla che le somigliasse. I Giochi e le Risa fecero subito conoscenza con lei senza riconoscerla, ammirando le grazie della sua persona, la sua figura, i suoi lineamenti e dicendo ad alta voce che il colore non cambiava nulla. Tuttavia quel volto d'Etiope innestato su un corpo di Greca sembrava una cosa assai strana. Tutta quella corte la osservava come un bellissimo mostro, e davvero degno di essere amato. Gli uni assicuravano che fosse figlia di un bianco e di una nera; gli altri, di un nero e di una bianca. Quando fu a qualche passo da Venere, si genuflesse. «Incantevole regina della bellezza, le disse, sono la vostra schiava che ritorna dai luoghi dove l'avete mandata».

Subito tutti la riconobbero. Vi fu un estremo stupore. I Giochi e le Risa, che sono un popolo piuttosto sventato, ebbero quella volta un certo discernimento, e dissimularono la loro gioia per paura di irritare Venere contro la loro nuova padrona. Non potreste credere quanto fosse amata in quella corte. La maggior parte dei suoi membri aveva deciso di ritirarsi, a meno che Citerea non l'avesse trattata meglio. Psiche notò benissimo i moti che la sua presenza suscitava in fondo ai cuori, e che apparivano persino sui volti; ma non ne diede alcuna prova, e continuò in questo modo: «Proserpina mi ha dato incarico di portarvi i suoi ossequi, e di assicurarvi della sua immutata amicizia. Ha messo nelle mie mani una scatola che ho aperto, benché mi aveste vietato di aprirla. Non oserò pregarvi di perdonarmi, e vengo a sottomettermi al castigo che la mia curiosità ha meritato».

Venere, portando lo sguardo su Psiche, non provò tutto il piacere e la gioia che la sua gelosia le aveva promesso. Un moto di compassione le impedì di godere della sua vendetta e della vittoria che riportava, tanto che, passando da un estremo all'altro, come fanno le donne, si mise a piangere, rialzò lei stessa la nostra eroina, poi l'abbracciò. «Mi arrendo, disse, Psiche. Dimenticate il male che vi ho fatto. Se l'accettarvi come figlia può cancellare i motivi d'odio che avete contro di me, e darvi sufficiente soddisfazione, acconsento che lo siate. Mostratevi migliore di Venere, proprio come siete già più bella; non siate vendicativa quanto lo sono stata io e andate a cambiarvi d'abito. Tuttavia, aggiunse, avete bisogno di riposo». Poi, voltandosi verso le Grazie: «Mettetela nel bagno che è stato preparato per me, e poi fatela riposare: andrò a farle visita quando sarà a letto».

Così fece la dea, e volle che la nostra eroina dormisse con lei quella notte; non per sottrarla al figlio: si decise invece di celebrare delle nuove nozze, e di aspettare che la nostra bella avesse ritrovato il suo colorito. Venere consentì che le fosse restituito; persino che le venisse dato un brevetto di dea, se si riusciva a ottenere tutto questo da Giove. L'Amore non perde tempo, e, finché la madre è di buon umore, va a trovare il re degli dèi. Giove, che era venuto a conoscenza della storia dei suoi amori, gliene chiese notizie; come andasse la sua scottatura; perché abbandonasse gli affari del suo stato. L'Amore rispose succintamente a queste domande, e venne al motivo che lo conduceva.

«Figlio mio, gli disse Giove abbracciandolo, non troverete più nessun'Etiope da vostra madre: il colorito di Psiche è bianco come non mai. Ho fatto questo miracolo fin dal momento in cui mi avete dato prova di desiderarlo.

Quanto all'altro punto, il grado che mi chiedete per la vostra sposa non è cosa facile da accordarsi quanto pare a voi. Abbiamo tra noi già fin troppe dee. È fatale che si venga a questione dove ci sono molte donne. Se la bellezza della vostra sposa è quale dite, ne deriveranno motivi di gelosia e di liti, che non finirò mai di placare. Non potrò più nemmeno pensare al mio ufficio di folgoratore, ne avrò abbastanza di quello di mediatore per il resto dei miei giorni. Ma non è questo a trattenermi di più. Non appena Psiche sarà dea, le ci vorranno dei templi come agli altri. L'aggiunta di questo culto farà diminuire la nostra parte. Di già ci assideriamo sui nostri altari, tanto sono freddi e mal incensati. Alla fine questa condizione di dio diventerà così comune che i mortali non si daranno più la pena di onorarla».

«Che vi importa? riprese l'Amore. La vostra felicità dipende forse dal culto degli uomini? Che vi trascurino, che vi dimentichino, non ve ne state forse qui felice e beato, a dormire tre quarti del tempo, lasciando andare le cose del mondo come possono, tuonando e grandinando quando ve ne prende la fantasia? Sapete quanto talvolta ci annoiamo: la compagnia non è mai buona se non ci sono donne amabili. Cibele è vecchia; Giunone, di cattivo umore; Cerere fa tanto divinità di provincia, e non ha per nulla l'aria di corte; Minerva è sempre armata; Diana ci rompe i timpani con la sua tromba: di queste ultime due si potrebbe fare qualcosa di discreto, ma sono talmente scontrose che non si oserebbe dir loro una parola galante. Pomona è nemica dell'ozio, e ha sempre le mani ruvide. Flora è piacevole, lo confesso, ma il suo compito la lega più alla terra che a queste dimore. L'Aurora si alza troppo di buon mattino, e non si sa cosa ne sia per il resto del giorno. Non c'è che mia madre a rallegrarci;

ancorché abbia sempre qualche faccenda che la distoglie, e risieda per una parte dell'anno a Pafo, Citera, o Amatunte. Poiché Psiche non ha alcun dominio, non si muoverà dall'Olimpo. Vedrete che la sua bellezza non sarà un ornamento da poco per la vostra corte. Non temiate che le altre provino invidia per lei: c'è troppa disparità tra il suo fascino e il loro. La più interessata è mia madre, che lo consente».

Giove si arrese a queste ragioni, e concesse all'Amore quello che chiedeva: dimostrò di dare il suo consenso all'apoteosi con un piccolo cenno del capo che scosse leggermente l'Universo, e lo fece tremare soltanto per mezz'ora. Subito l'Amore fece attaccare i cigni al suo carro, scese sulla terra, e trovò la madre che in persona faceva funzione di Grazia intorno a Psiche, non senza elargirle mille lodi e quasi altrettanti baci. Tutta quella corte prese la via dell'Olimpo, le Grazie ripromettendosi seriamente di danzare alle nozze. Non descriverò la cerimonia, e neppure quella dell'apoteosi. Ancor meno descriverò i piaceri dei nostri sposi: sono loro i soli che avrebbero potuto esprimerli. Quei piaceri diedero loro ben presto un dolce pegno del loro amore, una figlia che attirò gli dèi e gli uomini non appena la si vide. Le sono stati costruiti dei templi con il nome di Voluttà.

O dolce Voluttà, senza te fin dall'infanzia,
E vivere e morire sarebbe indifferente;
Richiamo universale di ogni essere vivente,
Che riesci ad attirare con violenza!
Grazie a te qui ogni cosa ha movimento.
È per te, per le tue attrattive,
Che rincorriamo la sofferenza:
Non c'è soldato, né capitano,

Né ministro di Stato, suddito o sovrano,
Che non ti abbia come solo fine.
Noi figli delle Muse,
Se una voce deliziosa che ci ammalia
Non fosse il frutto delle nostre veglie,
Non fossimo blanditi da quel suono,
Faremmo un solo verso di canzone?
Quel che si dice gloria in termini magnifici,
Quel che si dava in premio ai vincitori olimpici,
Sei sempre tu in realtà, divina Voluttà.
E il piacere dei sensi non si conta?
Perché allora i doni di Flora,
Il Sole al tramonto e l'Aurora,
Pomona e i suoi cibi delicati,
Bacco, anima dei pranzi lauti,
Foreste, ruscelli, praterie,
Madri di dolci fantasie?
Perché tante belle arti, che da te hanno la vita?
Ma perché mai le Clori dalle grazie trionfanti,
Se non per mantenere il tuo commercio?
Intendo con innocenza:
Per quanta severità si imponga al desiderio,
Ci dà piacere ancora.
Voluttà, Voluttà, un tempo signora
Del più bello spirito di Grecia,
Non disprezzarmi, vieni, vieni da me;
Non mancherai d'impiego.
Amo i libri, la musica, l'amore, il gioco,
La città e la campagna, insomma tutto;
Si cercherebbe invano
Un bene che per me non sia sovrano,
Fino al cupo piacere di un cuore malinconico.

JOHN KEATS

ODE A PSICHE

Ascolta, dea, questi versi senza ritmo,
strappati da una dolce violenza e da una tenera memoria,
e lasciami sussurrare i tuoi segreti
anche alla morbida conchiglia del tuo orecchio.
Ma oggi ho sognato, o davvero ho visto
con gli occhi aperti l'alata Psiche?
Vagavo in un bosco senza pensieri
e all'improvviso con sorpresa ho visto
due splendide creature
distese nell'erba folta,
sotto un tetto che sussurrava
foglie e fiori tremanti,
vicino a un ruscello nascosto.
Tra fiori silenziosi, freschi, profumati,
azzurri, bianchi, argentei, dai boccioli di porpora,
riposavano su quel letto d'erba
sospirando lievemente,
in un intreccio di braccia ed ali.
Le loro labbra non si toccavano, ma non si erano dette addio.
Quasi strappate dalle morbide dita del sonno
e pronte a superare i baci già passati
nella tenera alba dell'amore.

Il fanciullo alato, lo conoscevo bene.
Ma tu chi eri, felice colomba, chi eri?
Proprio tu, la sua Psiche!

Tu, ultima, dolce visione
della svanita gerarchia dell'Olimpo
Più bella della stella di Febe nella sua terra di zaffiri,
più bella di Venere, lucciola amorosa del cielo.
Tu sei la più bella, anche senza un tempio
o un altare ornato da molti fiori
o cori di vergini che gemono dolcemente
alla metà della tua notte.
O voci liuti flauti o dolce incenso
che brucia nel turibolo ondeggiante,
o altare bosco oracolo
o ardore ispirato
di un profeta dalle livide labbra.

Tu sei la più luminosa!
Ma è tardi per gli antichi voti,
e per i teneri ardori della lira,
quando i rami della foresta erano sacri
come l'aria, e l'acqua, e il fuoco.
Ma anche in questi giorni così lontani
dal tempo degli dèi felici
posso vedere le tue ali lucenti
scintillare sulle rovine dell'Olimpo.
E canto, e credo solo ai miei occhi.
Sarò io il tuo coro,
il dolce gemito nella tua notte.
La tua voce, il tuo liuto, il tuo flauto, il dolce incenso
che brucia nel turibolo ondeggiante.
Il santuario il bosco l'oracolo

l'ardore ispirato
di un profeta dalle livide labbra.

Sì: sarò il tuo sacerdote,
innalzerò per te un tempio
in una regione inviolata della mia mente
dove appena nati con dolce dolore
i miei pensieri come rami di pino
mormoreranno nel vento.
E lontano, molto lontano
ombre di alberi oscure
sfiorano i selvaggi dirupi dei monti,
mentre zefiri correnti uccelli e api
cullano il sonno delle Driadi sul muschio.
E in questa quiete profonda
avvolgerò un santuario di rose
tra gli intrecci della mia mente,
con boccioli, campanule e stelle che non hanno nome,
con tutto quello che la Fantasia può immaginare:
Lei non crea mai lo stesso fiore.
Per te ci sarà ogni dolce piacere
che l'ombra di un pensiero può conquistare:
una torcia luminosa, una finestra aperta la notte.
Per far entrare, caldo, l'Amore.

GIACOMO LEOPARDI

ZIBALDONE, 10 FEBBRAIO 1821

Io non soglio credere alle allegorie, né cercarle nella mitologia, o nelle invenzioni dei poeti, o credenze del volgo. Tuttavia la favola di Psiche, cioè dell'Anima, che era felicissima senza conoscere, e contentandosi di godere, e la cui infelicità provenne dal voler conoscere, mi pare un emblema così conveniente e preciso, e nel tempo stesso così profondo, della natura dell'uomo e delle cose, della nostra destinazion vera su questa terra, del danno del sapere, della felicità che ci conveniva, che unendo questa considerazione, al manifesto significato del nome di Psiche, appena posso discredere che quella favola non sia un parto della più profonda sapienza, e cognizione della natura dell'uomo e di questo mondo. Vedi quest'allegoria notata, e sebbene non profondamente, tuttavia bastantemente nel morceau detaché di Mad. Lambert intitolato *Psyché en grec. Ame* (così) dans ses oeuvres complètes citées ci-dessus pp. 284-285. E forse l'allegoria sopraddetta sarà stata osservata anche dagli altri, e così credo. Certo è che, o la non significa nulla, o significa quel ch'io dico, e mostra che il mio sistema piacque agli antichissimi: con altro sistema la non si spiega. Del resto combinando quest'osservazione, col racconto della Genesi, dove l'origine immediata della infelicità e decadimento dell'uomo, si attribuisce manifestamente al sapere, come ho dimostrato altrove, mi si fa verisimile che in somma queste gran massime: *l'uomo non è fatto per sapere, la cognizione del vero è nemica della felicità, la ragione è nemica della natura*, ultimo frutto ed apice della più moderna e profonda, e della più perfetta o perfettibile filosofia che possa mai essere; fossero non solamente note, ma proprie, e quasi fondamentali dell'antichissima sapienza, se non altro di quella arcana e misteriosa, come l'orientale, e come l'egiziana dalla quale è chi pretende derivata, almeno in parte, la mitologia e la sapienza greca.

HEINRICH HEINE

PSYCHE

Un piccolo lume tra le mani
Nel cuore un'ansia che la brucia:
così, piano piano, Psiche si avvicina
al letto dove lui giace nel sonno.

Ha il viso in fiamme e un brivido la scuote
quando vede la bellezza di Cupido,
il dio dell'Amore. Ma al suo risveglio
il dio svelato fugge, e si dilegua per sempre.

Dopo diciotto secoli, diciotto!,
di penitenza, lei è ancora lì,
rifiuta il cibo, si strugge:
si lascia morire perché i suoi occhi
hanno visto il corpo nudo
del suo Amore, Cupido.

GIOVANNI PASCOLI

PSYCHE

O Psyche, tenue più del tenue fumo
ch'esce alla casa, che se più non esce,
la gente dice che la casa è vuota;
più lieve della lieve ombra che il fumo
disegna in terra nel vanire in cielo:
sei prigioniera nella bella casa
d'argilla, o Psyche, e vi sfaccendi dentro,
pur lieve sì che non se n'ode un suono;
ma pur vi sei, nella ben fatta casa,
ché se n'alza il celeste alito al cielo.
E vi sfaccendi dentro e vi sospiri
sempre soletta, ché non hai compagne
altre che voci di cui tu sei l'eco;
ignude voci che con un sussulto
sorgere ammiri su da te, d'un tratto;
voci segrete a cui tu servi, o Psyche.

Intorno alla tua casa, o prigioniera,
pasce le greggi un Essere selvaggio,
bicorne, irsuto; e sui due piè di capro
sempre impennato, come a mezzo un salto.

E tu ne temi, ch'egli là minaccia
impazïente, e sempre ulula e corre;
e spesso guazza nel profondo fiume,
come la pioggia, e spesso crolla il bosco,
al par del vento; e non è mai l'istante
che tu non l'oda o non lo veda, o Psyche,
Pan multiforme. Eppur talvolta ei soffia
dolce così nelle palustri canne,
che tu l'ascolti, o Psyche, con un pianto
sì, ma che è dolce, perché fu già pianto
e perse il tristo nel passar dagli occhi
la prima volta. E tu ripensi a quando
vergine fosti ad un'ignota belva
data per moglie, crudel mostro ignoto.
E sempre al buio tu con lui giacesti
rabbrividendo docile, ed alfine,
vigile nel suo sonno alto di fiera,
accesa la tua piccola lucerna,
guardasti; e quella belva era l'Amore.

E lo sapesti solo allor che sparve,
l'Amore alato. E ne sospiri e l'ami.
E nella casa di ben fatta argilla,
dove sei schiava delle voci ignude,
sempre l'aspetti, che ritorni, e dorma
con te. Tu piangi, quando Pan, la notte,
fa dolcemente sufolar le canne;
piangi d'amore, o solitaria Psyche,
nella tua casa, dove più non tieni
posto, che l'ombra, e non fai più rumore,
che l'alito; e le voci odi che fanno
all'improvviso a te cader dal ciglio
la stilla che non ti volea cadere.

Però che sono e sùbite e severe
le più; ma più di tutte una che sempre
contende e grida, ad ogni tuo sospiro
verso l'alata libertà: «Non devi!»
Quella non t'ama, credi tu; ma un'altra
è, sì, che t'ama, e ti favella a parte
e ti consola, e teco piange, e parla
così sommessa che tu credi a volte
che sia meschina prigioniera anch'ella.

E tu devi, d'un mucchio alto di semi,
far tanti mucchi, e sceverare i grani
d'orzo, i chicchi di miglio, le rotonde
veccie, i bislunghi pippoli di vena.
E come fine polvere di ferro
sparsa per tutto il mucchio è la semenza
dei papaveri. E tu, Psyche, tu gemi
trepida, inerte; e poi con le tue dita
d'aria ti provi, e scegli a lungo i semi
del papavero immemore, e in un giorno
tanti ne cogli, quanti appena udresti
cantare nella secca urna d'un fiore.
E piangi, ed ecco vengono le figlie
dell'alma Terra, frugole e succinte,
dalla pineta dove a Pan selvaggio
frangean tra gli aghi dei pinastri il suolo.
Non so chi disse alle operaie nere
di Pan la cosa. Ma si fa d'un tratto
un brulichìo per l'odorata selva;
e sgorgano esse a frotte dai minuti
lor collicelli, mentre Pan nell'ombra
s'addorme al canto delle sue cicale.

E salgono alla casa, onda su onda,
fila incessante di formiche, ed opre
vengono a te; ma prima i grani d'orzo,
pesi, e i bislunghi pippoli di vena
portano, due di loro uno di quelli;
fanno le veccie di tra il biondo miglio,
poi fanno il miglio minimo, poi vanno.
E resta a te la polvere di semi,
di cui ciascuno dal suo nulla esprima
un lungo stelo e il molle fior del sonno.

E il molle sonno tu lo chiami, o Psyche,
dacché di quelle voci una, la voce
che non t'ama e ti sgrida aspra, ti disse:
«Vil fanticella, prendi questa brocca
e va per acqua al nero fonte; al fonte
di cui sgorga l'oscura onda, sotterra,
al fiume morto. Esci per poco, e torna».
E tuo mal grado, o schiavolina, andasti
con la tua brocca di cristallo al fonte;
e là vedesti, su la grotta, il drago,
l'insonne drago, sempre aperti gli occhi;
e tu chiudesti, o Psyche, i tuoi, da lungi
rabbrividendo; ed ecco, non veduto,
uno ti prese l'anfora di mano,
che piena in mano dopo un po' ti rese,
e dileguò. Tu lentamente a casa
tornavi smorta, e con un gran sospiro
apristi gli occhi, e nel cristallo puro
tu guardasti l'oscura acqua di morte,
e vi vedesti il vortice del nulla,
e ne tremasti. E Pan allora un dolce

canto soffiò nelle palustri canne,
che tu piangesti a quel pensier di morte
come piangevi per desìo d'amore:
lo stesso pianto, così dolce, o Psyche!

Ma pur ne tremi, o Psyche, ancora, e mesta
invochi il sonno, perché a te nasconda
quell'altro sonno, che non vuoi, più grande!
Ma delle voci di cui tu sei schiava,
quella che t'ama e ti consola a parte,
ecco che ti favella e ti consola:
«Povera Psyche, io so dov'è l'Amore.
Oh! l'Amore t'aspetta oltre la morte.
Di là, t'aspetta. Se tu passi il nero
fiume sotterra, troverai l'Amore.
Tremi? C'è un vecchio, vecchio come il tempo,
che tutti imbarca, e non fa male a Psyche!
E c'è un cane, oltre il fiume, che divora
ciò ch'è di troppo, e non fa male a Psyche!
Pallida Psyche, prendi tra le labbra
che sembrano due petali appassiti
di morta rosa, un obolo, e leggiero
tienlo, così, che te lo prenda il vecchio,
né tu lo senta; e chiudi gli occhi, e dormi.
E prendi una focaccia, anche, col miele
e col mite papavero, e leggiera
tienla, così, che te la prenda il cane,
né tu lo senta; e chiudi gli occhi, e dormi.
Appena desta, rivedrai l'Amore».

Tu la focaccia prendi su, col miele,
tu chiudi nelle labbra scolorite
l'obolo; e non so quale alito lieve
ti porta via. Per dove passi, un'ombra
passa, non più che d'ali di farfalla.
Ma tu non dormi; e lievemente il vecchio
ti prende il piccolo obolo di bocca;
ma tu lo senti, e senti anche la rauca
lena del vecchio rematore, come
se alcuno seghi il duro legno, e come
se alcuno picchi su la putre terra;
anche senti un latrato, solitario;
e tremi tanto, che di man ti sfugge
ah! la focaccia, e fa un tonfo nell'acqua
morta del fiume. Ed anche tu vi cadi,
cadi nel queto vortice del nulla.

Ma Pan il gregge pasce là su l'orlo
del morto fiume. Non udivi il suono,
là, della vita? Tremuli belati
e cupi mugli, il gorgheggiar d'uccelli
tra foglie verdi, e sotto gravi mandre
lo scroscio vasto delle foglie secche.
E ti cullava nella vecchia barca
un canto lungo, che da te più sempre
s'allontanava sino a dileguare
nella dimenticata fanciullezza.
Pan! era Pan! Egli ti porge un braccio
ispido, e su ti leva intirizzita,
gelida, o Psyche; immemore; e ti corca
nuda così, lieve così, nel vello
del suo gran petto, e in sé ti cela a tutti.

Quali alte grida là dal mondo! Quali
tristi lamenti intorno alla tua casa,
d'argilla, o Psyche, donde più non esce
il tenue fumo, alla tua casa vuota
di cui sparve il celeste alito in cielo!
Ti cercano le genti, o fuggitiva.
O Psyche! o Psyche! dove sei? Ti cerca
nel morto fiume il vecchio che tragitta
tutti di là. Ti cerca, acre fiutando,
dall'altra riva il cane che divora
ciò ch'è di troppo. Tutti, o Psyche, invano!
O Psyche! o Psyche! dove sei? Ma forse
nelle cannucce. Ma chi sa? Tra il gregge.
O nel vento che passa o nella selva
che cresce. O sei nel bozzolo d'un verme
forse racchiusa, o forse ardi nel sole.

Ché Pan l'eterno t'ha ripresa, o Psyche.

MARINA IVANOVNA CVETAEVA

PSICHE

1.
Non sono un'intrusa – sono tornata a casa,
E non sono una serva – non chiedo pane.
Sono la tua passione, il tuo ozio domenicale,
Il tuo settimo giorno, il tuo settimo cielo.

Là, sulla terra, mi hanno gettato un soldo
E mi hanno appeso al collo delle mole.
– Amore mio! – Non mi riconosci?
Sono la tua rondine – Psiche!

2.
Eccoti, dolce amico, brandelli
Che furono un tempo tenere carni.
Ho sciupato, ho stracciato tutto, –
Non sono rimaste che due ali.

Vestimi del tuo splendore,
Abbi pietà e salvami.
E questi poveri cenci sfatti –
Portali in sagrestia.

BIBLIOGRAFIA

Apuleio

Le edizioni critiche di riferimento per le *Metamorfosi* di Apuleio sono quelle di D.S. Robertson, P. Vallette, Paris, *Les Belles Lettres*, 1940-1945 (il secondo volume, che contiene i libri IV-VI, è presente nell'ottava edizione, riveduta e corretta, a cura di L. Callebat); M. Zimmerman, Oxford, Oxford University Press, 2012. Per quel che riguarda le edizioni commentate, monumentale è la serie «*Groningen Commentaries on Apuleius*» (Leiden Brill): il volume dedicato ad Amore e Psiche, curato da M. Zimmerman, S. Panayotakis, V. Hunink, W.H. Keulen, S.J. Harrison, T.D. McCreight, B. Wesseling e D. van Mal-Maeder, è uscito nel 2004. Un'edizione commentata dei libri IV-VI, che contengono quindi anche la favola di Amore e Psiche, curata da L. Nicolini, L. Graverini, C. Lazzarini e N. Campodonico è stata pubblicata nel 2023 per la Fondazione Lorenzo Valla (il primo volume, che contiene i libri I-III, discute in vari punti dell'introduzione di Amore e Psiche, ed è uscito nel 2019). Commenti relativi alla favola sono poi quelli di P. Grimal: *Apulée, Métamorphoses IV, 28 - VI, 24: Le conte d'Amour et Psyché*, Paris, Presses Universitaires de France, 1963; E.J. Kenney, *Cupid & Psyche*, Cambridge, Cambridge University Press, 1990, C. Moreschini, *Il mito di Amore e Psiche in Apuleio*, Napoli, D'Auria M., 1994.

Sulle *Metamorfosi* in generale e sulle varie interpretazioni del romanzo, cfr. R. Merkelbach, *Roman und Mysterium in der Antike*, München, Beck, 1962; E.H. Haight, *Apuleius and his influence*, New York, Cooper Square Pub, 1963^{2}; B.E. Perry, *The Ancient Romances.*

A Literary-Historical Account of Their Origins, Berkeley-Los Angeles, University of California Press, 1967; J. Tatum, *Apuleius and the Golden Ass*, Ithaca-London, Cornell University Press, 1979; T. Hägg, *The novel in antiquity*, Oxford, Blackwell, 1983; J.J. Winkler, *Auctor & Actor. A Narratological reading of Apuleius'* The Golden Ass, Berkeley-Los Angeles-London, University of California Press, 1985; G.F. Gianotti (a cura di), *Romanzo e Ideologia. Studio sulle Metamorfosi di Apuleio*, Napoli, Liguori, 1986; N. Holzberg, *Der antike Roman. Eine Einführung*, München, Artemis-Verlag, 1986; P. James, *Unity in Diversity. A Study Of Apuleius' Metamorphoses: With Particular Reference To The Narrator's Art Of Transformation And The Metamorphosis Motif in the Tale of Cupid and Psyche*, Hildesheim-Zürich-New-York, Olms-Weidmann, 1987; C.C. Schlam, *The Metamorphoses of Apuleius: On Making an Ass of Oneself*, Chapel Hill, The University of North Carolina Press, 1992; G. Rosati, *Racconto e interpretazione nelle* Metamorfosi *di Apuleio*, in M. Picone, B. Zimmermann (a cura di), *Der antike Roman und seine mittelalterliche Rezeption*, Basel-Boston-Berlin, Birkhäuser Verlag, 1997, pp. 107-127; AA.VV. (a cura di), *Aspects of Apuleius' Golden Ass*, vol. II: *Cupid and Psyche. A Collection of Original Papers*, Groningen, Leiden Brill, 1998; E.J. Kenney, *In the Mill with Slaves: Lucius Looks Back in Gratitude*, «Transactions of the American Philological Association», vol. 133, 2003, pp. 159-192; A. Barchiesi, L. Graverini, W. Keulen, *Il romanzo antico. Forme, testi, problemi*, Roma, Carocci, 2006.

Sulla favola di Amore e Psiche, cfr. in particolare: G.A. Megas, *Das Märchen von Amor und Psyche in der Griechischen Volksüberlieferung. Aarne-Thompson 425, 428 und 432*, Athens, Academy of Athens, 1971; M. Maaskant-Kleibrink, *Psyche's birth*, in «Groningen Colloquia on the Novel», vol. 3, Gronigen, Forsten, 1990, pp. 13-33; S. Papaioannou, *Charite's Rape, Psyche on the Rock and the Parallel Function of Marriage in Apuleius'* Metamorphoses, in «Mnemosyne», 51, 1998, pp. 302-324; M.G. Sandy, *The Tale of Cupid and Psyche*, in H. Hofmann (a cura di), *Latin Fiction: the Latin Novel in Context*, London, Routledge, 1999 pp. 126-138; L. Callebat, *Le conte d'Amour et Psyché: un style «decadent»*, in «Fontes», 3, 5-6, 2000, pp. 45-53; S. Panayotakis, *Vision and Light in Apuleius' Tale of Psyche and Her Mysterious Husband*, in «The Classical Quarterly», 51, 2, 2001, pp. 576-583; P. Cugusi, *Pour une lecture narratologique du conte d'Amour et Psyché*, in «Ktèma: civilisations de l'Orient, de la Grèce et de Rome antiques», 28, 2003, pp. 271-292; L. Graverini, *An Old Wife's Tale*, in W.H. Keulen,

R.R. Nauta, S. Panayotakis (a cura di), *Lectiones Scrupulosae. Essays on the Text and Interpretation of Apuleius' "*Metamorphoses*" in Honour of Maaike Zimmerman*, Groningen, Barkhuis, 2006, pp. 86-110; J. Morwood, *Cupid grows up*, in «Greece & Rome», 57, 1, 2010, pp. 107-116; M.S. Garbugino, *Nostalgie et déclin du mythe dans la "fable" d'Amour et Psyché*, in C. Bost-Pouderon, B. Pouderon (a cura di), *Les hommes et les Dieux dans l'ancien roman. Actes du colloque de Tours*, 22-24 octobre 2009, Lyon, Maison de l'Orient et de la Méditerranée Jean Pouilloux, 2012, pp. 225-236; C.O. Tommasi Moreschini, *Gnostic variations on the tale of Cupid and Psyche*, in R. Bec, A. Bierl, M.P. Futre Pinheiro (a cura di), *Intende, Lector: Echoes of Myth, Religion and ritual in the Ancient Novel*, Berlin-Boston, De Gruyter, 2013, pp. 123-144; A. Tagliabue, *Re-enactments of the prologue in Cupid's palace: an immersive reading of Apuleius' story of Cupid and Psyche*, in «Classical Quarterly», 71, 2, 2021, pp. 799-818.

Per il rapporto tra la favola di Amore e Psiche e il folklore: R. Reitzenstein, *Das märchen von Amor und Psyche bei Apuleius*, Leipzig-Berlin, B.G. Teubner, 1912; E. Dermenghem *Le mythe de Psyché dans le folklore nord-africain*, in «Revue Africaine», 89, 1945, pp. 41-81; J.O. Swahn, *The Tale of Cupid and Psyche*, Lund, Gleerup, 1955; J.R.G. Wright, *Folk-Tale and Literary Technique in Cupid and Psyche*, in «The Classical Quarterly», 21, 1, 1971, pp. 273-284; D. Fehling, *Amor und Psyche: Die Schöpfung des Apuleius und ihre Einwirkung auf das Märchen, eine Kritik der romantischen Märchentheorie*, Wiesbaden, F. Steiner, 1977; G. Anderson, *Fairytale in the Ancient World*, London, Routledge, 2000; S. Allera, D. Reynaud (a cura di), *La Belle et la Bête. Quatre métamorphoses (1742-1779)*, Saint-Étienne, Université de Saint-Étienne, 2002; V. Brugnatelli, *Fiabe del Nordafrica. La fiaba nordafricana come elemento di conoscenza della società e come veicolo di lingue e culture* (http://brugnatelli.net/vermondo/didattica/napoli/2005-06_Fiabe/LaFiabaBerbera.pdf), Università degli Studi di Napoli "L'Orientale", 2005; E. Plantade, N. Plantade, *Libyca Psyche: Apuleius' Narrative and Berber Folktales*, in *Apuleius and Africa*, a cura di B.T. Lee, E. Finkelpearl, L. Graverini, New-York-London, Routledge, 2014, pp. 174-202; A. Zesi, *Storie di Amore e Psiche*, Roma, L'Asino D'Oro Edizioni, 2021; E. Plantade, *Le conte de Psyché et Cupidon, témoin du folklore d'Afrique du nord. Essai sur la poétique transculturelle d'Apulée*, Hildesheim-Zürich-New York, Olms-Weidmann, 2023.

Per l'influsso dell'epillio alessandrino su Amore e Psiche, cfr. P.G. Walsh, *The Roman Novel. The "Satyricon" of Petronius and the*

"Metamorphoses" of Apuleius, Cambridge, Cambridge University Press, 1970.

Per un'interpretazione di Amore e Psiche come rispecchiamento della vicenda principale del romanzo, cfr. Binder-Merkelbach (a cura di), *Amor und Pysche*, Wissenschaftliche Buchgesellschaft, 1968; S.J. Harrison, *Some Epic Structures in Cupid and Psyche*, in AA.VV. (a cura di), *Aspects of Apuleius' Golden Ass*, vol. II: *Cupid and Psyche. A Collection of Original Papers*, Groningen, Leiden, Brill, 1998, pp. 51-68; W.S. Smith, *Cupid and Psyche Tale: Mirror of the Novel*, Gronigen, Egbert Forsten, 1998; L. Nicolini (a cura di), *La novella di Carite e Tlepolemo*, Napoli, D'Auria M., 2000.

Per Amore e Psiche e la *fabula Milesia*, R. Reitzenstein, *Das märchen von Amor und Psyche bei Apuleius*, Leipzig, B.G. Teubner, 1912; A. Mazzarino, *La Milesia e Apuleio*, Torino, Chiantore, 1950; H.J. Mason, *Fabula Graecanica: Apuleius and his Greek Sources*, in B.L. Hijmans Jr., R.Th. van der Paardt (a cura di), *Aspects of Apuleius' Golden Ass*, Groningen, Bouma, 1978, pp. 1-15; C. Moreschini, *Le Metamorfosi di Apuleio, la "fabula Milesia" e il romanzo*, in «Materiali e discussioni per l'analisi dei testi classici», 25, 1990, pp. 115-127; P. Ferrari, G. Zanetto (a cura di), *Le storie di Mileto*, Milano, Mondadori, 1995; S.J. Harrison, *The Milesian Tales and the Roman Novel*, in H. Hofmann, M. Zimmermann (a cura di), *Groningen Colloquia on the Novel*, Groningen, Egbert Forsten, 1998; S.J. Harrison, *Framing the Ass: Literary Texture in Apuleius'* Metamorphoses, Oxford, Oxford University Press, 2013.

Su Apuleio, Amore e Psiche e il platonismo: K. Dowden, *Psyche on the rock*, in «Latomus», 41, 1982, pp. 419-434; E.J. Kenney, *Psyche and her Mysterious Husband*, in D.A. Russell (a cura di), *Antonine Literature*, Oxford, Oxford University Press, 1990, pp. 175-198; G. Sandy, *The Greek World of Apuleius. Apuleius and the Second Sophistic*, Leiden, Brill, 1997; K. Dowden, *Cupid and Psyche: a question of the vision of Apuelius*, in AA.VV., *Aspects of Apuleius' Golden Ass, vol. II: Cupid and Psyche. A Collection of Original Papers*, Groningen, Brill, 1998; S. Harrison, *Apuleius. A Latin Sophist*, Oxford, Oxford University Press, 2000; M.C. O'Brien, *Apuleius' Debt to Plato in the* Metamorphoses, Lewiston, Edwin Mellen Press, 2002; C. Moreschini, «La novella di Amore e Psiche», in R. Uglione (a cura di), *Lector, intende, laetaberis. Il romanzo dei Greci e dei Romani. Atti del convegno nazionale di studi di Torino*, Alessandria, Edizioni dell'Orso, 2010, pp. 209-241; R. Fletcher, *Apuleius' Platonism: The lmpersonation of Philosophy*, Cambridge,

Cambridge University Press, 2014; C. Moreschini, *Apuleius and the Metamorphoses of Platonism*, Turnhout, Brepols, 2015.

Per la magia e i misteri, cfr. T. Mantero, *Amore e Psiche, Struttura di una "Fiaba di Magia"*, Genova, Istituto di filologia classica e medievale, 1973; W. Burkert, *Antichi culti misterici*, Roma-Bari, Laterza, 1989; C. Tartaglini (a cura di), *Arcana Mundi. Magia e occulto nel mondo greco e romano*, vol. I: *Magia, Miracoli, Demonologia*, Milano, Mondadori, 1997; P. Scarpi (a cura di), *Le religioni dei misteri*, vol. II: *Samotracia, Andania, Iside, Cibele e Attis, Mitraismo*, Milano, Mondadori, 2002; E. Sanzi, *I culti orientali nell'Impero Romano. Un'antologia di fonti*, Cosenza, Edizioni L. Giordano, 2003; S.A. Frangoulidis, *Witches, Isis and Narrative. Approaches to Magic in Apuleius'* Metamorphoses, Berlin-New York, De Gruyter, 2008; D. Susanetti, *La via degli dei*, Roma, Carocci, 2017.

Sulla fortuna di Amore e Psiche, la bibliografia è amplissima: cfr. almeno U. De Maria, *La favola di Amore e Psiche nella Letteratura e nell'Arte Italiana*, Bologna, Fontanella, 1899; C. Moreschini, *Il mito di Amore e Psiche in Apuleio*, Napoli, D'Auria M., 1994; C.S. Wright, *The Metamorphoses of Cupid and Pysche in Plato, Apuleius, Origen and Chaucer*, in C.S. Wright, J. Bolton Holloway (a cura di), *Tales Within Tales: Apuleius Through Time. Essays in Honor of Professor Emeritus Richard J. Schoeck*, New York, AMS Press, 2000, pp. 55-72; C. Barbafieri, C. Rauseo (a cura di), *Les Métamorphoses de Psyché*, Valenciennes, Presses Universitaires de Valenciennes, 2004; R.H.F. Carver, *The Protean Ass: The "Metamorphoses" of Apuleius from Antiquity to the Renaissance*, Oxford, Oxford University Press, 2007; L. Sozzi, *Amore e Psiche. Un mito dall'allegoria alla parodia*, Bologna, il Mulino, 2007; R. May, S.J. Harrison, *Cupid and Psyche: The Reception of Apuleius' Love Story since 1600*, Berlin-Boston, De Gruyter, 2020.

Sull'iconografia: C.C. Schlam, *Cupid and Psyche: Apuleius and the Monuments*, University Park, PA: The American Philological Association, 1976; A. Scobie, «The Influence of Apuleius' Metamorphoses in Renaissance Italy and Spain», in AA.VV., *Aspects of Apuleius' Golden Ass*, 1978, pp. 211-230; L. Vertova, *Cupid and Psyche in Renaissance Painting before Raphael*, in «Journal of the Warburg and Courtauld Institutes», 42, 1979, pp. 104-121; K. Oberhuber, *Raphael's Drawings for the Loggia of Psyche in the Farnesina*, in C. Luitpold Frommel, M. Winner (a cura di), *Raffaello a Roma: Il convegno del 1983*, Roma, Edizioni dell'Elefante, 1986, pp. 189-208; M. Acocella, *L'asino d'oro nel Rinascimento. Dai volgarizzamenti alle raffigurazioni pittoriche*, Ravenna, Angelo Longo

Editore, 2001; S. Cavicchioli, *Le Metamorfosi di Psiche. L'Iconografia Della Favola Di Apuleio*, Venezia, Marsilio, 2002; A. Stramaglia, *Le* Metamorfosi *di Apuleio tra iconografia e papiri*, in G. Bastianini, A. Casanova (a cura di), *I papiri del romanzo antico. Atti del Convegno internazionale di studi, Firenze, 11-12 Giugno 2009*, Firenze, Istituto Papirologico "G. Vitelli", 2010, pp. 165-192; C. Di Cuonzo, *La metamorfosi di un mito. La favola di Amore e Psiche nelle arti figurative*, in L. Sozzi (a cura di), *Amore e Psiche. Un mito dall'allegoria alla parodia*, Bologna, il Mulino, pp. 231-276; M.G. Bernardini, *La favola di Amore e Psiche. Il mito nell'arte dall'antichità a Canova*, Roma, L'Erma di Bretschneider, 2012.

La Fontaine

Le edizioni di *Les Amours de Psyché et Cupidon* sono:

Oeuvres, éd. établie par H. Régnier, Paris, Hachette, 1883-1892 (11 voll.)

Oeuvres diverses, éd. établie et annotée par P. Clarac, Paris, Gallimard, 1967[4]

Les Amours de Psyché et de Cupidon, éd. établie par F. Charpentier, Paris, Flammarion, 1990

Les Amours de Psyché et Cupidon, éd. Critique de M. Jeanneret, Paris, Hachette, 1991

Poésies et oeuvres diverses, éd. établie et présentée par J.-P. Collinet, Paris, Édition de la Table Ronde, 1994.

In generale, su *Les Amours de Psyché et Cupidon*, cfr. U. Châtelain, *La Fontaine et la légende de Psyché*, in «Cahiers des Études littéraires françaises», 1931; H. Lemaître, *Essai sur le mythe de Psyché dans la littérature française des origines à 1890*, Paris, Persan, 1939; M. Raymond, *"Psyché" et l'art de La Fontaine*, in «*Génies de France*», Neuchâtel, La Baconnière, 1942, pp. 88-115; J. Barchilon, *Wit and Humour in La Fontaine's "Psyché"*, in «French Review», 36, 1962, pp. 23-31; H.T. Brown, *La Fontaine and Cupid and Psyché Tradition*, Provo (Utha), Brigham Young University Press, 1968; J. Rousset, *"Psyché" ou le Plaisir des larmes*, in J. Pedersen (a cura di), *L'Intérieur et l'Extérieur. Essais sur la poésie et sur le théâtre au XVIIe siècle*, Paris, José Corti, 1968, pp. 115-124; J. Lafond, *La beauté et la grâce: l'esthétique 'platonicienne' des "Amours de Psyché"*, in «Revue d'Histoire Littéraire de la France», 69, 1969, pp. 475-490; D. Shaw, *L'esthétique de la structure dans* Psyché *de La Fontaine*, in «Studi Francesi», 17, 1973, pp. 15-27; K.

Kupisz, *Les Amours de Psyché et de Cupidon de La Fontaine. Essai d'une étude générique*, in «Romanica Wratislaviensa. Acta Universitatis Wratislaviensis», 264, 1975, pp. 3-35; F. Graziani Giacobbi, *La Fontaine lecteur de Marino: Les Amours de Psiché, œuvre hybride*, in «Revue de Littérature Comparée», 1984, pp. 389-397; N. Hepp, *De l'amour galant à l'amour sublime: l'envol de Psyché*, in «Cahiers de la littérature du xviie siècle», 6, 1984, pp. 239-248; M. Bingenheimer, *Das Märchen von Amor und Psyché bei Apuleius und La Fontaine*, in «Zeitschrift für Frankreichforschung und Französichstudium», 53, 1989, pp. 89-93; J. DeJean, *La Fontaine' "Psyché": The Reflecting Pool of Classicism*, in «L'Esprit Créateur», 21, 4, John Dennis, 1981, pp. 99-109; Y. Giraud, *Un mythe lafontainien: Psyché*, in «Studi di letteratura francese», 230, Firenze, Leo S. Olschki, 1990, pp. 48-63; C. Noireau, *La Lampe de Psyché*, Paris, Flammarion, 1991; F. Luoni, *Un nouveau monde pour Psyché (Marino et La Fontaine)*, in «xviie siècle», 43, 1991, pp. 143-160; F. Garavini, *Les venins de Psyché*, in W. Leiner, P. Ronzeaud (a cura di), *Correspondances. Mélanges offerts à Roger Duchêne*, Aix-en-Provence-Tübingen, Narr, 1992, pp. 193-200; B. Donné, *La Fontaine et la poétique du songe. Récit, rêverie et allégorie dans* "Les Amours de Psyché", Paris, Honoré Champion, 1995; A. Génetiot, *Poétique du roman et roman poétique:* Les Amours de Psyché et de Cupidon *de La Fontaine*, in J. Bessière, G. Philippe (a cura di), *Problématiques des genres, problèmes du roman*, Paris, Champion, 1999, pp. 153-167; H. Campangne, *Les Amours de Psyché: La Fontaine commentateur d'Apulée*, in «xviiê siècle», 193, 1996, pp. 911-921; J.P. Collinet, *Dieux et déesses de "Psyché". Le burlesque léger selon La Fontaine*, in «Retours du mythe. Recueil d'études en homage à Maurice Delcroix», Paris, 1996; J.P. Collinet, *D'Adonis à Psyché: La Fontaine et ses deux éducations sentimentales*, in «Littératures», 35, 1996, pp. 51-64; S. Cornic, *Dolorisme ou extase? L'ambiguïté des scènes musicales dans Le Songe de Vaux et* Les Amours de Psyché et de Cupidon *de La Fontaine*, in «Le Fablier», 8, 1996, pp. 163-172; S. Schœttke, *La Fontaine et la poétique de l'amour*, in «Le Fablier», 8, 1996, pp. 139-146; J.C. Darmon, *Philosophie épicurienne et littérature au XVIIème siècle en France*, Paris, Presses Universitaires de France, 1998; M.O. Sweetser, *Des dieux et des déesses dans l'imaginaire de La Fontaine: traditions et subversions*, in «Le Fablier. Revue des Amis de Jean de La Fontaine», 16, 2005, pp. 73-81; D. Van Mal-Maeder, *Le décor réflexif dans le conte d'Amour et Psyché: d'Apulée à Jean de la Fontaine*, in B. Pouderon, D. Crismani (a cura di), *Lieux, décors et paysages de l'ancien roman des origines à Byzance. Actes du*

2e colloque de Tours, 24-26 octobre 2002, Lyon, Bernard Pouderon, 2005, pp. 153-161; V. Gely, *L'invention d'un mythe: Psyché. Allégorie et fiction, du siècle de Platon au temps de La Fontaine*, Paris, Honoré Champion, 2006; L. Sozzi, *Amore e Psiche. Un mito dall'allegoria alla parodia*, Bologna, il Mulino, 2007; J.P. Collinet, *Plaisirs et peines de Psyché*, in J.P. Collinet (a cura di), *Visages de La Fontaine*, Paris, Classiques Garnier, 2010, pp. 389-405; P. Dandrey, *Marino et La Fontaine ou l'allegorie détournée*, in «Revue d'Histoire littéraire de la France», 112, 2012, pp. 305-313.

Per la *Psyché* di Molière, la *Psyché* di Fontenelle e Corneille e per i loro rapporti con La Fontaine, cfr. S. Spycket, *Thomas Corneille et la musique*, in «xvii siècle», 21-22, 1954, pp. 442-454; J.B. Durey de Noinville, *Histoire Du Théâtre De L'Opéra En France: Depuis l'établissement de l'Académie Royale De Musique jusqu'à présent*, Genève, Minkoff, 1972; C. Girdlestone, *La tragédie en musique considérée comme genre littéraire*, Genève, Droz, 1972; J.M. Apostolides, *Le roi-machine: Spectacle et politique au temps de Louis XIV*, Paris, Editions de Minuit, 1981; C. Delmas, *Mythologie et Mythe dans le théâtre français (1650-1676)*, Genève, Droz, 1985; C. Kintzler, *Poétique de l'opéra français de Corneille à Rousseau*, Paris, Éditions Minerve, 1991; J. De la Gorce, *L'Opéra à Paris au temps de Louis XIV: Histoire d'un théâtre*, Paris, Les Editions Desjonquères, 1992; M.C. Canova Green, *Psyché: from tragédie-ballet to Opera (1671-1678)*, in «Nottingham French Studies», 33, 1, 1994, pp. 28-36; C. Delmas, *Le théâtre musical et Psyché de Molière*, in «Littératures classiques», 21, 1994, pp. 221-236; J. De la Gorce, *Jean-Baptiste Lully*, Paris, Fayard, 2002; L. Naudeix, *Dramaturgie de la tragédie en musique (1673-1764)*, Paris, Honoré Champion, 2004; L. Arnason (a cura di), *Psyche de Thomas Corneille*, Paris, Université Paris iv-Sorbonne, 2005. Su Hénault, cfr. le belle osservazioni di L. Sozzi, *Amore e Psiche. Un mito dall'allegoria alla parodia*, Bologna, il Mulino, 2007, pp. 74-75.

Keats

Alcune tra le più recenti edizioni delle poesie di Keats sono: H.W. Garrod, *The poetical works of John Keats*, Oxford, Oxford University Press, 1965²; M. Allott, *The Complete Poems*, London, Longman, 1970; J. Barnard, *The Complete Poems*, London, Penguin Education, 1973; J. Stillinger, *The Poems of John Keats*, Cambridge (Mass.), Harvard University Press, 1982; E. Cook, *John Keats: The Major Works: Including Endymion, and Selected Letters*, Oxford,

Oxford University Press, 2001; S.J. Wolfson, *John Keats: A Longman Cultural Edition*, London, Longman, 2006; J. Campion, *Bright Star: The Complete Poems and Selected Letters*, London, Vintage Classics, 2009; J.N. Cox, *Keats's Poetry and Prose, A Norton Critical Edition*, New York-London, W.W. Norton, 2009.

Sull'*Ode a Psiche*, cfr. K. Allott, *Keats' Ode to Psyche*, in «Essays in Criticism», 6, 1956, pp. 278-301; K. Allott, *Keats 'Ode to Psyche'*, in K. Muir (a cura di), *John Keats: A Reassessment*, Liverpool, Liverpool University Press, 1958; M.F. Schulz, *'Keats' Timeless Order of Things. A Modern Reading of "Ode to Psyche"*, in «Criticism», 2, 1960, pp. 55-65; R.D. Wagner, *Keats: "Ode to Psyche" and the Second "Hyperion"*, in «Keats-Shelley Journal», 13, 1964 pp. 29-41; J. Stillinger, *Twentieth Century Interpretations of Keats's Odes. A Collection of Critical Essays*, Englewood Cliffs, Prentice Hall, 1968; S.M. Sperry, *Keats the Poet*, Princeton, Princeton University Press, 1973; H. Brown, *Creations and Destroyings. Keats's Protestant Hymn, the* 'Ode to Psyche', in «Diacritics», 6, 1976, pp. 49-56; L. Waldoff, *The Theme of Mutability in the* 'Ode to Psyche', in «PMLA», 92, 3, 1977, pp. 410-419; L. Kramer, *The Return of the Gods: Keats to Rilke*, in «Studies in Romanticism», 17, 1978, pp. 483-500; R. Sharp, *"A Recourse Somewhat Human": Keats's Religion of Beauty*, in «The Kenyon Review», 1, 3, 1979, pp. 22-49; D.C. Goellnicht *"In Some Untrodden Region of My Mind": Double Discourse in Keats's* Ode to Psyche, in «Mosaic: An Interdisciplinary Critical Journal», 21, 1988, pp. 91-103; E. Ferris, *Owing to Psyche*, in «European Romantic Review», 16, 4, 2005, pp. 399-415; H. Vendler, *Tuneless Numbers: The Ode to Psyche*, in H. Bloom (a cura di), *Bloom's Modern Critical Views: John Keats*, New York, Chelsea House, 2007; G. Hartman, *Listen Up! Keats's* Ode to Psyche, in «The Yale Review», 99, 2011, pp. 86-93; R. May, *Keats's* Ode to Psyche. *Psyche as poetry and inspiration*, in R. May-S.J. Harrison, *Cupid and Psyche: The Reception of Apuleius' Love Story since 1600*, Berlin-Boston, De Gruyter, 2020. Importanti, per comprendere l'idea di Psiche di Keats, sono: J. Spence, *Polymetis. Or, an Enquiry Concerning the Agreement Between the Works of the Roman Poets, and the Remains of the Ancient Artists. Being an Attempt to Illustrate them Mutually from One Another. In Ten Books*, London, Dodsley, 1747; J. Lemprière, *Classical Dictionary containing a full Account of all the Proper Names mentioned in Ancient Authors*, Reading, Cadell, 1788; M. Tighe, *Psyche. With Other Poems. By the Late Mrs. Henry Tighe*, London, Longman, Hurst, Rees, Orme, and Brown, 1811.

Le lettere di Keats a Fanny Brown si trovano in *Leggiadra stella. Lettere a Fanny Browne*, a cura di E. Carantini, Milano, Archinto, 2010, mentre un'edizione corposa di lettere scelte è *La valle dell'anima (Lettere Scelte 1815-1820)*, a cura di A. Gallenzi, Milano, Adelphi, 2021. Per il rapporto di Keats con il mondo antico, cfr. D. Bush, *Mythology and the Romantic Tradition in English Poetry*, Cambridge (Mass.), Harvard University Press, 1937; W.E. Evert, *Aesthetic and Myth in the Poetry of Keats*, Princeton, Princeton University Press, 1964; M. Aske, *Keats and Hellenism. An Essay*, Cambridge, Cambridge University Press, 1985; G. Gross, *Lamia and the Cupid-Psyche Myth*, in «Keats-Shelley Journal», 39, 1990, pp. 151-165; D. Lowe, *Wordsworth's "Unenlightened Swain": Keats and Greek Myth in* I Stood Tip-Toe upon a Little Hill, in «Keats-Shelley Journal», 57, 2008, pp. 138-156; J. Savarese, *Psyche's "Whisp'ring Fan" and Keats's Genealogy of the Secular*, in «Studies in Romanticism», 50, 3, 2011, pp. 389-411; D. Felton, *Apuleius' Cupid Considered as a Lamia (*Metamorphoses *5.17-18)*, in «Illinois Classical Studies», 38, 2013, pp. 229-244.

In generale, su Keats e la poesia romantica, cfr, L.M. Crisafulli, M. Bacigalupo (a cura di), *Modernità nei Romantici*, Napoli, Liguori, 1988; J. Cheyene, L.M. Crisafulli (a cura di), *L'esilio romantico*, Bari, Adriatica, 1990; S. Currand (a cura di), *The Cambridge Companion to British Romanticism*, Cambridge, Cambridge University Press, 1993; R. Haekel, *The Soul in British Romanticism: Negotiating Human Nature in Philosophy, Science and Poetry*, Trier, Wissenschaftlicher Verlag Trier, 2014.

Leopardi

Le edizioni più recenti dello *Zibaldone* sono: *Zibaldone di pensieri*, edizione critica e annotata a cura di G. Pacella, Milano, Garzanti, 1991; *Zibaldone di pensieri: edizione fotografica dell'autografo con gli indici e lo schedario*, a cura di E. Peruzzi, Pisa, Scuola Normale Superiore, 1989-1994; *Zibaldone di pensieri*, a cura di R. Damiani, Milano, Mondadori, 1997; *Zibaldone*, a cura di L. Felici, M. Donderro, W. Marra, Roma, Newton, 1997; *Zibaldone di pensieri. Nuova edizione tematica condotta sugli Indici Leopardiani*, a cura di F. Cacciapuoti, Roma, Donzelli, 2014.

Sullo *Zibaldone* e sul pensiero di Leopardi, cfr. S. Solmi, *Il pensiero in movimento di Leopardi*, in A.M. Moroni (a cura di), G.

Leopardi, *Zibaldone di pensieri*, Milano, Mondadori, 1983; C. Luporini, *Leopardi progressivo*, Roma, Editori Riuniti, 1987; F. Musarra, S. Vanvolsem, R. Guglielmone Lamberti, *Leopardi e la cultura europea*, Roma, Bulzoni, 1989; C. Galimberti, *Giacomo Leopardi: il problema delle fonti alla radice della sua opera*, Roma, Nuova Coletti, 1990, pp. 14-40; A. Prete, *Leopardi e l'esilio dalla felicità*, in AA.VV., *Leopardi e noi: la vertigine cosmica*, Roma, Studium, 1990, pp. 249-254; F. Moroncini, G. Moroncini, *Saggi Leopardiani*, Ancona, Transeuropa, 1991; G. Panizza, *Introduction à la lecture du Zibaldone*, in G. Leopardi, *La Théorie du plaisir*, Paris, Allia, 1994; A. Dolfi, *Leopardi e il mito di Madame de Lambert*, in AA.VV., *Leopardi et l'Europe. Approches comparatistes*, Actes du colloque international d'Avignon, Avignone, Annales Universitaires, 1994; P. Possiedi, *Favole antiche e favole moderne nella poesia e nel pensiero di Leopardi*, in «Italica», 73, 1, 1996, pp. 24-43; M.A. Rigoni, *La vertigine della lucidità*, in Id., *Il pensiero di Leopardi*, Milano, Bompiani, 1997; A. Dolfi, B. Pérol, *Leopardi et la mélancolie du moderne*, in «Revue des Deux Mondes», 1998, pp. 52-67; E. Bigi, *La teoria del piacere e la poetica del Leopardi*, in R. Garbuglia (a cura di), *Zibaldone cento anni dopo: composizione, edizioni, temi. Atti del X Convegno internazionale di studi leopardiani*, Firenze, Olschki, 2001, pp. 1-15; F. Andreotti, *Breve indagine su una lettura leopardiana: l'opera di Madame de Lambert*, in «Rivista internazionale di studi leopardiani», 5, 2005, pp. 65-104; J.F. Dienstag, *A philosophy that is gravious but true*, in Id., *Pessimism: Philosophy, Ethic, Spirit*, Princeton, Princeton University Press, 2006; L. Felici, *L'olimpo abbandonato. Leopardi tra "favole antiche" e "disperati affetti"*, Venezia, Marsilio, 2006; C. Fenoglio, *Leopardi e Mme de Lambert: "Glissez, n'appuyez pas"*, in «Rivista Quadrimestrale di Studi Francesi», 159, 2009, pp. 519-534; P. Citati, *Leopardi*, Milano, Mondadori, 2010; F. Cacciapuoti, *Introduzione*, in *G. Leopardi, Zibaldone di pensieri. Edizione tematica condotta sugli Indici Leopardiani*, Roma, Donzelli, 2014, pp. 17-77; P. Cori, *The* Zibaldone *as Leopardi's Self-Education*, in «Italica», 93, 1, 2016, pp. 77-91; G. Pugliese, *Piacere e poesia in Leopardi*, in «Italica», 93, 2, 2016, pp. 251-561.

Per il rapporto di Leopardi con il mondo antico, cfr. V. Cilento, *Leopardi e l'antico*, in AA.VV., *Studi di varia umanità in onore di Francesco Flora*, Milano, Mondadori, 1963; S. Timpanaro, *Epicuro, Lucrezio e Leopardi*, in Id., *Nuovi studi sul nostro Ottocento*, Pisa, Nistri Lischi, 1995, pp. 143-197; G. Lonardi, *L'oro di Omero. L'«Iliade», Saffo: antichissimi di Leopardi*, Venezia, Marsilio, 2005;

P. Abbrugiati, *Le mythe repensé dans l'oeuvre de Giacomo Leopardi*, Aix-en-Provence, Presses Universitaires de Provence, 2020.

Heine

Le edizioni delle opere di Heine sono: *Sämtliche Schriften*, a cura di K. Briegleb, München, Hanser, 1968-1976; *Historisch-kritische Gesamtausgabe der Werke*, a cura di M. Windfuhr, Hamburg, Hoffmann&Campe, 1973-1997; *Werke, Briefwechsel, Lebenszeugnisse. Säkularausgabe*, a cura della Stiftung Weimarer Klassik e del Centre National de la Recherche Scientifique in Paris, Berlin-Paris, Akademie Verlag/Editions, 1970.

Per le traduzioni delle poesie di Heine in italiano, cfr. A. Di Benedetto, *Traduttori italiani di Heine nell'Ottocento: Del Re, Nievo, Zendrini, Carducci e Fogazzaro, Di Giacomo e Heine*, in *Fra Germania e Italia. Studi e flashes letterari*, Firenze, Olschki, 2008, pp. 361-388.

Le più recenti traduzioni italiane delle poesie sono: *Poesie Scelte* (a cura di S. Carusi), Milano, Mimesis, 2016; *Poesie. 1853 e 1854* (a cura di S. Baldelli), Sergio Baldelli Editore, 2020.

Sulla poesia di Heine, cfr. G. Nerval, *Les Poésies de Henri Heine. L'intermezzo*, in «Revue des Deux Mondes», 23, 6, Paris, 1848, pp. 914-930; C. Andler, *La Poèsie de Heine*, Lyon, Bianquis, 1948; H. Steinhauer, *Eros and Psyche: A Nietzschean Motif in Anglo-American Literature*, in «Modern Language Notes», 64, 4, 1949, pp. 217-228; B. Fairley, *Heinrich Heine: An Interpretation*, Oxford, Oxford University Press, 1954; K. Weinberg, *Henri Heine. Romantique défroqué. Héraut du symbolisme français*, Presses Universitaire de France, 1954; S.S. Prawer, *Heine the Tragic Satirist. A Study of the Later Poetry 1827-1856*, Cambridge, Cambridge University Press, 1961; S. George, K. Wolfskehl, *Das Jahrhundert Goethes*, Düsseldorf-Munich, Küpper, vorm. Bondi, 1964; J. Sammons, *Heinrich Heine, The Elusive Poet*, New Haven, Yale University Press, 1969; J.P. Stern, *Idylls and Realities. Studies in Nineteenth-Century German Literature*, London, Methuen, 1971; N. Reeves, *Heinrich Heine. Poetry and Politics*, Oxford, Clarendon Press, 1974; J. Brummack, *Heinrich Heine. Epoche-Werk-Wirkung*, München, Beck, 1980; P. Chiarini, L. Zagari (a cura di), *Zu Heinrich Heine*, Stuttgart, Klett, 1981; C. Magris, *L'anello di Clarisse*, Torino, Einaudi, 1984; P. Chiarini, *Alle origini dell'intellettuale moderno. Saggio su Heine*, Roma, Editori Riuniti, 1987; R.F. Cook, *By the*

Rivers of Babylon: Heinrich Heine's Late Songs and Reflections, Detroit, Wayne State University Press, 1998; M. Perraudin, *Heinrich Heine. Poetry in Context. A Study of Buch Der Lieder*, Oxford-New York-Munich, Berg, 1989; G. Höhn, *Heinrich Heine: un intellectuel moderne*, Paris, Presses Universitaires de France, 1994; H. Liedtke, *Heinrich Heine*, Hamburg, Rowholt, 1997; M. Winkler, *Heinrich Heine und die Romantik*, Tübingen, Verlag, 1997; P.U. Hohendahl, *Heine's Critical Intervention: The Intellectual as Poet* in J. Hermand and R. Holub (a cura di), *Heinrich Heine's Contested Identities. Politics, Religion, and Nationalism in Nineteenth-Century Germany*, New York-Bern, Peter Lang, 1999, pp. 175-199; P. George, *The Poet as Provocateur: Heinrich Heine and his Critics*, Rochester (NY), Camden House, 2000; S. Kerschbaumer, *Heines moderne Romantik*, Paderborn, F. Schöningh, 2000; R.F. Cook (a cura di), *A Companion to the Works of Heinrich Heine*, Rochester (NY), Camden House, 2002; A. Phelan, *Reading Heinrich Heine*, Cambridge, Cambridge University Press, 2006; W. Goetschel, *Heine's Aesthetics of Dissonance*, in «The Germanic Review», 90, 2015, pp. 304-334.

Per i concetti di Elleno e Nazareno, centrali nell'opera di Heine, cfr. S.S. Prawer, *Heine: the tragic satirist. A study of the later poetry 1827-1856*, Cambridge, Cambridge University Press, 1961; W. Hinderer, *Nazarener oder Hellene. Die politisch-ästhetische Fehde zwischen Börne und Heine*, in «Monatshefte», 66, 4, 1974, pp. 355-365; P.F. Veit, *The Marrano Pose*, in «Monatshefte», 66, 2, pp. 144-156; H. Denkler, *'Lauter Juden'. Zum Rollenspektrum der Juden-Figuren im populären Bühnendrama der Metternichiscen Restaurationsperiode (1815-1848)*, in H.O. Horch (a cura di), *Conditio Judaica. Judentum, Antisemitismus und deutschsprachige Literatur vom 18. Jahrhundert bis zum Ersten Weltkrieg*, Tübingen, Max Niemeger Verlag, 1988, pp. 149-163; N. Pines, *Life in the Valley: Figures of Dehumanization in Heinrich Heine's "Prinzessin Sabbat"*, 33, 1, "Prooftexts", 2013, pp. 25-47; A.G. Soros, *'Jewish Dionysus': Heinrich Heine and the Politics of Literature*, Berkeley, University of California, 2018; R. Morello, *Il mondo sefardita nella letteratura tedesca da Lessing a Canetti*, in «Rivista di lingue, letterature e culture moderne», 7, 13, 2020, pp. 49-57.

Pascoli

Edizioni dei *Poemi Conviviali* sono: G. Leonelli, *Pascoli. Poemi Conviviali*, Milano, Mondadori, 1980; G. Barberi Squarotti, *Poesie di Giovanni Pascoli*, Torino, UTET, 2009; G. Nava, *Giovanni Pascoli. Poemi Conviviali*, Torino, Einaudi, 2008; M. Belponer, *Giovanni Pascoli: Poemi Conviviali*, Milano, Rizzoli, 2010.

Sulla *Psyche* di Pascoli: B. Mosca, *La favola e il problema di Psiche*, in «Tempo nostro», 1935, pp. 42-48; R. Froldi, *I poemi conviviali di Giovanni Pascoli*, Pisa, Nistri-Lischi, 1960; M. Perugi, *Psiche e il fiore notturno (l'essere di Ottocento minore per due motivi pascoliani)*, in «Rivista Pascoliana», 1, 1989, pp. 39-53; M. Nava, *Commento a* Psyche, in «Paragone», 50, 1999, pp. 27-52; A. Biondi, *Metamorfosi del mito e resistenza alla morte nei "Poemi in Psyche" di Giovanni Pascoli*, in «Otto/Novecento», 20-21, 1997, pp. 85-131; E. Salibra, *Pascoli e Psyche*, Roma, Bulzoni, 1999; F. Citti, *Un frammento 'primitivo' delle 'Eee' pascoliane e il poemetto 'Leucothoe'*, in «Lexis», 32, 2014, pp. 411-421; L. Pasetti, *From Psyche to psyche. The interiorisation of Apuleius' fabella in D'Annunzio, Pascoli, and Savinio*, in R. May-S.J. Harrison, *Cupid and Psyche: The Reception of Apuleius' Love Story since 1600*, Berlin-Boston, De Gruyter, 2020.
Sul rapporto tra i *Poemi Conviviali* e l'antichità classica, cfr. V. Citti, *La ricezione dell'antico nei* Poemi Conviviali, in M. Pazzaglia (a cura di), *I Poemi Conviviali: atti del Convegno di studi di San Mauro Pascoli e Barga, 26-29 settembre 1996*, Bologna, Nuova Italia, 1997, pp. 99-131; E. Elli, *Pascoli e l'"antico": dalle liriche giovanili ai Poemi Conviviali*, Novara, Interlinea, 2002.
Fondamentale, per comprendere l'interpretazione di Amore e Psiche negli anni della poesia pascoliana, è E. Rohde, *Psyche. Seelenkult und Unsterblichkeitsglaube der Griechen*, Freiburg in Breisgau, Akademische Verlagsbuchhandlung von J.C.B. Mohr, 1890-1894. Per un panorama dell'interpretazione decadente di Amore e Psiche, cfr. H.B. Riffaterre, *L'orphisme dans la poésie romantique. Thèmes et style surnaturalistes*, Paris, Éditions A.-G Nizet, 1970; J. De Palacio, *Les Métamorphoses de Psyché. Essai sur la décadence d'un mythe*, Biarritz, Editions Séguier, 1999; L. Sozzi, *Amour et Psyché entre romantiques et décadents*, in P. Auraix-Jonchière, C. Volpilhac-Auger, *Isis, Narcisse, Psyché, entre Lumières et Romantisme. Mythe et écritures, écritures du mythe*, Clermont-Ferrand, Presses Universitaires Blaise Pascal, 2000, pp. 377-391; L. Sozzi, *Amore e Psiche. Un mito dall'allegoria alla parodia*, Bologna, il Mulino, 2007; P. Hummel, *D'Éros a Psyché. Tradition antique et moderne d'une mythe*, Paris, Philologicum, 2008; G. Pieri, *D'Annunzio e Edward Burne-Jones. Il mito di Psiche tra preraffaelismo e decadenza*, in «Italianistica», 38, 2009, pp. 21-9; G. Pieri, J.

Everson, *The Myth of Psyche in the Work of D'Annunzio and Burne-Jones*, in N. Grigorian, T. Baldwin, M. Rigaud-Drayton, *Text and Image in Modern European Culture*, West Lafayette, Purdue University Press, 2012. Sull'immaginario femminile in età decadente, cfr. M. Praz, *La carne, la morte e il diavolo nella letteratura romantica*, Firenze, Sansoni, 1948; B. Dijkstra, *Idols of Perversity. Fantasies of Feminine Evil in Fin-de-Siècle Culture*, Oxford, Oxford University Press, 1986; R. Langford, *Textual Intersections. Literature, History and the Arts in Nineteenth-Century Europe*, Amsterdam-New York, Brill, 2009.

Cvetaeva

L'edizione critica delle opere di Marina Cvetaeva è *Sobranie Sočinenij v semi tomach*, a cura di A. Saakjanc, L. Mnuchin, Mosca, Ellis Lak, 1994-1995.

Traduzioni italiane delle poesie sono: *Marina Cvetaeva. Poesie* (a cura di P. Zveteremich), Milano, Rizzoli, 1967; *L'accalappiatopi. Satira lirica* (a cura di C. Graziadei), Roma, E/O, 1983; *Dopo la Russia e altri versi* (a cura di S. Vitale), Milano, Mondadori, 1988; *Il lato oscuro dell'amore. Liriche* (a cura di H. Pessina Longo), Rimini, Panozzo Editore, 2000; *Il poeta e altre poesie* (a cura di P. Galvagni), Pistoia, Via del Vento Edizioni, 2007; *L'anima in fiamme. Poesie*, Milano, Acquaviva, 2008; *Scusate l'amore. Poesie 1915-1925* (a cura di M. Rea), Firenze, Passigli, 2013; *Mesterie. Poesie 1921-1922* (a cura di M. Rea), Firenze, Passigli, 2014; *Sette Poemi* (a cura di P. Ferretti), Torino, Einaudi, 2019; *L'amore è arco teso* (a cura di S. Vitale), Milano, Salani, 2021; *Ultimi versi 1938-1941* (a cura di P. Napolitano), Roma, Voland, 2021; *I volti dell'amore* (a cura di M. Rea), Campoli Appennino, Queen Kristianka, 2022.

Fondamentali, per comprendere Marina Cvetaeva, sono le sue lettere, tradotte e annotate da S. Vitale in *Il paese dell'anima. Lettere 1909-1925*, Milano, Adelphi, 1988 e *Deserti Luoghi. Lettere 1925-1941*, Milano, Adelphi, 1989.

Per un profilo generale della Cvetaeva e della sua opera, cfr. A. Filonov Gove, *The Feminine Stereotype and Beyond: Role Conflict and Resolution in the Poetics of Marina Tsvetaeva*, in «Slavic Review», 36, 2, Cambridge, Cambridge University Press, 1977, pp. 231-255; S. Karlinsky, *Marina Cvetaeva: The woman, her World and her Poetry*, Cambridge, Cambridge University Press, 1985; H. Pessina Longo (a cura di), *Lettere da Bologna. Omaggio a Marina Cvetaeva e alla sua opera*, Bologna, CLUEB, 1988; V. Lossky, *Marina Tsvétaeva. Un itinérarie poétique*, Lille, Solin, 1987; J.A. Taubman, *A Life through Poetry: Marina Tsvetaeva's Lyric Diary*, Columbus (Ohio), Slavica, 1989; M. Belkina, *Le destin tragique de Marina Tsvetaeva*, Paris, Édition Albin Michel, 1992; S. El'nitskaya, E. Etkind (a cura di), *Marina Tsvetaeva 1892-1992: A Centennial Symposium dedicated to Marina Tsvetaeva*, Northfield (Vermont), The Russian School of Norwich University, 1992; M. Makin, *Marina Tsvetaeva: Poetics of Appropriation*, Oxford, Clarendon Press, 1993; V. Schweitzer, Jane A. Taubman, Peter Scotto, T. Babyonyshev, *Tsvetaeva: One Hundred Years: Papers from the Tsvetaeva Centenary Symposium, Amherst, Amherst College (Mass.) 1992*, Berkeley, Berkeley Slavic specialities, 1994; L. Feiler, *M. Cvetaeva. The Double Beat of Heaven and Hell*, Durham, Duke University Press, 1994; E. Etkind, V. Lossky (a cura di), *Marina Tsvetaeva: Un chant de vie. Actes du colloque international de l'université Paris IV, 19-25 octobre 1992*, Paris, YMCA-Press, 1996; C. Delay, *Marina Tsvetaeva. Une ferveur tragique*, Paris, Plon, 1997; A.W. Dinega, *A Russian Psyche. The Poetic Mind of Marina Tsvetaeva*, Madison, University of Wisconsin Press, 2001; H. Troyat, *Marina Tsvetaeva: l'éternelle insurgée*, Parigi, Grasset & Fasquelle, 2001; A.S. Efron, *Marina Cvetaeva, a mia madre*, Milano, La Tartaruga, 2003; S. Forrester (a cura di), *A Companion to Marina Cvetaeva*, Leiden, Brill, 2017.

Per il rapporto tra la Cvetaeva e il mito, cfr. O.P. Hasty, *Tsvetaeva's Orphic Journeys in the Worlds of the Word*, Evanston, Northwestern University Press, 1996; H. Ruutu, *Patterns of Transcendence Classical Myth in Marina Tsvetaeva's Poetry of the 1920*, Helsinki, Helsinki University Printing House, 2007.

Per la Cvetaeva e la figura di Psiche, cfr. V.H. Schroeder, *Psyché in Russland, "Der Vergleich"*, in R. Grossman, W. Pabst, E. Schramm (a cura di), *Literatur-und Sprachwissenschaftliche Interpretationen*, Hamburg, De Gruyter, 1955, pp. 52-65; M. Cymborska-Leboda, *Les métamorphoses du mythe d'Éros et de Psyché dans l'oeuvre dramatique des symbolistes russes*, in I. Mamcarz (a cura di), *Le héros légendaire sur les scènes du théâtre et de l'opéra*, Firenze, Olschki, 2001, pp. 179-190; R. Vojtexovič, *Psixeja v tvorčestve M. Cvetaevoj: èvoljucija obraza i sjužeta*, in «Dissertationes philologiae slavicae universitatis tartuensis 15», Tartu, 2005; M. Niqueux, *Réécritures et métamorphoses du mythe de Psyché en Russie*, in «Modernités Russes», 12, 2011, pp. 87-105.

Stampato da Rotolito S.p.A. - Pioltello (MI)

per conto di Marsilio Editori® in Venezia

«Letteratura universale Marsilio»
Periodico mensile n. 427/2024
Direttore responsabile: Gilberto Pizzamiglio
Registrazione n. 1332 del 28.05.1999
Tribunale di Venezia
Registro degli operatori di comunicazione-ROC n. 6388

Variazioni sul mito

Apuleio, La Fontaine, Keats, Heine, Leopardi, Pascoli, Cvetaeva, *Amore e Psiche. L'enigma dell'amore*, a cura di B. Castiglioni, pp. 272

Da Porto, Shakespeare, Keller, *Romeo e Giulietta*, a cura di A.R. Azzone Zweifel, pp. 280

Eschilo, Goethe, Shelley, Gide, Pavese, *Prometeo*, a cura di F. Condello, pp. 240

Eudocia, Spies, Marlowe, Calderón de la Barca, Goethe, Heine, Valéry, *Faust. Dalla leggenda al mito*, a cura di P. Scarpi, pp. 568

Euripide, Hofmannsthal, Ritsos, *Elena*, a cura di F. Donadi, pp. 224

Euripide, Racine, Goethe, Ritsos, *Ifigenia*, a cura di C. Barone, pp. 352

Euripide, Seneca, Grillparzer, Alvaro, *Medea*, a cura di M.G. Ciani, pp. 256

Euripide, Seneca, Racine, d'Annunzio, *Fedra*, a cura di M.G. Ciani, pp. 328

Euripide, Wieland, Rilke, Yourcenar, Raboni, *Alcesti*, a cura di M.P. Pattoni, pp. 288

Omero, Dante, Tennyson, Pascoli, Dallapiccola, *Il volo di Ulisse*, a cura di M.G. Ciani, pp. 144

Omero, Ovidio, Claudiano, Marino, Goethe, Swinburne, Tennyson, Ritsos, *Persefone*, a cura di R. Deidier, pp. 208

Omero, Ovidio, la Motte Fouqué, Andersen, Nerval, Serao, Kafka, Joyce, Bachmann, *Sirene*, a cura di E. Moro, pp. 328

Omero, Ovidio, Plutarco, Machiavelli, Webster, Atwood, *Circe*, a cura di C. Franco, pp. 216

Ovidio, Filostrato, La Fontaine, Valéry, Rilke, Williams, García Lorca, Borges, Ritsos, Pasolini, Walcott, *Narciso*, a cura di Sonia Macrì, pp. 184

Plauto, Molière, Kleist, Giraudoux, *Anfitrione*, a cura di L. Pasetti, pp. 408

Sofocle, Anouilh, Brecht, *Antigone*, a cura di M.G. Ciani, pp. 192

Sofocle, Euripide, Hofmannsthal, Yourcenar, *Elettra*, a cura di G. Avezzù, pp. 256

Sofocle, Fénelon, Gide, Müller, *Filottete*, a cura di A. Alessandri, introduzione di M. Massenzio, pp. 208

Sofocle, Seneca, Dryden e Lee, Cocteau, *Edipo*, a cura di G. Avezzù, pp. 376

Teocrito, Bione, Ovidio, Ronsard, Shakespeare, La Fontaine, Shelley, Yeats, *Adone*, a cura di A. Grilli, pp. 256

Tirso de Molina, Molière, Da Ponte, Horváth, *Don Giovanni*, a cura di U. Curi, pp. 344

Virgilio, Ovidio, Boccaccio, Marlowe, Metastasio, Ungaretti, Brodskij, *Didone. La tragedia dell'abbandono*, a cura di A. Ziosi, pp. 344

Virgilio, Ovidio, Poliziano, Rilke, Cocteau, Pavese, Bufalino, *Orfeo*, a cura di M.G. Ciani e A. Rodighiero, pp. 160